HANS-JÜRGEN PANDEL

Bildinterpretation

Die Bildquelle
im Geschichtsunterricht

Bildinterpretation I

WOCHEN
SCHAU
GESCHICHTE

Bibliografische Information der Deutschen Bibliothek

Die Deutsche Bibliothek verzeichnet diese Publikation in der Deutschen Nationalbibliografie; detaillierte bibliografische Daten sind im Internet über http://dnb.ddb.de abrufbar.

Die Reihe „Methoden Historischen Lernens“

wird herausgegeben von

Ulrich Mayer
Hans-Jürgen Pandel
Gerhard Schneider
Bernd Schönemann

in Verbindung mit

Michele Barricelli
Peter Gautschi

Umschlagbild:
Michael Mathias Prechtl, Die Ermordung der Volkstribunin Rosa L. durch preußische Gardekavallerie, Aquarell 1981 (Ausschnitt).
Aus: Kai Artinger (Hrsg.): Prechtls Welttheater. Michael Mathias Prechtl, Bilder und Zeichnungen zur deutschen Geschichte und Literatur 1958-2000. Wiesbaden 2004, S. 124

www.wochenschau-verlag.de

Umschlaggestaltung: Ohl Design
Gedruckt auf chlorfrei gebleichtem Papier
Gesamtherstellung: Wochenschau Verlag
ISBN 978-3-89974259-6

Inhaltsverzeichnis

Vorwort 7

1. Theorie des Bildes 9
1.1 Bilddefinitionen 9
1.2 Pikturale Differenz 11
1.3 Schwächen und Stärken des Bildes 13
1.3.1 Schwächen 13
1.3.2 Stärken 21
1.3.3 Überlieferungsgeschichte 26
1.4 Bild und Geschichtswissenschaft 27
1.5 Bild als Quelle 29
1.6 Weiterführende Literatur 30

2. Bildgattungen: Die Einteilung des visuellen Feldes 32
2.1 Höhlenbilder 33
2.1.1 Das älteste überlieferte alltagsgeschichtliche Ereignis 34
2.1.2 Rahmenlose Bilder 35
2.1.3 Sprachlose Bilder 37
2.1.4 Methodischer Umgang 37
2.2 Ägyptische Wandmalerei 37
2.2.1 Grabmalerei 37
2.2.2 Technik und Perspektiven 39
2.3 Antike Vasenmalerei 41
2.4 Rom: Mosaikbilder – Malerei in Stein 43
2.4.1 Technik 43
2.4.2 Musivische und malerische Kunst 44
2.5 Mittelalterliche Buchmalerei 44
2.5.1 Initialen 46
2.5.2 Miniaturen als selbstständige Bilder 47
2.6 Frühe Neuzeit: Kupferstiche – grafische Kunst 48
2.6.1 Druckgrafik 48
2.6.2 Zentralperspektive 49
2.7 Historienmalerei: Historische Wahrheit versus dokumentarische Treue 52
2.7.1 Historische Entwicklung 52
2.7.2 Historienmalerei 53
2.7.3 Historienmalerei im Geschichtsunterricht 56
2.8 Das 20. Jahrhundert: Fotografie – Malen mit Licht 58

2.8.1 Objektivität und Gestaltung ... 59
2.8.2 Entwicklungsphasen ... 61
2.8.3 Fotos als Dokumente ... 62
2.9 Moderne Historienmalerei ... 64
2.10 Fremdbilder: Fremde Bilder – Bilder des Fremden ... 69
2.11 Weiterführende Literatur ... 72

3. Psychologie der Bildwahrnehmung – Wahrnehmungspsychologie und Kunstpsychologie ... 78
3.1 Wahrnehmungspsychologie ... 78
3.2 Bildwahrnehmung ... 80
3.2.1 Linie ... 80
3.2.2 Pikturale Differenz ... 81
3.2.3 Raumwahrnehmung ... 81
3.2.4 Wahrnehmungsprozess ... 81
3.3 Bildverstehen ... 83
3.3.1 Verstehen von Basisbildern ... 83
3.3.2 Verstehen von kulturell kodierten Bildern ... 84
3.3.3 Verbalisierung von Bildinhalten ... 84
3.4 Wahrnehmungskonzepte ... 85
3.4.1 Der direkte Realismus ... 85
3.4.2 Der indirekte Realismus ... 86
3.5 Das statische und das antizipatorische Bild ... 88
3.6 Entwicklung der Bildkompetenz ... 88
3.7 Weiterführende Literatur ... 90

4. Das Bild in der Geschichte des Geschichtsunterrichts ... 92
4.1 Das pädagogische Prinzip der Anschauung ... 92
4.2 Emblematische Methode ... 94
4.3 Die Pädagogik der Aufklärung ... 98
4.4 Wandbilder im 19. Jahrhundert ... 99
4.5 Die Sechziger Jahre ... 101
4.6 Die Siebziger Jahre ... 105
4.7 Geschichte der audio-visuellen Medien ... 107
4.8 Weiterführende Literatur ... 112

5. Interpretation ... 113
5.1 Modelle der Interpretation ... 113
5.2 Interpretationshinsichten ... 114
5.2.1 Personendarstellung ... 115
5.2.2 Formenelemente ... 116

5.2.3 Symbole ... 117
5.2.4 Relationen ... 118
5.3 Schritte der interpretatorischen Sinnbildung ... 119
5.3.1 Ikonografische Beschreibung ... 119
5.3.2 Ikonologische Analyse ... 122
5.3.3 Historische Interpretation ... 128
5.3.4 Zeitdeutung ... 131
5.3.5 Zeitbezüge ... 135
5.3.6 Zusammenfassung ... 137
5.4 Weiterführende Literatur ... 138

6. Bild und Schrift ... 140
6.1 Schrift im Bild ... 140
6.2 Schrift unter dem Bild: Die Bildlegende ... 145
6.2.1 Sinnumkehrung ... 145
6.2.2 Bildlegende privat und öffentlich ... 148
6.2.3 Denotative, signifikative und technische Legenden ... 150
6.3 Schrift zum Bild ... 155
6.4 Weiterführende Literatur ... 155

7. Didaktik des Bildes ... 157
7.1 Visuelles Gedächtnis ... 159
7.2 Visuelle Rhetorik ... 161
7.3 Visuelle Ästhetik ... 162
7.4 Visuelle Topik ... 164
7.4.1 Visuelle Spurensicherung ... 165
7.4.2 Visuelle Soziologie ... 168
7.4.3 Visuelles Erzählen ... 169
7.4.4 Visuelle Zitate ... 170
7.5 Weiterführende Literatur ... 172

8. Methodik ... 173
8.1 Bilder ergänzen: Der Restaurator ... 173
8.2 Bilder durch Bilder erklären: Spurensuche ... 175
8.3 Umzeichnungen als Hilfsmittel ... 176
8.4 Transfer herstellen ... 177
8.5 Bilder verfremden ... 178
8.6 Bildvergleich ... 180
8.7 Strukturen sichtbar machen ... 183
8.8 Mittelalterliche Miniaturen:
Mit den Händen reden ... 184

8.9 Übungen mit Legenden ... 186
8.10 Bilder zum Sprechen bringen ... 187
8.11 Der Verwendungszweck von Bildern: Das Bild im sozialen Raum ... 187
8.12 Motive im Wandel der Zeit ... 192
8.13 Mentalitätsbilder ... 193
8.14 Spurensuche: Die Arbeit an Details ... 194
8.15 Bilder verfilmen: Bildinterpretation durch Bildverfilmung ... 198
8.16 Bilder treiben Späße ... 201
8.17 Weiterführende Literatur ... 204

9. Visuelles Erzählen ... 206
9.1 Bildgeschichten ... 206
9.2 Selbsterzählen ... 207
9.3 Didaktik der Bildgeschichte ... 208
9.4 Methodik ... 210
9.5 Weiterführende Literatur ... 213

10. Das Buch des Alfred Kantor als Beispiel ... 214
10.1 Bildmaterial ... 214
10.2 Historischer Hintergrund ... 214
10.3 Texte ... 215
10.4 Bildgeschichte ... 216
10.5 Weiterführende Literatur ... 221

Anmerkungen ... 222
Literatur ... 232
Verzeichnis der Abbildungen ... 236

Vorwort

Dieses Bilder-Buch betrachtet Bilder nicht als Kunstwerke, sondern als historische Quellen. Seine Absicht ist es, Voraussetzungen und Bedingungen historischer Erkenntnis mit und an Bildern darzustellen. Eine solche Betrachtungsweise schließt Ästhetik nicht aus, diese steht aber im Dienst der historischen Erkenntnis. Die folgenden Ausführungen werden deshalb den Bildern als Kunstwerken nicht gerecht. Das ist aber mit anderem Vorzeichen auch in kunsthistorischen Abhandlungen nicht anders, in denen wiederum Bilder als historische Quellen nicht ernst genommen werden. Historische und ästhetische Erkenntnis schließen sich einander nicht aus, es kommt jedoch auf das jeweilige Erkenntnisinteresse an. In diesem Buch steht die Frage im Vordergrund, auf welche Weise Bilder zu historischer Erkenntnis beitragen.

Bilder werden in diesem Band im strengeren Sinne des Wortes „Bild" verstanden – als bemalte (gezeichnete, gestochene, belichtete) *Flächen*. Das schließt Plastiken und Reliefs aus; bei ihnen handelt es sich nicht um Bilder. Auch die graphischen Sonderformen Karikatur, Plakat und Comic werden hier nicht behandelt. Diese modernen Formen folgen anderen darstellerischen Kriterien und werden von den Betrachtern auch in anderer Weise wahrgenommen. Sie verdienen deshalb gesonderte Darstellungen. Der Interpretationsprozess ist bei ihnen ebenso wie der unterrichtsmethodische Vermittlungsvorgang ein anderer. Besonders die neue Kompetenzorientierung verlangt einen sauber definierten Bildbegriff. Davon sind Geschichts- und Politikdidaktik noch weit entfernt. Oft wird alles, was nicht vorwiegend aus Buchstaben besteht, sei es ein Diagramm oder eine Landkarte, als „Bild" bezeichnet. Das zeugt weder von erkenntnistheoretischem Scharfsinn noch von methodischem Bewusstsein.

Unter dem Eindruck der Handlungsorientierung sind in den letzten Jahren eine Reihe von unterrichtsmethodischen Vorschlägen zur „Bildarbeit" gemacht worden, die dem eigentlichen Vorgang der Bildinterpretation zuwiderlaufen. Tätigkeiten wie Bilder zerschneiden, mit Schülern ein Bild nachstellen oder Sprechblasen darüber legen sind keine Interpretationsoperationen. Hier wird Unterrichtsmethodik mit Interpretation verwechselt. Erst muss ein Bild interpretierend verstanden werden, ehe man mit ihm handlungsorientiert umgeht; oft verschließt

Handlungsorientierung den sinnverstehenden Zugang. Die Bildhermeneutik bleibt logisch der primäre, der unterrichtsmethodische der sekundäre Akt.

Als ich mir vornahm, eine der vielen Lücken im Umgang mit Bildquellen durch diese kleine Monografie zu schließen, ahnte ich nicht, wie viele neue Defizite ich entdecken würde. Zum einen die *Empirie:* Wir haben keine Erkenntnisse darüber, wie Schülerinnen und Schüler Bilder wahrnehmen. Wir haben auch keine Empirie zum aktuellen kollektiven Bildgedächtnis. Welche Bilder haben wir im Kopf, wenn wir an Geschichte denken? Welche Bildangebote haben Schulbücher in den 50er, 60er etc. Jahren gemacht und das visuelle Gedächtnis der jeweiligen Generation geprägt? Auch über die *ästhetische Dimension* des Geschichtsbewusstsein wissen wir nichts, obwohl Geschichtsbewusstsein zum überstrapazierten Begriff der Geschichtsdidaktik gehört. Schließlich fehlt es auch im *normativen Bereich*, der den Didaktikern immer lieb und teuer ist, an grundlegenden Erörterungen. Was dürfen Schülerinnen und Schüler sehen? Dürfen die Fotos mit den zerschossen Gesichtern aus Friedrichs Kriegsfibel „Krieg dem Kriege" im Schulbuch abgedruckt werden? Ist ihnen ein Bild von der Ermordung der Armenier zuzumuten, das ein Schulbuch in der ersten Auflage präsentierte, im Nachdruck aber durch ein harmloses ersetzte? Die Forschungen zum Umgang mit Bildquellen haben erst angefangen.

Ungeachtet dieser zukünftigen Forschungen braucht aber der Geschichtsunterricht bereits heute neue Aufgabentypen, die eine Kompetenzorientierung ermöglichen. Deshalb folgt auf die in diesem Buch entwickelten Grundlagen in Kürze ein zweiter Band zur „Bildinterpretation praktisch". Darin stellen Kristin Land und ich Methoden vor, die unmittelbar in den Unterricht übernommen werden können. Dazu dienen auch die CDs, die beiden Bänden beigelegt sind und die die Bildbeispiele zum Ausdrucken enthalten.

Die im Praxisband entwickelten Methoden der narrativen Erschließung von Bildgeschichten sowie der Verfahren zur interpretierenden Verfilmung von Bildern erlauben es, bei Schülerinnen und Schülern narrative Kompetenz und Interpretationskompetenz zu entwickeln.

Halle, im Oktober 2007
Hans-Jürgen Pandel

1. Theorie des Bildes

1.1 Bilddefinitionen

Ein Bild zu definieren scheint eine überflüssige Arbeit zu sein, denn jeder weiß aus seiner lebensweltlichen Erfahrung, was ein Bild ist. Dennoch gehören Bilddefinitionen zu den wichtigen Unternehmungen von Kunstwissenschaftlern und Medientheoretikern. Weniger häufig beschäftigen sich damit Historiker und Pädagogen. In den beiden letzten Fällen sind die Gründe dafür entgegengesetzt. Die Pädagogen gingen so extensiv mit Bildern um (Prinzip „Anschaulichkeit"), dass die theoretische Vorklärung dabei zur Nebensache wurde. Für die Geschichtswissenschaft waren Bilder selten Quellen ihrer Erkenntnis, so dass sie meist vernachlässigt wurden. „Die Geschichtswissenschaft, geboren aus dem Geiste der philologischen Textkritik, ist noch heute weitgehend bildfremd."[1]

Blickt man in die Kunstgeschichte, so finden sich dort folgende Definitionen:

> „Ein Bild ist eine nachgeschaffene und reproduzierte Ansicht; es ist eine Erscheinung oder ein Komplex von Erscheinungen, der von Ort und Zeit ihres ursprünglich gegenwärtigen Erscheinens abgelöst und – für Augenblicke oder Jahrhunderte – konserviert wurde. Jedes Bild verkörpert eine bestimmte Art des Sehens, selbst ein fotografisches Bild. Fotos sind eben nicht, wie häufig angenommen wird, lediglich mechanische Aufzeichnungen."[2]

Weiter heißt es:

> „Bilder wurden zuerst hergestellt, um die Erscheinung von etwas Abwesendem zu beschwören. Allmählich merkte man, dass ein Bild das Dagewesene überdauern konnte, es zeigte dann, wie Personen oder Sachen einmal ausgesehen hatten und damit auch, wie sie von anderen Menschen einmal gesehen wurden. Noch später erkannte man die persönliche Sicht eines Bildautors als selbstverständlichen Bestandteil des von ihm hervorgebrachten Bildes, das so zum Dokument wurde, wie X damals Y gesehen hatte."[3]

> „Bilder sind gedeutete Flächen. Sie deuten – zumeist – auf etwas in der Raumzeit ‚dort draußen', das sie uns als Abstraktionen (als Verkürzungen der vier Raumzeit-Dimensionen auf die zwei der Fläche) vorstellbar

> machen sollen. Diese spezifische Fähigkeit, Flächen aus der Raumzeit zu abstrahieren und wieder in die Raumzeit zurückzuprojizieren, soll ‚Imagination' genannt werden. Sie ist die Voraussetzung für die Herstellung und Entzifferung von Bildern. Anders gesagt: die Fähigkeit, Phänomene in zweidimensionale Symbole zu verschlüsseln und diese Symbole zu lesen."[4]

Der in diesem Band verwandte *Bildbegriff* wird durch drei Kriterien bestimmt.

1. Ein Bild ist eine bemalte (bzw. gezeichnete, gestochene, belichtete etc.) *Fläche*. Es reduziert die vier Raum-Zeit-Dimensionen auf zwei. Diese Definition schließt dreidimensionale Plastiken bzw. Reliefs aus, auch wenn sie als Fotografie präsentiert werden. Als Fläche hat das Bild zudem die Eigenschaft, dass es – anders als bei der Wahrnehmung von Gegenständen (also auch von Plastiken) – „die Ansichtigkeit des im Bild zu Sehenden"[5] festlegt. Bilder legen die Perspektive fest. Sie bieten keine „Sichtbarkeitsalternative".[6] Bei Gegenständen ist das anders. Wenn man einige Schritte nach links oder nach rechts tritt, sieht man den Gegenstand anders. „Darin steckt ein prinzipieller Unterscheid zu aller natürlichen Wahrnehmungsvielfalt der visuellen Welt".[7] Das unterscheidet sie auch von der Wahrnehmung der Wirklichkeit. Bei einem Gegenstand (also auch bei einer Plastik) können wir uns die geeignete Perspektive suchen. Bei Bildern sind wir auf eine Perspektive festgelegt. Das Phänomen ist uns vertraut. Wenn wir ein Bild von der Seite betrachten, blicken uns die Augen eines Portraitierten, die gerade aus dem Bild blicken, immer noch an. Ein weiterer Grund, Plastiken und Gegenstände bzw. deren Fotografien von der Bildinterpretation auszuschließen, ist das Problem des Bildherstellers. Unstrittig ist die Fotografie einer Plastik ein Bild, aber wer ist sein Hersteller? Der Bildhauer oder der Fotograf? Wer ist für seine Perspektive verantwortlich? Der Bildhauer oder der Fotograf? Gegenstände sind folglich aus dem Bildbegriff auszuschließen. Sie gehören in den Bereich der haptischen Quellen.

2. Der hier gemeinte Bildbegriff bezieht sich auf *Bildquellen*, also auf Bilder, die in der Vergangenheit entstanden sind, und uns heute vorliegen. Das schließt Rekonstruktionsbilder (z.B. „Querschnitt durch eine Hansekogge") – so sinnvoll sie für den Unterricht auch sein mögen – aus. Sie müssen nicht interpretiert werden, da sie keinem vergangenen oder fremden Kulturzusammenhang entstammen. Ihr Charakteristikum ist es ja gerade, dass sie ohne Interpretation verstehbar sind. Sind sie gut, sind sie sofort verständlich, sind sie schlecht, so hilft auch alles Interpretieren nichts. Das gilt auch erst recht für die sogenannten

Illustrationsbilder, wie sie sich leider wieder in manchen Schulbüchern finden. Es erhöht wohl kaum die Kulturkompetenz von Schülerinnen und Schüler, wenn sie die historischen Obsessionen eines heutigen Verlagsgrafikers interpretieren müssen.

3. Bilder sind ungeachtet ihres Bildinhaltes nur für den *Zeitpunkt ihrer Herstellung* eine Quelle. Ein Bild Anton von Werners (1843–1915) von Luthers Aufritt auf dem Reichstag zu Worms (1521) ist nur für die Lebenszeit Werners und die wilhelminische Epoche eine Quelle. Diese Definition ist in der Kunstgeschichte völlig selbstverständlich, in der Geschichtsdidaktik wird häufig noch alles zum Bild erklärt, was man mit den Augen wahrnehmen kann. Ein solcher Medienbegriff, der entlang den menschlichen Wahrnehmungskanälen konzipiert wurde, ist geschichtsdidaktisch unzulänglich, da er zu allgemein – zu trivial – ist und sich nicht auf historisches Denken bezieht. Der problematische Einfluss der allgemeinen Didaktik und Pädagogik wirkt in der Geschichtsdidaktik immer noch nach. Sie klassifiziert ihre Medien immer noch nach Sinnesmodalitäten. Alles was zweidimensional und piktural präsentiert wird, ist dort ein Bild. Nach pädagogischer Meinung gibt es keine Differenz zwischen heutiger Illusionszeichnung und einer Bildquelle. Die Geschichtsdidaktik ist aber genötigt, eine Medienklassifikation nach *Authentizitätsgraden* vorzunehmen, denn ohne eine solche Einteilung ist historisches Denken nicht möglich.

1.2 Pikturale Differenz

Naive Betrachter (und Lehrer) zeigen auf ein Bild und sagen: „Das ist eine Pfeife" (bzw. „das ist Bismarck"). Ein Grundbegriff im Umgang mit Bildern ist aber der der *pikturalen Differenz.* Sie ist eine spezifische Eigenschaft des Menschen und „definiert sich als das Vermögen, das bewegliche Wahrnehmungsfeld des alltäglichen Sehens mit seinen offenen Rändern, seiner flexiblen Neuanpassung an Situationen in ein begrenztes und stabiles Bildfeld umzustilisieren."[8] Der Begriff der pikturalen Differenz verweist darauf, dass der reale Gegenstand (die Szene, das Ereignis) nicht dasselbe ist wie der gemalte Gegenstand. „Das Bild zeigt etwas, ist aber zugleich selbst Gegenstand der Betrachtung."[9] Wir haben es deshalb bei dem Bildersehen mit einer sekundären Wahrnehmung zu tun. René Magritte,[10] der Philosoph unter den Malern, hat das mit seinem berühmten Bild „Das ist keine Pfeife" dargestellt (Abb. 1).

Wenn in einem Bild manchmal nur der Winkel eines dargestellten Gegenstandes geringfügig verändert wird, so stellt sich sogleich ein

Abb. 1: „Das ist keine Pfeife". René Magritte, „Der Verrat der Bilder" (1948)

anderer Ausdruck ein, ohne dass der Gegenstand, den das Bild wiedergibt, sich im geringsten verändert. Pikturale Differenz drückt sich aber auch in einem ganz anderen Phänomen aus. Kunsthistorisch Aufgeklärte sagen nicht, indem sie auf das Bild zeigen: „Das ist eine Pfeife", sondern: „Das ist das Bild einer Pfeife." Bildkundige Betrachter sagen beides nicht, sondern sie zeigen auf das Bild und sagen: „Das ist ein Magritte." Das Wiedererkennen bezieht sich hier nicht auf den Bildgegenstand, sondern auf die besondere Farb- und Figurenkonfiguration, die wir mit einem bestimmten Maler verbinden.[11] Didaktisch gesehen gehört es zur Kulturkompetenz, dass Schülerinnen und Schüler zwar nicht den Maler, aber doch die visuelle Handschrift der jeweiligen Epoche und Kultur erkennen. Eine mittelalterliche Miniatur muss als solche erkannt werden und man muss auch einiges über die jeweilige Bildgattung und ihren Quellenwert wissen.

Die pikturale Differenz ist für die Geschichtsdidaktik von erheblichem Interesse. Bisher nimmt sie aber ebenso wie die Reproduktionsindustrie „das Bild als Abbild, als Double der Realität".[12] Das ist vermutlich das Erbe der pädagogischen Theorie der Anschauung. „Denn Abbilder, in ihrer alltäglichen Rolle, erschöpfen sich darin, existierende Dinge und Sachverhalte nochmals zu zeigen, nämlich dem äußeren Sinn des Auges. Sie illustrieren ganz reibungslos dann, wenn sie sich als eine Art Double der Sache darbieten. Die bildlichen Potenzen sind nur insoweit gefragt, als sie von sich selbst wegweisen und im Stande sind, den dargestellten Sachverhalt zu veranschaulichen. Abbilder sind zweifellos die verbreitetsten Bilder. Ein erheblicher Teil ihrer öffentlichen Präsenz (im Fernsehen, in Fotos, Reklamen, Katalogen etc.) dient diesem Zweck. Es ist leicht einzusehen, dass der sekundäre Status des Abbildes das Bildverständnis schwer behindert."[13] Das hat seinen Grund in dem Bemühen, Vergangenes und Fremdes anwesend zu machen. Das Abbild ist in dieser Verwendung völlig uninteressant, es interessiert nur das Repräsentierte. In diesem Sinn kann man nicht nur von einer „Bildfeindlichkeit der Medienindustrie",[14] sondern auch von der Bildfeindlichkeit der Didaktik sprechen. Sie hat kein Interesse am Bild, sondern nur am dargestellten Gegenstand. Die Geisteshaltung des Herstellers und sein Weltbild werden ebenso übergangen wie Art und Weise der Darstellung. Trotz aller pädagogischen Hochschätzung des Bildes ist das Verhältnis der Didaktik zum Bild im Grunde ikonoklastisch. Das Bild wird zertrümmert, um das „reale" Ereignis sichtbar zu machen. Die pikturale Differenz macht deutlich, dass es einen Unterschied zwischen Abbildung (Mimesis) und Beschreibung (Diegysis) gibt (Danto). Zum Verstehen der Abbildung brauchen wir nur unsere Wahrnehmungsfähigkeit, zur Beschreibung aber Sprachkompetenz.

1.3 Schwächen und Stärken des Bildes

Sprache und Bild bleiben ständig aufeinander bezogen. Das zeigt sich besonders auf dem Gebiet der Geschichte, die eine sprachliche Organisation besitzt und dennoch auf vielfältige Weise mit Bildlichkeit verflochten bleibt. Dass die Geschichtswissenschaft zu Bildern Distanz hält, wenn es um ihr sprachlich-narratives Wissen geht, hat etwas mit der Eigenart der Bilder zu tun. Aus der Sicht der Geschichtswissenschaft mit ihrem Interesse an sprachlich-narrativ organisiertem Wissen, sind bestimmte Eigenarten des Bildes Schwächen. Besonders die in der pädagogischen Literatur gelobte Konkretheit stellt sich für den historischen Erkenntnisprozess als Schwäche heraus.

1.3.1 Schwächen

Bilder sind stets konkret und halten nur einen zeitlich kurzen Augenblick und einen engen räumlichen Ausschnitt aus einem temporalen und räumlichen Kontinuum fest. Ihre zentrale Eigenschaft ist eine extreme Kontingenz.[15] Sie sind subjektive Momente historischer Gegenwart. Sie weisen gegenüber sprachlichen Quellen spezifische Defizite aus. Daraus ergeben sich Schwächen:

Abb. 2: Drohen oder schießen? Der Polizeipräsident von Saigon, General Nguyen Ngoc Loan, und ein als Vietkong Verdächtigter (1968). Einzelbild aus einem Film von Edward T. Adams

1. Obwohl sich Bilder datieren lassen, sind sie aus der Sicht des Historikers *zeitlos*. In ihnen sind alle dargestellten Situationen und Ereignisse gleichzeitig und keiner Veränderung unterworfen. Auf keinem Bild, keinem Foto können wir einen Menschen gehen „sehen". Wir sehen nur, dass er seinen Oberkörper nach vorn geneigt hält und ein Oberschenkel angewinkelt ist. Ein Fuß befindet sich über dem Erdboden. Wir „sehen" ihn nicht in Bewegung, sondern wir schließen aus der Pose, dass er geht. Deshalb sind Einzelbilder nicht-narrative Medien. Sie können weder erzählen noch Entwicklungen darstellen. Nur durch besondere Techniken und sprachliche Einbindungen vermögen sie zu erzählen. Sie können keine *Handlungszeit* darstellen. In ihnen sind alle menschlichen Bewegungen eingefroren und werden zur Pose. Dass wir dennoch durative Verben (essen, gehen, enthaupten etc.) auf sie anwenden können, ist keine Eigenschaft der Bildes selbst, sondern eine Leistung unseres Verstandes. So zeigt das bekannte Bild (genauer ist es eine Filmsequenz) vom Ende des Vietnamkrieges den Polizeipräsidenten von Saigon mit einer Pistole (Abb. 2). Ob er den Gefangenen tatsächlich erschießt oder ihm nur droht, geht aus diesem Bild nicht hervor (er erschießt ihn tatsächlich).

Im Bild ist alles gleichzeitig. Sämtliche visuellen Elemente werden im Bild gleichzeitig präsentiert. In der Sprache dagegen werden die einzel-

Abb. 3: Zweimal David und zweimal Goliath in einem Bild (1162 n. Chr.)

nen Handlungsakte und Ereignisse einer Geschichte nacheinander erzählt. Ein Vorher und Nachher, das es erlaubt zu erzählen, muss erst hergestellt werden. Wenn Einzelbilder erzählen sollen, wenden ihre Hersteller Kunstgriffe an. Sie verfahren beispielsweise nach dem Muster „Nimm 2". Ein Bild wird zu einem erzählenden Bild, wenn es zwei Bilder in einem darstellt. In der angelsächsischen Geschichtsdidaktik werden sie als „Two-in-one-pictures"[16] bezeichnet. Diese Technik wurde schon im Mittelalter als „Simultanbild" zu einer Kunstform entwickelt. Um die verschiedenen Phasen eines Ritterschlages, einer Geburt oder einer Auseinandersetzung zu zeigen, wurden sie in einem einzelnen Bild gleichzeitig dargestellt. Die pikturale Gleichzeitigkeit soll so in ein narratives Nacheinander aufgelöst werden (Abb. 3).

Dennoch ist die These von der Zeitlosigkeit der Bilder (Simultanität der Präsentation und Handlungslosigkeit) in gewisser Weise einzuschränken. Bilder besitzen zwar keine *Handlungszeit*, aber dennoch ist ihnen eine *„Bildzeit"* eigen.[17] Durch Farbe, Linie, Raum lassen sich zeitverbrauchende Bewegungen anzeigen. Auch die Gleichzeitigkeit der Präsentation bedeutet noch nicht, dass die einzelnen Bildelemente auch gleichzeitig wahrgenommen werden. Die Wahrnehmung eines Bildes benötigt für das schrittweise Abtasten des Bildes ebenfalls Zeit. Es gibt also eine *Wahrnehmungszeit*. Trotz Bildzeit und Wahrnehmungszeit fehlt ihnen die Erzählzeit.

2. Bilder sind *begriffslos* und können keine Abstraktion bilden, da sie nur konkrete Sachverhalte darstellen: Ereignisse, Personen, Gegenstände, Landschaften und Orte. Dass die konkreten Dinge, die das Bild darbietet, von uns in Begriffen gedacht werden, ist eine Leistung unseres Verstandes und nicht des Bildes selbst. Das Wort Rind ist etwas anderes als ein gemaltes Rind. Ein „Rind" gibt es für den Maler oder Fotografen nicht, sondern nur ein schwarzes, braunes, geflecktes, ein großes oder kleines Rind. Diese Konkreta gehen in den Begriff Rind nicht mit ein. So lassen sich auch die Begriffe Adel, Gewerkschaft, Frieden oder Feudalismus nicht bildnerisch darstellen. Wollte die Sprache der Individualität eines Dinges nachkommen, müßte sie für jedes Ding, Tier, Person einen Eigennamen wählen. Das würde auch die Sprache überfordern, wenn man die unausmessbaren Zeiträume der Vergangenheit denkt. Ein Bild ist ein Darstellungsprozess, „in dem die Momente des Seins sich schon immer als Erscheinung ausweisen".[18]

3. Bilder können im Gegensatz zur Sprache keine *Negationen* ausdrücken. Sie können nicht sagen, dass etwas *nicht* der Fall ist. Aus einem Foto, das Hitler über den Kartentisch gebeugt zeigt, ist nicht abzulesen,

Abb. 4: Nicht der größte Feldherr. Hitler am Kartentisch (1940)

dass er *nicht* „der größte Feldherr aller Zeiten" war, wie ihn der Chef des Oberkommandos der Wehrmacht, Wilhelm Keitel, genannt hat (Abb.4). Negationen lassen sich allein in der Sprache ausdrücken.

4. Bilder können keine *Häufigkeitsaussagen* machen. Zwar zeigen sie, ob viele oder wenige Reichstagsabgeordnete versammelt sind, aber ob diese Versammlung einmal oder wiederholt stattfand, geht aus dem Bild nicht hervor. Das Bild, das ein konkretes Ereignis zeigt, sagt nichts über seine Häufigkeiten aus. Ob ein Ereignis „einmalig", „selten", „immer", „häufig" vorkommt, kann im Bild nicht ausgedrückt werden. Eine Fotografie von Ernst Salomon zeigt die nationalsozialistische Reichstagsfraktion, die sich mit dem Rücken zum Redner im Reichstag in der Endphase der Weimarer Republik hinsetzte, um ihre Verachtung dem „System" und den demokratischen Politikern gegenüber zu demonstrieren. Ob sie das immer und regelmäßig tat oder ob es eine einmalige Provokation blieb, geht aus der Fotografie nicht hervor.[19] Ein neues Beispiel: Haben sich die „progressiven" Studenten in den 1970er Jahren soweit von der überkommenen Männerrolle distanziert, dass sie jeden Tag die eigenen Kinder ausgefahren haben (Abb. 5)? Alle quantifizierenden und Häufigkeitsausdrücke lassen sich nicht im (Einzel-) Bild darstellen.

Abb. 5: Fahren alle *„progressiven" Studenten* jeden Tag *ihre Kinder spazieren? (1979)*

5. Zu den Schwächen des Bildes zählt auch das Problem der *Proportionalität.* Da Bilder in der Regel verkleinerte Abbilder von Wirklichkeit sind, vermögen sie reale Größenverhältnisse nur unter Schwierigkeiten und nur durch Hilfskonstruktionen zu zeigen. Wie groß ein Gegenstand wirklich ist, den ein Betrachter des Bildes noch nie gesehen hat, können Bilder selbst nicht aussagen. Deshalb greifen die Bildproduzenten immer zu künstlichen und bildimmanenten Vergleichen. Der weiße Missionar, der sich neben einen Pygmäen stellt, will nicht nur Entdeckerfreude, sondern auch Größenverhältnisse darstellen (Abb. 6). Den gleichen Weg gingen die Industriefotografen, die die Werkstücke immer mit einem Menschen als Vergleichsgröße ausstatteten. Der (europäische) Mensch mußte als Maß aller Dinge herhalten, weil das Bild das Maß nicht angeben kann.

6. Bilder *reduzieren* die Wirklichkeit. Obwohl sie konkret, ja überkonkret sind, führt die Darstellung das Bild auf Bildlichkeit zurück und lässt Dimensionen der Wirklichkeit fort (Abb. 7). Dadurch erlangen sie oft eine ästhetische Eingängigkeit, die Mühsal, Leid, Tod, Schmutz und

Abb. 6: Die kleinen Menschen. Europäer und Bewohner der Adamanen um 1875

Gestank als Erfahrungsdimension auch dort fortlassen, wo sie Gegenstand der Darstellung sind. Auch dort, wo Mühsal gemalt, Elend fotografiert wird, wirken Bilder in ihrer morbiden Eleganz ästhetisch. Auf den Fotos von Jacob Riis „How the Other Half Lives"[20] wirken Personen und Orte schön, auch dann noch, wenn Lumpen und Elendsquartiere dargestellt werden. Doch die ästhetische Überlagerung von Schmutz, Elend und Hässlichkeit scheint nicht absolut möglich zu sein. Die Bilder, die Margret Bourke-White vom gerade befreiten KZ Buchenwald

Abb. 7: Die große Maschine. Die Dampfmaschine von G.H. Corliss auf der Weltausstellung von Philadelphia 1876

machte, widersprechen dem. Es ist zwar schwer vorstellbar, aber vielleicht haben diese Bilder die Ästhetisierung des Schreckens nur deshalb noch nicht vollzogen, weil zwischen diesen Ereignissen und uns noch nicht genügend „historisierender" Abstand liegt. Je mehr unsere unmittelbare Vergangenheit zur fernen Vergangenheit wird, verlieren diese Bilder vielleicht auch ihre antiästhetische Wirkung.

Schwächen

1. Bilder sind nicht-narrative Medien. Sie können weder erzählen noch Entwicklungen darstellen. Nur durch besondere Techniken und sprachliche Einbindungen sind sie in der Lage zu erzählen. Sie sind aus der Sicht des Historikers *zeitlos.* In ihnen ist Zeit eingefroren, da in ihnen alles gleichzeitig ist. In der Sprache wird eine Geschichte nacheinander erzählt, im Bild erscheinen die Ereignisse gleichzeitig. Ein Vorher und Nachher, das erzählt werden kann, muss erst hergestellt werden. Jeder Prozess wird zu einem Zustand und jede menschliche Handlung zu einer Pose.

2. Bilder können keine Abstraktionen und Begriffe bilden. Sie stellen nur konkrete Sachverhalte dar: Ereignisse, Personen, Gegenstände, Landschaften und Orte. Dass die konkreten Dinge, die das Bild darbietet, von uns in *Begriffen* gedacht wird, ist eine Leistung unseres Verstandes und noch nicht des Bildes selbst.

3. Bilder können keine Negationen ausdrücken; sie können nicht sagen, dass etwas *nicht* der Fall ist.

4. Bilder können nur begrenzt quantifizieren und deshalb auch keine Häufigkeitsaussagen über Ereignisse machen. Ob ein Ereignis „einmalig" ist oder „selten", „immer", „häufig" vorkommt, kann im Bild nicht ausgedrückt werden.

5. Bilder verzerren die Proportionalität von Welt. Da Bilder in der Regel verkleinerte Abbilder von Wirklichkeit sind (oder sein wollen), vermögen sie reale Größenverhältnisse nur unter Schwierigkeiten und durch Hilfskonstruktionen zu zeigen. Wie groß ein nie gesehener Gegenstand wirklich ist, vermögen Bilder selbst nicht auszusagen.

6. Bilder reduzieren die Mehrdimensionalität der Wirklichkeit auf Linie, Fläche und Farbe. Obwohl sie konkret, ja überkonkret sind, führt die Darstellung das Bild auf Bildlichkeit zurück und lässt mehrere Dimensionen der Wirklichkeit fort. Dadurch erlangen Bilder oft eine ästheti-

sche Eingängigkeit, die Mühsal, Leid, Tod, Schmutz und Gestank als Erfahrungsdimension auch dort fortlassen, wo sie Gegenstand der Darstellung sind. Auch dort, wo Mühsal gemalt und Elend fotografiert wird, wirken Bilder in ihrer morbiden Eleganz ästhetisch.

Die Schwächen von Bildern zu benennen bedeutet nicht, ihren Wert für den Unterrichts zu mindern. Es ist aber in didaktischer Hinsicht notwendig, herauszuarbeiten, was man von ihnen nicht erwarten kann, oder anders: welche Aufträge Schülerinnen und Schüler überfordern, weil sie etwas aufgrund des Bildcharakters nicht leisten können.

1.3.2 Stärken

Gemessen an der Leistungsfähigkeit der Sprache hat das Bild zwar Defizite, die sich aber im Zusammenhang mit Sprache dennoch als *Stärke* erweisen. Bilder stehen nie für sich allein, sondern sind immer durch Bezug und Verweis auf Sprache gekennzeichnet. Auf diese Weise kommen die Schwierigkeiten des Bildes mit Abstraktion, Quantifizierung, Proportionalität und Narrativität nicht völlig zur Geltung. Es gibt eine Ausnahme. Die Bildgattung „Höhlenbilder" müssen wir ohne sprachlichen Kontext wahrnehmen. Sie ist deshalb unserer Interpretation schwerer zugänglich als andere Bildgattungen.

Bilder stehen in einem sprachlichen Kommunikationszusammenhang. Das kann der Diskurs der Vergangenheit oder die lebensweltliche Sprachwelt der Gegenwart sein. Auch die pikturalen Komponenten stehen in einem sprachlichen Kontext. Sie sind auf das historische Erzählen, auf narrativ strukturierte Geschichte bezogen. Sie gehen aus einem sprachlichen Kommunikationszusammenhang hervor und stehen bei der Repräsentation auch wieder in einem sprachlichen Zusammenhang. Zudem wird auch unser Wahrnehmen von Bildern stets durch Sprache beeinflusst, da Bilder immer zusammen mit Sprache präsentiert werden. Das kann eine Ausstellung sein, die ein Motto trägt; im Buch erscheint das Bild als Textergänzung und im Unterricht erzeugt Sprache ein Rezeptionsumfeld, das gegensätzliche Bildinterpretation verhindert. Je nachdem, welche Unterschrift ein Bild trägt oder in welche Unterrichtskontexte es eingebunden ist, wird es auch aufgefasst.[21] Trotz dieser vielfältigen Verflechtung mit Sprache ist das Bild nicht von Sprache aufgesogen und durch sie ersetzt worden. Das Bild hat vielmehr „seine Eigenart gegenüber der Sprache im Laufe der Geschichte bewahrt und immer wieder gestärkt".[22]

Das beruht auf der Eigenschaft seiner *übergroßen Konkretheit.* Das

Bild „sagt" aufgrund seiner Konkretheit mehr als die Sprache. Es müßte schon ein sehr langer Text sein, wenn er alle optischen Signale des Bildes in Sprache ausdrücken wollte. Ein Bild ist ein unerschöpfliches Reservoir an Details. Die Sprache benötigte, wenn sie alle Einzelheiten verbalisieren wollte, einen Umfang und eine Komplexität, die sie nicht für alle Ereignisse aufbringen kann. Da einzelnen Ereignisbeschreibungen (im Schulbuch, in der mündlichen Kommunikation, in der historischen Erzählung) nur ein geringer Textanteil zugestanden wird, erfüllen Bilder jene wichtige konkretisierende Funktion, die meist ziemlich ungenau mit Anschaulichkeit bezeichnet wird. Bilder, historische Bilder, sind die Aufnahme von Sinnlichkeit in die Narrativität von Geschichte. Sie füllen die sprachliche Abstraktheit mit sinnlicher Konkretheit. Das Bild lässt sich deshalb nicht aussprechen; es ist sprachlich nicht ausschöpfbar. Die auf dem Konkretheitscharakter beruhende Sinnlichkeit der Bilder findet ihre Fortsetzung auch auf eine andere Weise.

1. Bilder zeigen im Sinne des Wortes *Augenblicke.* Sie konservieren flüchtige Momente; in ihnen ist Zeit eingefroren. Dadurch versetzen sie uns in die Lage, etwas genauer zu betrachten als wir es in Wirklichkeit können. Diesen Effekt kennen wir aus der Fotografie. Wenn wir ein Foto von uns oder von Freunden betrachten, schmunzeln wir oft, weil der Porträtierte „komisch" aussieht. Obwohl wir bei der Aufnahme anwesend waren, haben wir diesen fotografierten Ausdruck nicht wahrgenommen, weil er in Bruchteilen von Sekunden vorbei war. Ähnliches ist auch bei anderen Bildgattungen zu beobachten. Bei Gemälden hat der Künstler genau überlegt, welchen Augenblick er für die Darstellung auswählt und ihn dann in der Zeit stillstellt.

Bilder können deshalb Existenzbeweise und Tatbelege liefern. Sie zeigen, dass Personen anwesend waren (Hitler bei der Kriegsproklamation, Abb. 8) oder bei Handlungen mitgewirkt haben (der spätere „Polizeiminister" Schily bei Demonstrationen, s. S. 164). Vielfach werden Bilder auch als Sachbeweise benutzt: wie um 800 ein Pflug aussah, welche Aborte es gegeben hat. Allerdings sind Bilder für *Existenzbezeugungen* auch nicht immer geeignet. Als Tatortbeweis lassen sie uns oft im Stich. Auf ihnen fehlen häufig Personen, die nachweislich im Moment des Fotografierens anwesend waren. So wurden in totalitären Regimen Fotografien manipuliert, indem in Ungnade gefallene Personen wegretuschiert wurden. So verschwanden in der Sowjetunion Trotzki, im Nationalsozialismus Heß, in der ČSSR Dubček, in China die „Viererbande" aus den offiziellen Fotografien. Andererseits fügen Bilder (in der Regel bei Gemälden) oft auch Personen hinzu, die ab-wesend waren. In

Abb. 8: Tatortfoto: Er war dabei. Hitler am 2. August 1914 – Kriegsproklamation auf dem Münchner Odeonsplatz (Foto: Heinrich Hoffmann)

Anton von Werners Kaiserproklamation wird der Kriegsminister Roon dargestellt, der nachweislich bei der Zeremonie nicht anwesend war; er lag krank im Hotelbett. Schließlich zeigen Bilder oft auch Personen, die es real gar nicht gibt (Götter und Heroengestalten). Allerdings hat sich eine bestimmte Bildgattung trotz der Zweifel an ihrer Realitätstreue zu einem besonderen Typus von Existenzbezeugungen entwickelt. Es sind gewissermaßen Tatortfotos. Sie liefern die Beweise für die Täterschaft, die Anwesenheit von Personen am „Tatort" (Hitler in der Menge der Demonstranten beim Kriegsausbruch) und als Beweis für bestimmte Taten (KZ-Bilder).

2. Da Bilder sprachlos sind, können sie *Sprachbarrieren überwinden.* Schriftliche Quellen aus China oder dem alten Ägypten lassen sich erst nach einem längeren und meist schwierigen Übersetzungsverfahren verstehen. Diese Probleme haben wir bei Bildern nicht, da wir mit

unserer eigenen Sprache an sie herangehen. Sie besitzen eine „kulturübergreifende Kommunikationsfunktion“.[23] Allerdings gibt es kulturelle Konventionen, die wir kennen müssen, um Bilder zureichend zu verstehen. Das liegt aber weniger am Bild selbst, sondern daran, dass uns jenes kulturelle Gedächtnis, aus dem die Bildelemente stammen, in ihrem Bedeutungssinn nicht vertraut ist.

3. Bilder füllen Begriffe mit *Anschauung*. Hier liegt eine ihrer wesentlichen Stärken, die in der Geschichte der Pädagogik seit dem 17. Jahrhundert bekannt ist. Aus der Schwäche „Konkretheit“ wird eine Stärke des Bildes. Es kann nicht in der gleichen Weise „abstrakt“ sein, wie wir es von einem Text her kennen. Hier sind die konkreten Details zu sehen, die bei der sprachlichen Begriffsbildung auf der Abstraktionsleiter verlorengehen. Viele Eigenschaften von Objekten lassen sich sprachlich nur unzureichend darstellen. Das ist besonders bei Farben und Formen der Fall.

4. Bilder machen das *Imaginäre* einer Gesellschaft sichtbar. Sie können etwas ins Bild setzen, „für das es keine außerbildliche Wahrnehmung gibt“.[24] Sie machen das Imaginäre sichtbar.[25] Die Geschichte des Imaginären ist ein wirkmächtiger Teil der Geschichte.[26] Auch das, was nur der menschlichen Phantasie entspringt, ist geschichtsmächtig geworden. Jenseitsvorstellungen und Endzeitvisionen können besonders durch Bilder sichtbar gemacht werden. Aber nicht nur der Bereich des Imaginären, sondern auch der des *Imaginativen*, die historische Einbildungskraft, wird sichtbar (Abb. 9).

Die deutsche Geschichtswissenschaft ist vorwiegend auf das Faktische bedacht und wenn sie sich auf Bilder bezieht – was selten genug geschieht – dann ist sie auf die historische Sachkunde fixiert. Dabei übersieht sie den Bereich des Imaginären, den die französische Geschichtswissenschaft intensiv erforscht und zu einem Bereich der Mentalitätsgeschichte gemacht hat: „Das Imaginäre der Vergangenheit der europäischen Gesellschaft ist erst jüngst zum Gegenstand historischer Forschung geworden“.[27] Jede Gesellschaft hat „ein genau bestimmtes Repertoire des Imaginären ausgebildet“.[28] Auf die Ebene des Imaginären projizieren Gesellschaften ihre Erfahrungen, unerfüllten Bedürfnisse und kollektiven Ängste. In der Ikonografie geben sie ihnen sichtbare Gestalt. „Die Ikonografie erscheint in der Tat das eklatanteste Zeugnis des Imaginären der Gesellschaften der Vergangenheit zu sein“.[29]

Die Geschichte des Imaginären zieht sich durch alle Epochen der

Geschichte. In der griechischen und römischen Antike ist ein ausgedehnter ikonographischer Kosmos von Mythen ausgebildet, in dem sich Titanen, Heroen, Götter und die mythologischen Gestalten von Sirenen, Harpyen, Zentauren und der Zerberus tummeln. Die Vasenmalerei macht sie sichtbar. Das ausgehende Mittelalter übertrifft die Antike bei weitem. Es „brachte ein Imaginäres von zuvor ungeahntem Reichtum hervor".[30] Im 11. und 12. Jahrhundert „hält Satan seinen Einzug in unserer Kultur".[31] Die Figur des Teufels bildet sich in einem längeren

Abb. 9: Die katholische Kirche als bettelndes Monster. Kolorierter Holzschnitt (um 1536)

Zeitraum heraus: Er wird „behaart, gehörnt, mit Klauen, Schwanz, fledermausartigen Flügeln und einer Mistgabel in der Hand" dargestellt.[32] In der Frühen Neuzeit verändert sich die Vorstellung vom Jenseits. Tod ist nicht mehr das Hinausgehen in eine andere Welt, sondern das körperlich-materielle Sterben.

Zwar werden die imaginären Gestalten auch in Texten beschrieben, aber erst Bilder geben ihnen sichtbaren Ausdruck. Hexen, die mit sexuellen Ausschweifungen und frevlerischen Anbetungsakten in Beziehung gebracht werden, Dämonen und Gespenster, Alpträume, eschatologische Ängste, apokalyptische Prophezeiungen, Satanismus, das Blendwerk des Teufels, Ritualmorde. Die imaginären Orte werden sichtbar gemacht, die Furcht und Sehnsucht zum Ausdruck bringen: der Himmel und die Hölle, das Fegefeuer,[33] das Paradies und das Schlaraffenland.

Stärken

1. Bilder halten die Zeit an. Sie konservieren flüchtige Augenblicke und stellen Momentaufnahmen dar. Dadurch liefern sie Bilddokumente, Existenzbeweise und Tatortfotos.

2. Bilder überwinden Sprachbarrieren. Sie können über Sprachgrenzen hinweg Sinn transportieren. Zwar sind sie kulturabhängig und an kulturelle „Leseräume" gebunden, aber sie sind nicht von einer bestimmten Sprache abhängig.

3. Bilder füllen Begriffe mit Anschauung. „Adel" bzw. „soziale Schichtung" lassen sich ikonisch mit Anschaulichkeit füllen. Die Begriffe sind vorgängig bereits vorhanden. Durch genaue Details, durch präzise Lage im Raum, durch Verbindung von Kontext und Umwelt werden Begriffe inhaltlich gefüllt und erweitert, indem dargelegt wird, was noch unter den Begriff fällt.

4. Bilder machen das Imaginäre sichtbar. Jenseitsvorstellungen, Schreckensvisionen und Endzeitvisionen; Engel, Drachen, Hexen, kollektive Alpträume, Wünsche, Phantasien, Fabelwesen (Drachen, Einhörner, Greife), imaginäre Orte (Hölle, Fegefeuer), werden durch Bilder „sichtbar". Ohne sie wüssten wir nur unzureichend, wie sich die Menschen in der Vergangenheit diese imaginären Gestalten und Orte vorstellten.

1.3.3 Überlieferungsgeschichte

Bilder stellen nicht nur Vergangenes dar, sondern haben auch eine Geschichte, die sie aber in ihrem eigenen Medium nicht preisgeben können. Anlass und Absicht der Herstellung geben sie nicht an. Deshalb geht oft eine wichtige Informationsebene verloren. Die Überlieferungsgeschichte eines Bildes ist in vielen Fällen erkenntnisreicher als der Bildinhalt. Die gängige Interpretationen des Dargestellten kann oft dem tatsächlichen Sachverhalt geradezu zuwiderzulaufen. So verhält es sich oft mit den Fotos, die unsere Schulbücher über Konzentrationslager und Gettos verwenden: Das Schicksal von „Lili Jacobs Album",[34] der Stroop-Bericht und Joe Heydeckers Fotosammlung aus dem Warschauer Ghetto sind dafür Beispiele. Bilder wurden als Präsentation der eigenen Leistung und Dokumentation der Untaten genutzt. Die Differenz von Bildern als Tatortfotos und Leistungsschau geht in die Verwendungsweise des Schulbuchs nicht mit ein. So ist im Zusammenhang mit der sogenannten Wehrmachtsausstellung immer wieder nach dem Kon-text gefragt worden, wann, wie und von wem diese Bilder aufgenommen worden sind. Selten, wie bei den Geiselerschießungen in Pancevo, haben wir einen Bericht des Fotografen.

1.4 Bild und Geschichtswissenschaft

Zwischen Sehen und Geschichte gab es einen engen Zusammenhang, der von der Antike bis ins 19. Jahrhundert reichte. Erst im späten 19. Jahrhundert zerriss diese innere Verwandtschaft. An der Konstitution der modernen Geschichtswissenschaft im 17. und 18. Jahrhundert haben das Sehen und die Visualität einen erheblichen Anteil. Der herodoteische Begriff der Historie wird bis ins 19. Jahrhundert hinein immer mit Visualität in Beziehung gesetzt. Das dem Begriff der „Historie" zugrundeliegende Verb „ἱστορεῖν" wird zu Beginn des 18. Jahrhunderts mit „nochmals betrachten" und „wiederbesehen" übersetzt. Erst später nimmt es die Bedeutung von „forschen" an. An diesen Sprachgebrauch hält sich noch Johann Gustav Droysen in seiner Historik von 1857. Das hat nichts mit dem künstlerischen Sehen zu tun. Die geschichtswissenschaftliche Begrifflichkeit und ihr Wissenschaftsparadigma entwickeln sich nicht aus der schönen, sondern aus der nützlichen Kunst heraus. Klio schrieb naiv das auf, was sie sah und nicht das, was ihr berichtet wurde. Dieses Modell wird unter dem Eindruck von Galilei und Leibniz verwissenschaftlicht. Am Modell der Optik hat die Geschichtstheorie ihr Instrumentarium gebildet: Perspektive, Sichtweise, Licht und Schatten, Augenzeuge sind zentral. Während Klio noch mit dem alltagweltlich-natürlichen Sehen zurechtkam, nahm die neue Historie die Wissenschaftlichkeit in der damals fortschrittlichsten Form der Optik zu Hilfe.

Der Begriff Perspektive wird nicht aus der künstlerischen Perspekti-

Abb. 10: Christian Weise, der Spectator. Unten links der Spectator mit dem „Perspectiv". Er blickt auf Vergangenheit, Gegenwart und Zukunft (1693).

ve, der Entdeckung der Zentralperspektive, übernommen, sondern mit Perspektive ist das Fernrohr, das „Perspectiv" gemeint.[35] Die Wissenschaftlichkeit, im „Perspectiv" verdinglicht, tritt zwischen Subjekt und Objekt und verstärkt das individuelle Können und verwissenschaftlicht das subjektive Sehen (Abb. 10). Auch der Begriff der Quelle, in der Renaissance Ausdruck für Reinheit und Ursprünglichkeit, wird im Übergang vom 17. zum 18. Jahrhundert zur Fackel umgedeutet, die Licht in das Dunkel der Vergangenheit bringt. „Aufklärung" selbst ist als Hineintragen von Licht ins Dunkle zu verstehen. Auch wenn der Historiker sich auf eine Quelle bezieht und dieser Schrift Quellencharakter zuspricht, muss sie durch das Sehen eines Augenzeugen bezeugt sein.

Das Gemälde gilt als Paradigma für die Arbeit des Geschichtsschreibers. Der Historiker ist ein Maler. Die Geschichte „soll malen, doch ohne Farben malen. Das heisset so viel: Sie soll die Taten und Personen, die sie abbildet so wenig, als es sein kann, durch Gleichnisse, durch Bilder, durch verblümte Redenarten ausschmücken. Alles soll, wenn ich so reden darf, in dem Stande der Natur gewiesen und dargestellt werden".[36] Der Historiker soll so arbeiten, „daß in der Geschichte, so wie auf einem Gemälde, bloß die Taten reden, und Eindruck, Betrachtung und Urteil jedem Zuschauer eigen bleiben müsse."[37] Die am Sehen und am Bild orientierte Begrifflichkeit wird auch dann noch beibehalten, wenn sich ihre kritisch-konstitutive Funktion verliert und in Metaphorik umschlägt. Detailreiche kulturgeschichtliche Darstellungen werden als „Bilder aus der deutschen Vergangenheit"[38] bezeichnet. Darüber hinaus wird bis in die Gegenwart vielfach noch der Begriff des „Geschichtsbildes" dem des Geschichtsbewusstseins vorgezogen. Er suggeriert nicht nur Statik, sondern auch, dass alles seinen „richtigen Platz" hat. Das korrekte Bild stelle sich ein, wenn man ohne Vorurteil, ohne „Brille" die Wirklichkeit betrachtet. Das Geschichtsbewusstsein reduziert sich auf ein naives Abbild eines Bildes, das ohne Anstrengung des Bewusstseins entsteht. Die Übertragung der Bildmetapher auf Geschichtsschreibung und Geschichtsbewusstsein zielt offensichtlich auf die Schwächen des Bildes, die es für Stärken hält: Detailreichtum, Farbigkeit und Anschaulichkeit. Dabei werden aber gerade in historischer Hinsicht die Schwächen des Bildes nicht erkannt, die im Verhältnis von Sprache und Bild liegen. Das ursprünglichere Medium, in dem Geschichte überliefert wird, ist die Sprache und nicht das Bild, das sich auch dann noch behauptet hat, als mit der Schrift ein Medium aufkam, das leistungsfähiger war, Gegenwärtiges zu fixieren und über die Zeiten hin zu bewahren.

1.5 Bild als Quelle

Trotz der aus der Mimesis[39] kommenden theoretischen Nähe zum Visuellen hielt die Geschichtswissenschaft zum Bild als Quelle Distanz. Immer wieder gab es programmatische Ansätze zu einer historischen Bildkunde, doch bis heute kam sie nicht über Anfänge hinaus. Karl Brandi, dem wir eine ganze Reihe markiger und neben der Sache liegender Sprüche zum historischen Lernen verdanken, hat sich auch über das Bild ausgelassen: „Die Illustration des Buches mit Bildern, Plänen und

Karten ist gewiss vielfach ein von der Vertiefung in den Text ablenkendes und deshalb gefährliches Werbemittel der Buchproduktion."[40]

Eine Durchsicht der wichtigsten Einführungen zur Geschichtswissenschaft zeigt, dass die Fachhistorie fast 150 Jahre lang der Bildquelle reserviert gegenüberstand. Es gibt wenige Ausnahmen. Bei Wilhelm Bauer[41] werden die „Bildlichen Quellen" auf zweieinhalb Seiten abgehandelt. Das ist vergleichsweise viel, wobei aber auch ein Teil der Karten und Wappen einbezogen ist. Im Anschluss an die Osloer Historikerversammlung von 1928 veröffentlichte Erich Keyser (1893-1968) 1935 einen eigenständigen Band über die Bildquelle.[42] Bei Karl Brunner gibt es nur zwei Quellengruppen, die schriftliche und die Sachquelle, dabei werden Bilder beiläufig unter den Sachquellen erwähnt.[43] Wenige Historiker haben in neuerer Zeit den Diskurs über Bilder wieder aufgenommen. Hier seien Rainer Wohlfeil, Arthur Imhof, Brigitte Tolkemitt und Jens Jäger genannt. Wohlfeils großer Wurf war die für die Zwecke der Geschichtswissenschaft umgestaltete kunstgeschichtliche Interpretationsmethode. Inzwischen hat sich einiges getan. Peter Burke, Bernd Roeck und Gerhard Paul sind hier zu nennen. Ein deutliches Signal hat der 46. Deutsche Historikertag in Konstanz im Jahre 2006 mit dem Rahmenthema „GeschichtsBilder" gegeben.

1.6 Weiterführende Literatur

Appuhn, Horst: Einführung in die Ikonographie der mittelalterlichen Kunst in Deutschland, Darmstadt 1985

Bätschmann, Oskar: Einführung in die kunstgeschichtliche Hermeneutik. Die Auslegung von Bildern, Darmstadt 1985

Belting, Hans; Kamper, Dietmar (Hrsg.): Der zweite Blick. Bildgeschichte und Bildreflexion, München 2000

Berger, John u. a.: Sehen. Das Bild der Welt in der Bilderwelt, Reinbek 1974

Boehm, Gottfried (Hrsg.): Was ist ein Bild?, 2. Aufl., München 1995

Bonnet, Anne-Marie; Kopp-Schmidt, Gabriele (Hrsg.): Kunst ohne Geschichte? München 1995

Brandt, Reinhard: Die Wirklichkeit des Bildes, München 1999

Burke, Peter: Augenzeugenschaft. Bilder als historische Quellen, Berlin 2003

Gaskell, Ivan: History of Images, in: Burke, Peter (Ed.): New Perspectives on Historical Writing, Pennsylvania 1992, S. 168-192

Gibson, James J.: Die Sinne und der Prozeß der Wahrnehmung, Bern 1973

Gibson, James J.: Die Wahrnehmung der visuellen Welt, Weinheim 1973

Gombrich, Ernst H.: Meditationen über ein Steckenpferd, Frankfurt/M. 1978

Haskell, Francis: Die Geschichte und ihre Bilder, München 1995

Hofmann, Werner; Syamken, Georg und Warnke, Martin: Die Menschenrechte des Auges. Über Aby Warburg, Frankfurt/M. 1980

Imhof, Arthur E.: Geschichte sehen. Fünf Erzählungen nach historischen Bildern, München 1990
Imhof, Arthur E.: Im Bildersaal der Geschichte oder: Ein Historiker schaut Bilder an, München 1991
Jäger, Jens: Photographie: Bilder der Neuzeit. Einführung in die historische Bildforschung, Tübingen 2000
Kaemmerling, Ekkehart (Hrsg.): Ikonographie und Ikonologie, 3. Aufl., Köln 1984
Kennedy, John M.: A Psychology of Picture Perception. Images and Information, San Francisco, Washington, London 1974
Mattl, Siegfried; Stuhlpfarrer, Kark; Tillner, Georg (Hrsg.): Bild und Geschichte, Innsbruck 1998
Pawek, Karl: Das optische Zeitalter. Grundzüge einer neuen Epoche, Olten und Freiburg i. Br. 1963
Raphael, Max: Bild-Beschreibung. Natur, Raum und Geschichte in der Kunst. Hrsg. von Hans-Jürgen Hinrichs, Frankfurt/M. 1987
Rock, Irvin: Wahrnehmung. Vom visuellen Reiz zum Sehen und Erkennen, Berlin 1998
Roeck, Bernd: Das historische Auge. Kunstwerke als Zeugen ihrer Zeit, Göttingen 2004
Sachs-Hombach, Klaus (Hrsg.): Bildwissenschaft. Disziplinen, Themen, Methoden, Frankfurt/M. 2005
Schnackertz, Hermann Josef: Form und Funktion medialen Erzählens. Narrativität in Bildsequenz und Comicstrip, München 1980
Schuster, Martin; Woschek, Bernard P. (Hrsg.): Nonverbale Kommunikation durch Bilder, Stuttgart 1989
Theissing, Heinrich: Die Zeit im Bild, Darmstadt 1987
Tolkemitt, Brigitte; Wohlfeil, Rainer (Hrsg.): Historische Bildkunde. Probleme – Wege – Beispiele (Zeitschrift für Historische Forschung. Beiheft 12), Berlin 1991
van Straten, Roelof: Einführung in die Ikonographie, Berlin 1989
Wilharm, Irmgard (Hrsg.): Geschichte in Bildern. Von der Miniatur bis zum Film als historische Quelle, Pfaffenweiler 1995
Wohlfeil, Rainer; Wohlfeil, Trudl: Landsknechte im Bild. Überlegungen zur „Historischen Bildkunde", in: Blickle, Peter (Hrsg.): Bauer, Reich und Reformation, Stuttgart 1982, S. 104-119
Wohlfeil, Rainer: Das Bild als Geschichtsquelle, in: HZ Bd. 243/1986, S. 91-100
Wohlfeil, Rainer: Methodische Reflexionen zur Historischen Bildkunde, in: Tolkemitt, Brigitte und Wohlfeil, Rainer (Hrsg.): Historische Bildkunde, Berlin 1991, S. 17-35

2. Bildgattungen: Die Einteilung des visuellen Feldes

Wie lässt sich die visuelle Welt, die visuelle Dimension des Historischen einteilen: nach Technik, nach Bildgegenstand, nach Epoche? Welche Bildgattungen gibt es? In der allgemeinen Didaktik wird lediglich eine Einteilung nach der Technik der Bildwiedergabe unternommen (Dia, Film etc.). Von der Geschichtswissenschaft liegt ein Ansatz von Erich Keyser (1893-1968) vor, den er nach der Osloer Historikerversammlung von 1928 vorgenommen und 1935 veröffentlich hat. Seine Einteilung im Anschluss an die ikonographische Gesellschaft sieht eine Vierteilung vor. Sie ist vor allem an der Kunstgeschichte, besonders an den Gemälden, orientiert, auch wenn sie Fotos einbezieht.

„1. Die bildlichen Darstellungen von Personen,
2. die bildlichen Darstellungen von Orten,
3. die bildlichen Darstellungen von Ereignissen,
4. die bildlichen Darstellungen von Sachen.“[44]

Den größten Raum nehmen bei Keyser die Bildnisse ein. Topographien, Ereignisse und Sachen stehen im Dienst eines einfachen Positivismus. Mit den Bildnissen schließt er an die ältere Physiognomik an, die von Gesichtsmerkmalen auf Charaktermerkmale schließt. Die bildlichen Darstellungen offenbarten „die geheimsten Regungen der geistigen und moralischen Eigenart“ der Menschen, hatte Wilhelm Bauer schon 1921 formuliert.[45] Keyser zitiert das zustimmend. Ihm ging es um das „Wesen des Bildnisses“, also um personalisierende Sichtweisen. „Seelische Haltung“ und „rassische Beschaffenheit von Menschen“[46] sollten sichtbar werden. Die Konsequenz, von Körpermerkmalen auf Charaktermerkmale zu schließen, führt konsequent zu einer anderen Ideologie weiter: „Besonders für rassenkundliche Untersuchungen ist es unumgänglich, mehrere Bildnisse heranzuziehen, die den selben Menschen von verschiedenen Seiten und zu verschiedener Zeit zeigen.“[47] Bildnisse bringen das „Denken und Fühlen“ der Menschen zum Ausdruck und auch „die geheimsten Regungen ihrer geistigen und moralischen Eigenart“ [48]

Diese rein formale Einteilung, die ideologische Implikationen nicht ausschloss, dürfte heute eigentlich überholt sein, dennoch wird sie von einigen Geschichtsdidaktikern wieder bemüht. Dass diese Einteilung nicht trennscharf ist, ist noch das geringste Problem. So lassen sich Bildnisse (Personen) nicht von Sachbildern (Kleidung) trennen; es sei denn, die Bildnisse zeigten nackte Menschen. Es ist eine systematisierende unhistorische Einteilung. Dagegen wähle ich – im Anschluss an Droysen – eine historische.

Die Einteilung von Bildern nach ihren Inhalten ist für Archivare sicher sinnvoller als für die Geschichtsdidaktik. Wichtiger ist es, dass Schülerinnen und Schüler die verschiedenen Bildgattungen kennenlernen, die sich im Laufe der abendländischen Geschichte herausgebildet haben. Diese Kenntnis gehört zur grundlegenden Kulturkompetenz und ist keineswegs nur eine Spielwiese von Kunsthistorikern. Ein solches Bild-Curriculum ist kein Abriss der Kunstgeschichte, sondern betrachtet Bilder unter der Kategorie der geschichtlichen Quelle. Die hier vorgestellten Gattungen bilden einen Minimalkatalog.

Eine wesentliche Aufgabe der Geschichtsdidaktik ist es, solche Bilder und Bildgattungen zu zeigen, die im generationsspezifischen Wissensbestand der Schülerinnen und Schüler (noch) nicht enthalten sind. Daraus folgt die zweite Aufgabe. Aus der unüberschaubaren Fülle der Bilder sind solche auszuwählen, die den kulturellen Horizont für jüngere Generationen erweitern. Die geschichtsdidaktische Aufgabe verbietet einen instrumentellen Gebrauch von Bildern. Sie dürfen nicht Mittel historischer Sachkunde („Im Mittelalter gab es also schon Kräne") oder Instrument der Veranschaulichung von bekannten Sachverhalten sein („So sah Bismarck aus"). Bilder haben einen Eigenwert im Bereich kultureller bzw. historischer Bildung, das gilt sowohl für bestimmte Bilder wie auch für die Bildgattungen. Das Fremdwerden der historischen Bilderwelt durch den fortschreitenden Wandel der Gegenwart verlangt, die bildlichen Charakteristika der visuellen Sichtweisen der historischen Epochen zu kennen. Deshalb wird im Folgenden keine Einteilung nach dem Bildinhalt, sondern nach der Bildgattung unternommen, die für die jeweilige Epoche typisch ist.

2.1 Höhlenbilder

Höhlenbilder sind (neben Kleinplastiken) die älteste Kunstgattung der Welt. Sie sind die ersten Versuche von Menschen, etwas in einem Bild festzuhalten. Insofern handelt es sich hier um die Erfindung des Bildes überhaupt. Es gibt ca. 300 Fundorte für paläolithische Wandkunst. Eine der schönsten Höhlen ist die von Lascaux, die 1940 entdeckt wurde. Im hintersten Teil der Höhle, in einer Art Schacht, der nur mit einer Leiter

Abb. 11: Der „Vogelmann". Felsbildmalerei aus der Höhle von Lascaux (um 13500 v. Chr.)

zugänglich ist, befindet sich das Bild vom sogenannten „Vogelmann". Aussagen über den Sinn dieses Bildes sind rein spekulativ. Ob es sich um eine Darstellung vom Zusammenleben von Mensch und Tier handelt oder eine Szene, die Jagdzauber, Jagdtechnik oder Spiritualität zeigt, ist ungeklärt (Abb. 11).

2.1.1 Das älteste überlieferte alltagsgeschichtliche Ereignis

Die verwendeten Farben dieses Bildes sind Erdfarben. Manganerde, Eisenoxid, Kohle aus Holz oder Knochen, Mergel, roter Ocker aus hämatithaltiger Erde, Brauneisenstein oder Limonith. Sie wurden mit Pinseln aus faserig gekauten Zweigen aufgetragen oder mit dem Mund durch ein Röhrchen auf die Wand gepustet. Beim „Vogelmann" handelt es sich um ein monochromes Bild. Es wurde nur die Farbe schwarz verwendet. Der Bison erhält seine rote Farbe allein durch den Höhlenhintergrund. Bei dieser Szene handelt es sich um eines der wenigen Wandbilder mit Menschendarstellungen. 62 Prozent aller Bilder sind Tierdarstellungen (am häufigsten Pferde), 34 Prozent sind Zeichnungen und knapp 4 Prozent machen Menschen aus. Während in den spätsteinzeitlichen Höhlen die Tiere sehr realistisch gezeichnet sind, werden Menschen nur stilisiert wiedergegeben. So ist es auch in der Höhle von Lascaux. Bei der Schachtszene mit dem „Vogelmann" handelt es sich um eine der bedeutendsten Menschendarstellungen überhaupt. Es ist zudem eine Szene, die einzelne Figuren zueinander in Beziehung setzt. Sie bilden ein Ereignis. Es handelt sich hier vielleicht um eines der ersten malerisch dargestellten Ereignisse der Weltgeschichte. Modern ausgedrückt: das erste dargestellte alltagsgeschichtliche Ereignis.

2.1.2 Rahmenlose Bilder

Im Zentrum des Bildes befindet sich eine männliche, vogelähnliche Figur mit erigiertem Penis. Rechts daneben ein Bison. Neben dem Menschen ist ein Stab zu sehen, an dessen Ende sich eine Vogelfigur befindet. Links daneben steht ein Nashorn. Es ist das einzige Nashorn in der gesamten Höhle von Lascaux. Die ikonographische Beschreibung fällt schwer. So wird einmal der Stab mit Vogel als Speerschleuder, das andere Mal als Zeichen eines Schamanen gedeutet. Der Bedeutungssinn dieser Szene ist folglich nicht eindeutig. Michael A. Rappenglück hat die Fülle der bisherigen Deutungen einmal zusammengetragen:

> „Wie in einem halbwegs guten Krimi tritt hier jeder gegen jeden an, gemäß den Gesetzen der Kombinatorik und der Phantasie der Betrachter, nach dem Motto: Wer war der Täter? Folgende alternative Deutungen wurden bisher vorgelegt:
> Der ‚Vogelmensch' hat den Bison verwundet, das Wollhaarnashorn gehört nicht dazu.
> Der Bison hat den Jäger ‚Vogelmensch' getötet, das Wollhaarnashorn gehört nicht dazu.
> Die beiden bulligen Tiere, das Wollhaarnashorn und der Bison, treten gegeneinander an in einem Kampf auf Leben und Tod. Das Wollhaarnashorn hat dabei mit seinen Hörnern den Bison tödlich am Bauch verwundet. Der ‚Vogelmensch' ist später, wie das so geht, mehr oder weniger zufällig dazwischengeraten und stirbt, die Seele, dargestellt im ‚Vogelstab', entflieht zum Himmel. In einer anderen Version soll der Vogel die Seele des Bisons verkörpern, die sich vom Körper des Tieres getrennt hat und dem Sieger des Kampfes, dem Wollhaarnashorn, nachblickt.
> Das Wollhaarnashorn hat den Jäger ‚Vogelmensch' getötet; zuvor hatte dieser mit seiner Lanze den Bison verwundet und getötet.
> Der Bison hat den ‚Vogelmenschen' angegriffen und dabei verletzt oder gar getötet; das Wollhaarnashorn fügte mit seinen Hörnern dem Bison eine klaffende Wunde zu und trottet davon.
> Der ‚Vogelmensch' hat den Bison getötet und wurde zugleich von diesem auf die Hörner genommen und umgedreht. Überrascht breitet dieser

spontan die Arme aus. Dabei fallen ihm Speerschleuder und Pfeil aus der rechten Hand. Der Penis richtet sich auf, als Zeichen männlicher Aggression, Kraft und höchster Erregung. Die Erektion zeigt, daß der ‚Vogelmensch' noch lebt. (...)[50]

Nougier hat sich folgende Szene ausgedacht: „Zunächst scheint mir, gehört das Nashorn überhaupt nicht dazu. Es befindet sich eindeutig im Hintergrund, auf einer tieferen Ebene. (...) Es bleiben der Bison und der Mann mit seinem Zubehör. Wenn man aus der Tiefe des unteren Ganges herkommt, (...) liest sich die Szene zur Linken, wenn man den Kopf hebt. (...) Nun, aus der Tiefe des Schachtes verändert sich die Senkrechte der Szene. Der Jäger steht senkrecht, beherrschend, den linken Arm in Richtung des Bisons, der seine Eingeweide verliert. Es ist der Mensch, der das Tier erlegt hat. Der Pfahl mit dem Vogel steht schräg, als hätte man große Mühe gehabt, ihn dort einzuschlagen. Und aus den Tiefen des Schachtes scheint es mir, höre ich den Jäger rufen: ‚Ich, Chocard – dies ist mein Name, denn ich gleiche der Rabenkrähe –, ich bin ein großer und kühner Jäger. Ich bin so stark und mächtig (dies ist ganz offensichtlich, und das entschärfte Bild der ‚Illustration' zerstört in ernsthafter Weise den Sinn der zweiten Eigenschaft). Ich habe soeben diesen großen, schrecklichen Bison erlegt. Der Kampf war schwierig und gefährlich. Meine Schleuder ist zerbrochen, aber meine lange Lanze hat ihn durchbohrt. Hier liegt er, sterbend, und verliert seine Eingeweide. Daraus werde ich Fleischvorräte für die kalte Jahreszeit herstellen. Vorräte, die ich mit Steinen bedecken werde, um das Fleisch vor den wilden Tieren zu schützen, den Hyänen und den Wölfen. Auf mein Versteck werde ich mit einigen Schwierigkeiten den Pfahl pflanzen, der den andern Jägern des Stammes sagen wird: ‚Dies ist der Fleischvorrat des Chocard, des kühnen Chocard, der über den großen Bison triumphierte ...'"[51]

Die abendländische Konvention, Bilder auf viereckige Flächen zu malen, war noch nicht ausgebildet. Ein Rahmen ordnet die Bildelemente auf eine Bildidee zu. Was sich innerhalb des Rahmens befindet, steht untereinander in Sinnbezügen. Die neolithische Höhlenmalerei malt rechts und links, oben und unten weiter – manchmal auch übereinander. Das Problem des fehlenden Rahmens zeigt sich bei unserer Abb. 11. Die traditionellen Reproduktionen lassen den Mann liegen und den Bison stehen. In dieser Präsentationsweise handelt es sich dann um einen „Jagdunfall". Kippt man das Bild – und aus dieser Sicht sah der zeitgenössische Betrachter die Szene –, steht der Mann, und der Bison liegt. Das Nashorn hat dann mit der ganzen Szene nichts zu tun. Nun handelt es sich bei dem Bild um die Darstellung eines „glücklichen Jägers".

2.1.3 Sprachlose Bilder

Die Felsbilder stellen eine Gruppe von Bildern dar, die nicht von einem schriftlichen Kontext begleitet sind, d.h. wir verfügen über keinen sprachlichen Kommentar zu den Bildern und besitzen auch keine sprachliche Paralleldarstellung zu ihnen. Das wirft für die Interpretation besondere Probleme auf. Zur Interpretation werden deshalb ethnographische Erkenntnisse herangezogen, die bei heute lebenden „Naturvölkern" gewonnen wurden (z.B. bei den Jakuten und australischen Aborigines). Nur aufgrund dieser kulturvergleichenden Methode werden Begriffe wie „Schamanismus" an das Bild herangetragen. Deshalb wird bisweilen der Vogel auf dem Stab als Hilfsgeist eines Schamanen gedeutet.

2.1.4 Methodischer Umgang

Höhlenbilder eignen sich aufgrund ihrer Vieldeutigkeit gut zu Interpretationsversuchen mit Schülerinnen und Schülern. Die dargestellten Bildelemente greifen auf keine lange ikonographische Tradition zurück, wie die Bildzeichen, die eine „Friedenstaube", ein „Füllhorn" oder den „Turmbau zu Babel" zeigen. Sie lassen sich von den Schülerinnen und Schülern deshalb unmittelbar erschließen. Handlungsorientierte Zugänge im verdunkelten Raum, dessen Wände mit Packpapier ausgelegt sind, Kienspanbeleuchtung, Herstellung von Erdfarben und Pinseln aus Zweigen bieten sich an. Da diese Bilder in spärlich erleuchteten, dunklen Höhlen entstanden sind, ist der Zugang zu ihnen auch situativ möglich, indem man sich empathisch in eine solche Situation in Enge und Dunkelheit versetzt. Ein schönes Beispiel für die handlungsorientierte Einbindung der Höhlenmalerei wird bei Peter Knoch[52] vorgestellt: „Wir bauen uns eine Höhle."

2.2 Ägyptische Wandmalerei

Das Hauptthema der ägyptischen Wandmalereien waren Alltagsszenen und Jenseitsvorstellungen.

2.2.1 Grabmalerei

Seit 1842 hat sich der Begriff „Totenbuch" für eine Gruppe altägyptischer Texte eingebürgert, bei denen es sich um Gebrauchstexte für Verstorbene handelt. Zuerst waren es Pyramidentexte (Altes Reich), später Sargtexte (Mittleres Reich) und dann Totenbücher (Neues Reich).

Abb. 12: Wandgemälde aus dem Grab der Nefertari: Nefertari empfängt von Toth eine Schreibpalette und ein Wassergefäß

Den Toten wurden diese Bücher mit ins Grab gegeben, damit sie sie ins Jenseits begleiteten. Darauf verweist auch die korrekte Übersetzung des Titels: „Buch vom Herausgehen am Tage". Als Bücher gab es diese Texte seit der 18. Dynastie. Hunderte Totenbuchhandschriften und -fragmente sind überliefert. Aber nicht einmal zwei davon sind textidentisch. Die Sprüche sind in Versform und viele Bücher sind mit Illustrationen („Vignetten") versehen. Im Neuen Reich treten die Bilder gleichberechtigt neben den Text. Der Umfang dieser Totenbücher konnte sehr groß sein. So ist der Turiner Papyrus, ein Totenbuch, 19 m lang und 29 cm breit. Der Papyrus Ani ist sogar 24 m lang. Die Bilder in den Totenbüchern sind mehr als bloße Illustrationen. „Der Sonnengott und seine Begleiter nehmen regelrecht Wohnung in ihnen, ohne sie wäre das allnächtliche Geschehen undenkbar; sie bewirken die Präsenz der Jenseitswelten mitsamt ihren Bewohnern in der Grabanlage."[53] Ein eindrucksvolles Beispiel für ein solches „Totenbuch" stellen die Wandmalereien im Grab der Nefertari dar (Abb. 12). Nefertari war die Gemahlin Ramses' II. Ihre genauen Lebensdaten sind nicht bekannt. Allgemein wird sie auf die Zeit um das Jahr 1270 v. Chr. datiert. Sie stammte vermutlich nicht aus königlichem Geblüt, aber aus dem Provinzadel. Ihr Name Nefertari (andere Vokalisationsvariante „Nofretari") bedeutet „Die Schönste unter allen". Sie führt zudem den Beinamen „Nefertari Meri-en-Mut = „Die von Mut geliebte Nefertari". Das der Göttin Mut heilige Tier war der Geier, deshalb trägt Nefertari auf dem Bild auch die Geierhaube. Ihr Grab befindet sich im Tal der Königinnen. Die Westwand von Raum II ihres Grabes ziert ein Gemälde (3,10 m breit).

Der Text des Totenbuch-Spruchs 94 ist auf acht senkrechte Kolumnen hinter dem Rücken der Königin verteilt: „Spruch, um Wassernapf und Schreibpalette in der Nekropole von Thot zu erbittten; Worte zu sprechen durch den Osiris, die Große Königliche Gemahlin, die Herrin der beiden Länder, Nefertari Meri-en-Mut, gerechtfertigt:

> „Oh Großer, der anerkannt ist vo(n seine)m Vater, Hüter des Buches von Thot: Siehe, ich bin gekommen, ich bin Geist und Seele, ich bin machtvoll und versehen mit den Schriften des Thot. Bring (sie) mir in Eile, Aker, der im Sumpf ist, bring mir den Wassernapf, bring mir die Palette, das Schreibgerät des Thot und die damit zusammenhängenden Geheimnisse. Oh ihr Götter! Seht mich, ich bin (wahrlich) ein Schreiber, nachdem ich den Ausfluß des Osiris und die Schriften brachte. (Ich) werde die Worte des großen Gottes perfekt jeden Tag ausführen für Harachte durch die Fähigkeit, die du mir zugewiesen hast. Ich werde die Maat tun, ich werde die Maat bringen.“[54]

Nefertari steht vor dem ibisköpfigem Gott Thot. Dieser ist der Schreiber der Götter, der Gott der Weisheit und geheimen Offenbarung, der Gott der Schreiber und Hüter der Schriftzeichen. Er ist der wichtigste Gott nach Ra, der Seelenbegleiter der Toten. Zwischen Thot und Nefertari ist der Wassernapf zu sehen und in ihm die Schreibpalette mit den Pinseln und den beiden Vertiefungen für die Farben. Der Aktenbehälter ist nicht dargestellt, dafür aber „Aker aus dem Sumpf“. Gemeint ist der Frosch, der auf dem Wassernapf sitzt. Der Frosch galt als Symbol der Fruchtbarkeit, denn nach den jährlichen Nilüberschwemmungen kamen aus den Teichen und Sümpfen, die das zurückgehende Nilwasser hinterließ, wie aus dem Nichts Tausende Frösche. Die Hieroglyphe des Frosches war deshalb auch Bestandteil des Ausdrucks „das Leben wiederholen“ (= auferstehen).

2.2.2 Technik und Perspektiven

Die rauen Mauern wurden mit einer Schicht Gips ausgeglichen. Bei sehr grobem Untergrund – besonders in Felsgräbern – nahm man einen Putz aus Flussschlick und Stroh, und darauf folgte erst die Gipsschicht. Die Malerei wurde dann mit dem Pinsel auf den trockenen Putz aufgetragen. Es handelt sich um eine Guasch-Technik; echte Freskomalerei gab es nicht. Die Farben wurden mit einem Bindemittel versetzt (Gallerte, Gummi, Kasein etc.). Als Farben fanden Ocker (natürliche Erden), Schwarz (Ruß), Weiß (Kalk), Blau (Kupfer- und Kalziumsilikat) und Grün (Malachit) Verwendung. Bemerkenswert in der ägyptischen Bilddarstellung ist der *Aperspektivismus*: die zweidimensionale Methode der ägyptischen Kunst. Der Künstler stellt für jedes Objekt bzw. jeden Teil des Objekts diejenige Teilansicht dar, die es am charakteristischsten vor Augen führt. Seit der zweiten Dynastie (ca. 3000 v. Chr.) hatte sich der aperspektivische Stil eingebürgert und wurde dann als heilige, unverletzliche Tradition fortgeführt. Die künstlerischen Darstellungen waren nicht aus *einer*, sondern aus mehreren Perspektiven entworfen: „Zeichnete man einen Mann, so wurde regelmäßig eine Vorderansicht der Augen und Schultern mit dem Profil oder der Dreiviertelansicht des Rumpfes und dem Profil der Beine verbunden."[55] „Der Gegenstand wurde in Elemente zerlegt, die je nach der größeren Deutlichkeit der Erscheinungsweise, frontal oder im Profil, d.h. auf zwei rechtwinkeligen Flächen, die sich in der Achse schneiden, erfasst wurden, und dann wieder durch Niederklappen auf eine einzige Fläche nach einer unveränderlichen Regel synthetisch zusammengefügt. So wurde die bekannte Darstellung des Kopfes im Profil, des Auges und der Schultern von vorne und des Rumpfes und der Beine wieder im Profil, geboten"[56] (Abb. 13).

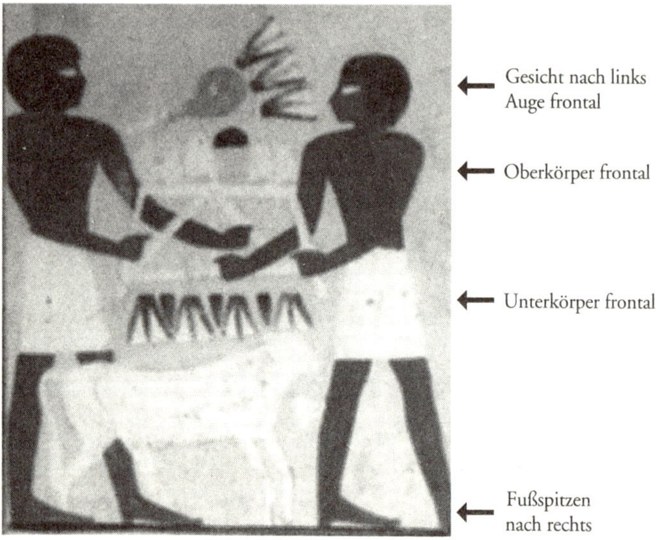

Abb. 13: Aperspektivität ägyptischer Malerei

2.3 Antike Vasenmalerei

Das Bildmaterial des klassischen Griechenland ist uns über die sogenannte Vasenmalerei überliefert. Der Bildträger ist hier die Vase, an deren Form sich die Malerei anpasst. Vasen sind Handelswaren zum Aufbewahren von Wasser, Wein und Öl. Eine Vase wird nach dem menschlichen Körper eingeteilt. Sie besitzt Fuß, Körper, Hals, Schultern etc. Die Malfläche ist meist die Schulterpartie. Die beiden grundlegenden Techniken sind die schwarzfigurige und die rotfigurige Malerei. In der schwarzfigurigen Technik (spätes 7. Jh. v.Chr.) ist das Schwarz der Vase kein Farbauftrag, sondern das Ergebnis eines komplizierten Brennverfahrens. Die Figuren werden direkt auf die Vase aufgetragen. In der rotfigurigen Technik (um 530 v.Chr.) entsteht das Rot der Figuren durch Auftragen einer zusätzlichen Tonschicht vor dem Brennen. Der Hang zur anthropologischen Wiedergabe von mythischen Gottheiten schuf einen Bilderkosmos, der gleichzeitig die göttliche und menschliche Welt zeigt.

Die Abbildung zeigt eine attisch-rotfigurige Vase aus den Jahren um 470 v.Chr. Sie befindet sich heute in Mailand. Sie wird dem sog. Leningrader Maler (seit 1990 St. Petersburger Maler) zugeschrieben, von dem ca. 90 Vasen bekannt sind. Bei dem Vasentyp handelt es sich um die Gefäßform der Kalpis, einer konventionellen Bezeichnung für den am Ende des 6. Jahrhunderts v.Chr. in Athen aufkommenden Typus der Hydra. Bei dieser Vasenform geht der Körperumriss gleitend in Schulter und Hals über. Der Bereich des gleitenden Übergangs ist auch der eigentliche Bildträger der Vase.

Die Bemalung besteht insgesamt aus sieben Figuren in Seitenansicht, von denen vier vor Gefäßen sitzen und sie verzieren (Abb. 14). Bei den Sitzenden handelt es sich um drei nach rechts ausgerichtete Männer und eine nach links ausgerichtete Frau. Die Stehenden stellen weibliche Wesen dar, von denen zwei mit Flügeln versehen sind und eine mit Helm und Speer bewaffnet ist. Die weibliche Helmträgerin ist die größte Figur. Sie steht dem größten der drei Männer gegenüber, der auf einem Sessel ruht, während die anderen auf Schemeln oder einem Hocker sitzen. Links und rechts von dieser figürlichen Anordnung umrahmen die geflügelten Wesen diese Szene. Sie bilden mit den zwei verbliebenen Männern ein Paar. Die weiblichen Wesen sind gerade im Begriff, die vor ihnen sitzenden Männer mit Kränzen zu schmücken. Die gesamte Szene wird nach rechts durch eine auf einem Hocker sitzende Frau abgeschlossen. Sie übt eine Tätigkeit aus, die wenig den traditionellen weiblichen Beschäftigungen in der Antike entspricht. Das drückt auch das Bild aus.

Abb. 14: Vase des sog. St. Petersburger Malers. Ausschnitt aus dem Arbeitsprozess eines familiären Töpferbetriebs, um 470 v.Chr.

Sie sitzt außerhalb der in sich geschlossenen Dreierpaarbildung und wird nicht bekränzt. Vermutlich ist die Frau eine Familienangehörige.

Die geflügelten Wesen stellen Niken dar, griechische Siegesgöttinnen. Die andere weibliche Figur ist mit Speer und Helm bewaffnet; sie ist dadurch als Athene erkennbar, die Göttin der Weisheit und der Kunstfertigkeit; sie ist Schützerin des Handwerks.

Das Vasenbild zeigt eine Töpferwerkstatt, einen Familienbetrieb, in dem das Personal die gerade fertig gewordenen Vasen bemalt. Der auf einem Sessel sitzende Handwerker ist durch seine Sitzgelegenheit hervorgehoben und stellt vermutlich den Meister dar. Die Maler werden mit Lorbeerkränzen ausgezeichnet. Der Bedeutungssinn der Szene liegt vermutlich darin, dass dieses Vasenbild ein Selbstzeugnis darstellt. Der Vasenmaler hat sich und seine Angehörigen und Angestellten gemalt und demonstriert damit die Anerkennung seiner Kunst durch die Göttin Athene.

2.4 Rom: Mosaikbilder – Malerei in Stein

Für die römische Epoche kann das Mosaik als typische Bildgattung gelten. „Das Mosaik ist schimmernde Königin und missachtetes Aschenbrödel unter den schönen Künsten.“[57] Es wird „mit Füßen getreten“, als „bloßes Kunsthandwerk“ betrachtet, und keiner weiss seine Künstler zu nennen.[58] Beim Mosaik handelt sich um eine 5000jährige Kunstgattung, deren Anfänge im Orient liegen. Eines der ältesten uns bekannten Mosaiken ist die sog. Standarte von Ur. Sie besteht aus zwei rechteckigen Teilen. Auf dem einen Teil werden Kriegs- und auf dem anderen Friedensszenen wiedergegeben. Die Mosaikbilder bestehen aus Lapislazuli und Muscheln (opus sectile). Mosaiken gab es in begrenztem Maße auch in Ägypten. Aber in Rom scheint sich die Mosaikkunst (musivische Kunst) in der Mitte des zweiten vorchristlichen Jahrhunderts (um die Zeit des 3. Punischen Krieges) durchgesetzt zu haben. Figürliche Mosaikdarstellungen sind uns vor allem aus Pompeji und Herkulaneum überliefert. Sie sind immer Bestandteile der Architektur. Sie kommen in zwei Großformen vor. In der Antike herrscht das *Fußbodenmosaik* und im Mittelalter das *Wandmosaik* vor. Aus der Antike sind vor allem Fußbodenmosaike erhalten geblieben, obwohl Wände und Decken ebenfalls mit Mosaiken geschmückt waren. Es scheint auch transportable Mosaiken gegeben zu haben. So berichtet Sueton,[59] Cäsar habe auf seinen Feldzügen Mosaiken (tesselata et sectilia pavimenta) mitgeführt. Vermutlich sind damit Mosaikteile gemeint, die wie Bilder aufgehängt worden sind. Als Definition kann gelten: „Ein Mosaik ist ein geschlossenes Muster oder Bild, in dem jedes Form- und Farbelement aus regelmäßigen oder unregelmäßigen Stücken harter Stoffe wie Stein, Glas oder Keramik zusammengesetzt ist.“[60]

Mosaiken gehören im weiteren Sinn zur Malerei; sie sind ein Zweig der Malerei. In unseren Schulbüchern werden gewöhnlich zwei Mosaiken dargestellt: die Standarte von Ur und die Alexanderschlacht aus Pompeji. Mosaiken erscheinen vor allem im architektonischen Kontext. Am häufigsten sind sie Bestandteil der Privatarchitektur, seltener in öffentlichen Gebäuden. Meist sind sie im Innenraum angesiedelt.

2.4.1 Technik

Mosaiken wurden erstellt, weil man einen Werkstoff mit sehr langer Haltbarkeit suchte. Das war mit Pinsel und Farbe nur sehr bedingt möglich. Die Mosaiksteinchen haben eine durchschnittliche Kantenlänge von 0,7 bis 1 cm. Man unterscheidet drei verschiedene Mosaikarten:

- *Opus tessalatum*: Mosaiksteine bestehen aus regelmäßigen rechteckigen Würfeln;
- *Opus vermiculatum*: Mosaiksteine bestehen aus verschiedenen großen und verschieden gestalteten Steinen, die wurmartig (daher der Name – vermiculum = Wurm) schlängelnde Linien bilden;
- *Opus sectile*: Mosaiksteine werden nach den Konturen der einzelnen Bildelemente zurechtgeschnitten.

2.4.2 Musivische und malerische Kunst

Alle Mosaikarten versuchen, der Malerei möglichst nahe zu kommen, und mit großem Geschick wird die Illusion eines Gemäldes zu erreichen gesucht, obwohl einem Mosaik wegen der Grobheit der Teilchen und der Sichtbarkeit der Zwischenräume Grenzen gesetzt sind. Selten sind die Künstler bekannt. Im begrenzten Maße sind Mosaiken auch signiert, dabei muss aber offen bleiben, ob damit der Maler gemeint ist, der die Vorlage gezeichnet hat, oder der musivische Künstler, der das Mosaik gefertigt hat. Beides fällt nicht immer zusammen. Das berühmte Fußbodenmosaik aus Pompeji, die „Alexanderschlacht" (80 v. Chr. entstanden), ist die musivische Nachbildung eines Gemäldes aus dem 4. Jahrhundert v. Chr. Man nimmt an, dass das Mosaik die Schlacht von Issos im November 333 v. Chr. zeigt. Das ist aber keineswegs gesichert. Es könnte auch Gaugamela sein (331 v. Chr.). Mehrere Maler kommen für die Vorlage in Betracht, aber bei keinem ist die Urheberschaft tatsächlich gesichert. Unter den angenommenen Malern befindet sich auch Helena, die Tochter von Timaios, der ein Augenzeuge der Schlacht von Issos gewesen war.

Als Beispiel soll hier nicht das bekannte Alexandermosaik, sondern ein weniger bekanntes dienen. Eine Gruppe von Soldaten kommt zum Tempel der Fortuna und bringt Opfer für „Kriegsglück". Bei diesem Fußbodenmosaik aus Palestrina ist die Nähe zur Malerei offensichtlich. Die Nilwellen und die Falten der Gewänder, ebenso die des Sonnensegels sind den Licht- und Schattentechniken der Malerei nachgebildet (Abb. 15).

2.5 Mittelalterliche Buchmalerei

Der Bildkorpus, der uns aus dem Mittelalter erhalten ist, besteht zu 90 Prozent aus Malereien in Büchern. Die übrigen Bilder sind Tafelbilder, in der Regel sind es Altarbilder. Voraussetzung für die mittelalterliche Buchmalerei war der Übergang von der Papyrusrolle zum Codex, d. h.

Abb. 15: Fußbodenmosaik aus dem Tempel der Fortuna. „Nillandschaft." 1.-3. Jahrhundert n. Chr. (Palestrina)

zu dem aus einzelnen Seiten gleichen Formates zusammengesetztes Blätterbuch aus Pergament. Die Buchrolle erforderte das geschmeidige Papyrus, damit sie gerollt werden konnte. Das aus Tierhaut hergestellte Pergament ist dagegen steif und lässt sich nicht rollen, ist aber weitaus dauerhafter als der Papyrus. Für einen großen Kodex mussten oft 500 Schafe ihr Leben lassen. Dieses aus viereckigen Blättern bestehende Buch war die Voraussetzung für die Entwicklung der Buchmalerei, die sich diesen Gegebenheiten nicht nur anpasste, sondern zur Bedingung ihres Entstehens wurde. Das Buch war nicht einfach ein Gebrauchsgegenstand, sondern eine sinnliche Form der Glaubensquelle. Schriftzeichen und schmückende Illustrationen waren eng an den gedanklichen Gehalt des Textes gebunden. Buchmalerei ist eine genuin mittelalterliche Kunstform, die ihre Eigenart aus der Wechselbeziehung von Schrift, Bild und Ornament bezieht. Die Bilder darf man nicht als verkleinerte Monumentalmalerei missverstehen. Die Malereien in den Büchern werden als „Miniaturmalerei" bezeichnet. Der Ausdruck stammt vom lateinischen Begriff „Minimum", der die rote Farbe (Menninge) bezeichnet. Mit „Miniatur" im Sinne von „Miniformat" hat das nichts zu tun.

2.5.1 Initialen

Eine der großen Gruppen der mittelalterlichen Buchmalerei stellen die Initialen dar. Dabei handelt es sich um besonders große und ausgeschmückte Anfangsbuchstaben an Kapitel- und Absatzanfängen.[61] Es

Abb. 16: Initiale „R" aus einem Passionale (ca. 1170–1200)

werden dabei die historisierte und die bewohnte Initiale unterschieden. Die historisierte Initiale ist ein Buchstabe, der für eine Figur oder Szene einen Existenzraum bildet, „in dem der Buchstabenkörper als Rahmung für eine Bildfüllung dient."[62] Die dargestellte Figur oder Szene hat für den Text, dem sie vorangehen, eine inhaltliche Bedeutung. Der Begriff „Historisierung", meist im Sinn missverstanden, leitet sich von „Historie" ab und meint einen Anfangsbuchstaben, der eine kleine Geschichte erzählt. Es ist eine „textbezogene figürliche Darstellung".[63] Die „bewohnte" Initiale stellt dagegen den Lebensraum für Personen dar.

Das hier abgebildete Blatt – eine bewohnte Initiale – stammt aus dem Passionale von Weißenau (Diözese Konstanz) und ist ungefähr im Zeitraum von 1170 bis 1200 entstanden (Abb. 16). Die Anfangsbuchstaben in Kapiteln, Seiten und Absätzen wurden kostbar verziert und mit kleinen Szenen ausgestattet. Der Anfangsbuchstabe des Wortes „Regnam" ist im oberen Teil des Buchstabens mit Ornamenten verziert, während in der unteren Hälfte eine Szene aus einem Skriptorium dargestellt ist. Der Schreiber ist durch eine identifizierende Beischrift („Fr[ater] Rufillus") namentlich gekennzeichnet. Es handelt sich um den Prämonstratenser Mönch Bruder Rufillus. Er ist gerade dabei, den Buchstaben „R", unter dem er sitzt, auszumalen. In seiner linken Hand hält er Malstock und Farbschale, auf der Bank liegt das Messer zum Anspitzen der Feder. Links neben dem Mönch steht ein Tischchen mit vier Hörnern, in denen sich Schreib- und Malfarbe befindet. Außerhalb der Buchstaben sind zwei Phantasieformen zu sehen, sog. Drolerien: ein Männerkopf, aus dem ein Hundekopf hervorwächst, und ein anderer Mann, der sich mit seinem Fuß Schatten spendet. Drolerien sind groteske Spaßfiguren. Die beiden hier gezeigten Figuren gehören zu den Topoi, mit denen man fremde Länder kennzeichnete. Die Legenden von Menschen mit Hundeköpfen und Schatten spendenden Füßen gehörten bis zum Zeitalter der Entdeckungen im 15. Jahrhundert zum Personal, mit denen man fremde Länder zu bevölkern pflegte.

2.5.2 Miniaturen als selbstständige Bilder

Mittelalterliche Bücher werden nicht nur mit gestalteten Initialen versehen, sondern auch mit eigenständigen Miniaturen. Aus solchen Buchmalereien erfahren wir viel über alltägliches Leben, obwohl es in den Bildern selbst nur Beiwerk ist. Auf der hier wiedergegebenen Miniatur ist König Offa (Beischrift „Offa rex") zu sehen, der den Bau der St. Alban-Kathedrale beaufsichtigt (Abb. 17). Auffallend und typisch für mittelalterliche Miniaturen ist, dass die drei Bauarbeiter wesentlich kleiner

Abb. 17: Zeichnung von Matthew Paris aus einer Chronik der St. Alban's Abbey (Trinity College, Dublin, nach 1240)

sind als der König und sein Baumeister. Es sind keine zwergenwüchsigen Handwerker, sondern der Zeichner verteilt die Größen der Personen nach ihrer Bedeutung. Die „Bedeutungsperspektive" ist ein bildnerisches Mittel, die Bedeutung hochgestellter Personen herauszustellen.

2.6 Frühe Neuzeit: Kupferstiche – grafische Kunst

Die Frühe Neuzeit bzw. die Renaissance bringt mit Druckgrafik und Zentralperspektive zwei Neuerungen.

2.6.1 Druckgrafik

Obwohl der Holzschnitt als Form der Druckgrafik schon eine ältere Tradition besitzt, kann man die Druckgrafik (genauer: die Radierung) als typische Gattung der frühen Neuzeit ansehen. Sie entwickelt sich seit 1500. Die Grundlagen stammen von den Plattnern, den Harnischmachern. Sie entdeckten, dass sich eiserne Rüstungen durch Säureätzungen und mit Grabsticheln verzieren ließen. Einmal muss jemand – wir wissen nicht wer – auf die Idee gekommen sein, ein besonders gelungenes Beispiel solcherart Verzierung zu kopieren, um es als Muster wieder zur Verfügung zu haben, wenn der verzierte Harnisch verkauft worden war. Er rieb die Gravur mit Farbe ein, wischte die überschüssige Farbe ab, drückte dann ein Blatt Papier auf die geätzte Stelle und hatte einen (Ab-)Druck. Aus dem 16. Jahrhundert sind solche Musterbücher von Plattnern bezeugt.

Neben dieser Technik ist es der Gebrauch von Papier, der diese „gedruckte Kunst" (Albrecht Dürer) ermöglichte. Dieses Verfahren wurde dann mit den weicheren Kupferplatten zur Vollendung geführt. Auf die Platten wurden mit Säure Linien eingeätzt, in denen sich beim Darüberstreichen Farbe festsetzte. Ein darauf gedrücktes Blatt Papier saugte die Farben dann wieder aus den Rillen hervor.

2.6.2 Zentralperspektive

Die Zentralperspektive ist „in der Geschichte des Menschen nur zu einem einzigen Zeitpunkt und nur an einem einzigen Ort entwickelt"[64] worden, nämlich in Florenz. Andere Darstellungsmethoden sind dagegen an mehreren Orten und unabhängig voneinander entstanden. Die Zentralperspektive hängt vermutlich mit der Entwicklung des Individualismus in der Renaissance zusammen. Die Welt erschließt sich aus den Perspektiven einzelner Betrachter[65] (Abb. 18).

Die Theorie der Zentralperspektive wurde seit dem späten 14. Jahrhundert entwickelt und breitete sich von Florenz auf das ganze übrige Europa aus. Diese „Erfindung" setzte sich allerdings nicht plötzlich durch, sondern bildete sich langsam aus Religion und Kunst heraus. Die erste Abhandlung über die Zentralperspektive stammt von dem Italiener Leon Battista Alberti („Della Pittura Libri Tre" 1435). In Deutschland war es Albrecht Dürer, der mit seiner „Unterweysung der Messung" (erschienen 1525 in Nürnberg) die Zentralperspektive theoretisch erörterte. Diese Theorie beruht auf der optisch-physikalischen Einsicht, dass sich das Licht normalerweise geradlinig fortpflanzt. Daraus folgt, dass wir für jeden Gegenstand im Raum berechnen können, welche Lichtstrahlen von seiner Oberfläche aus einen bestimmten Punkt erreichen. Darauf beruht die „optische Theorie des Sehkegels und der Sehpyramide".[66] In der Zentralperspektive stehen Größe und Entfernung in einer engen Wechselbeziehung; sie legen sich gegenseitig fest. Die kleinen Gegenstände werden als entferntere gedeutet und die größeren als näher zum Betrachter bzw. zur Bildfläche. Alle senkrecht zur Bildfläche stehenden Linien werden verzerrt.

> „Der zentrale Schritt zur zentralperspektivischen Bildkonstruktion lässt sich geometrisch-optisch als ebener Durchschnitt der Sehpyramide be-

Abb. 18: Im Namen Christi macht sich jeder Künstler sein eigenes Bild. Seit der Renaissance, besonders aber seit der Reformation, ergeben sich plurale Sichtweisen auf die Welt. Das zeigt sich in dem Stich von Johann David (1545–1613).

schreiben. Der Künstler nimmt einen Augenpunkt an, der, wie der Name sagt, dem blickenden Auge gleichgesetzt wird. Von ihm aus projiziert er Geraden (die Sehstrahlen) zur Oberfläche der darzustellenden Gegenstände. Die Schnittpunkte dieses Sehstrahlenkegels mit einer ihn senkrecht durchschneidenden Ebene stellen die Bildebene dar, die Fläche, in der die Gegenstände dargestellt *erscheinen.* Der Augenpunkt ist der Punkt des Bildes, in dem die Fluchtlinien aller Gegenstände und Ebenen zusammenlaufen."[67]

Abb. 19: Kupferstich von Albrecht Dürer aus seiner Schrift „Unterweysung der Messung" von 1525

Der Augenpunkt darf nicht mit dem Fluchtpunkt verwechselt werden. Der Fluchtpunkt ist jener Konvergenzpunkt, in dem sich einige wenige Tiefenlinien des Bildes treffen. Im Augenpunkt treffen sich dagegen sämtliche Linien des Bildes. „Ein Bild kann wohl mehrere Fluchtpunkte, aber nur einen Augenpunkt haben."[68]

Diese Erkenntnis wird in Dürers Kupferstich aus seiner Schrift „Unterweysung der Messung" dargestellt. Man kann die von jedem Punkt des sitzenden Mannes ausgehenden Lichtstrahlen mit dem Augenpunkt des Malers verbinden. Die Lichtstrahlen treffen auf die Glasfläche, die zwischen Gegenstand und Zeichner steht. Wenn man auf Dürers Stich drei Punkte des sitzenden Mannes (die rechte Hand auf der Kugel, die linke Hand und den Scheitel) mit dem Auge des Malers verbindet, so bilden die Sehstrahlen einen Sehkegel, der durch die dazwischen geschobene Glasplatte geschnitten wird (Abb. 19).

2.7 Historienmalerei: Historische Wahrheit versus dokumentarische Treue

2.7.1 Historische Entwicklung

In einem sehr weiten Sinne lassen sich unter Historienmalerei alle Bilder zusammenfassen, die rückblickend historische Ereignisse zum Thema haben. Dieser weite Begriff von Historienmalerei erlaubt es, bis zur ägyptischen Frühzeit zurückzugreifen. Dann wären die frühesten Zeugnisse der Historienmalerei die ägyptischen Relief- und Wandmalereien aus der Zeit 2900 v.Chr. (erste Dynastie). Ihre Themen waren die großen Heldentaten und Kriegsgeschehnisse. In der griechischen Kunst wurde das geschichtliche Ereignis mit der Mythologie verbunden und in Form von Monumentalfresken (und auch Plastikgruppen) dargestellt. In der römischen Kaiserzeit zeigen Darstellungen als Relief und Wandbild den Herrscher als Triumphator oder als allegorische Figur. Über die Frühzeit des Christentums (Szenen aus dem Alten Testament), die Renaissance (Wiederentdeckung antiker Heldensagen) bis zum Absolutismus finden wir diese Art der Malerei. Diese verschiedenen Bildtypen und Bildgattungen bilden für sich genommen keine einheitliche Gruppe. Ihre Gemeinsamkeit besteht allein darin, dass sie sich vergangenen Ereignissen widmen.

Ende des 18. Jahrhunderts schuf Jacques Louis David, angeregt durch die Französische Revolution, einen neuen Typ des Historienbildes. Es ist gekennzeichnet durch einen bewussten Verzicht auf illusionistische, verklärende Repräsentation und symbolische Mehrdeutigkeiten. Das Interesse orientiert sich hauptsächlich an zeit- und lokalgeschichtlicher Detailschilderung. Der heutige Begriff der Historienmalerei ist an diesen Bildtypus gebunden.

Die Historienmalerei des 19. Jahrhunderts entmythologisierte die Malerei und verpflichtete sich auf historische Treue, indem sie Personen, Ereignisse und Dinge einem Verzeitlichungsprozess unterwarf. Die dargestellten Sachverhalte sollten so in Erscheinung treten, wie sie in ihren Zeit anzutreffen waren. Die Historienmaler des 19. Jahrhunderts betrieben deshalb Quellenforschung, indem sie schriftliche Quellen lasen, sich mit Kostümkunde beschäftigten und zeitgenössische Bildnisse untersuchten. Adolph Menzel skizzierte sterbende und tote Soldaten auf den Schlachtfeldern von 1866. Er soll sogar die Säume der friderizianischen Uniformen aufgetrennt haben, um die verblasste Originalfarbe zu finden. Der Anspruch auf historische Wahrheit lässt sich auch dann nicht abstreiten, wenn die Historienmalerei bisweilen in groteske Phantasiegebilde abglitt.

Die Maler hatten es bei ihrer Quellenrecherche weitaus schwerer als die schreibende Zunft der Historiker. Denen genügte beispielsweise der sprachliche Hinweis, dass die Wikinger „Helme“ trugen, um von behelmten Wikingern zu schreiben. Für einen Maler besagt das Wort „Helm“ noch gar nichts. Er kann keinen abstrakten Helm malen, sondern als Bildzeichen ist er immer konkret: kugelig, zylindrisch, mit Helmbusch, Flügeln, Hörnern, metallisch schimmernd oder bemalt etc. Es ist also leichter, einem Historienmaler unhistorische Fiktionen vorzuwerfen als einem Geschichtsschreiber, der sich durch abstrakte Begriffe vor einer Konkretisierung drücken kann.

2.7.2 Historienmalerei

In der Kunstgeschichte wird die Gattung Historienmalerei in zwei Teilbereiche unterteilt, in die eigentlichen Historienbilder und die Ereignisbilder. Die Historienmalerei im engeren Sinne stellt Ereignisse dar, die nicht in die Lebenszeit des Malers fallen. Ereignisbilder machen dagegen Begebenheiten zum Thema, die zur Lebenszeit des Malers stattfanden. Wenn Anton von Werner die Kaiserproklamation im Spiegelsaal zu Versailles malt, ein Ereignis, an dem er selbst teilgenommen hat, so handelt es sich um ein Ereignisbild. Als solches hat es Quellenwert für das 19. Jahrhundert. Auch Menzels Gemälde, die „Aufbahrung der Märzgefallenen“ von 1848, ist ein Ereignisbild (Abb. 20).

Auf diesem unvollendeten Ölgemälde aus dem Jahre 1849 schildert Menzel Ereignisse des 22. März 1848 in Berlin. An diesem Tag, dem vierten nach Ausbruch der Barrikadenkämpfe, fand die Bestattung der Opfer der Märzrevolution statt. Für Menzel, der erst am Abend des 21. März in der Stadt eintraf, war vor allem das Bestattungszeremoniell von Interesse, das zwischen 14 und 16 Uhr vor und in der neuen Kirche auf dem Gendarmenmarkt ablief. Ein Trauermarsch von 60- bis 100 000 Berlinern gab den Gefallenen die letzte Ehre. An diesem Tag, der von der Regierung als Staatstrauertag festgelegt wurde, sollten die Märzgefallenen auf Kosten der Stadt beerdigt werden. Zu diesem Zweck wurden die Särge, die bereits am Vormittag aufgebahrt worden waren, von Bürgern über den Gendarmenmarkt am Schloss vorbei zum „Friedrichshain“ getragen. Wann immer ein Zug Särge am Schloss vorbeikam, trat der König barhäuptig auf den Balkon heraus. Diese Ehrerbietung tat er bereits drei Tage zuvor schon einmal, als die aufgebrachten Bürger Tote und Verletzte auf Bahren in den Schlosshof trugen und den König und seine Gattin dazu zwangen, sich vor den Opfern der Revolution zu verneigen.

Abb. 20: Adolph Menzel „Aufbahrung der Märzgefallenen" von 1849

Bei dem Gemälde handelt es sich um ein Simultanbild, das zeitlich auseinander liegende Sequenzen zusammenzieht:

- Die Szene vom Gendarmenmarkt mit Sargkatafalk vor dem Säulenportikus der neuen Kirche fand am 22. März zwischen 14 und 16 Uhr statt.
- Zu diesem Zeitraum wurden Trauerreden innerhalb der Kirche gehalten.
- Särge wurden weder aufgebahrt noch abtransportiert. Der Aufbau fand bereits am Vormittag statt.
- Die Darstellung des Königs innerhalb der Menschenmasse entsprach der Realität des 19. und nicht des 22. März.

Wenn dagegen ein Maler des 19. Jahrhunderts Luther vor dem Reichstag zu Worms malt, handelt es sich um ein Historienbild, um ein Stück visueller Historiographie des 19. Jahrhunderts. Quelle ist dieses Bild allerdings nur für die Anschauungen des 19. Jahrhunderts über die Reformation.[69] Ziel der Historien- und der Ereignisbilder war es, Objektivität und historische Treue zu wahren. Das drückt sich zum einen in dem Realismus der Gestaltungsmittel aus. Der Anspruch auf Wahrheit wurde auf besondere Weise eingelöst. Die historische Wahrheit wurde der dokumentarischen Treue übergeordnet. Die Wirklichkeit wurde malerisch so korrigiert, dass das Bild wirklicher als die Wirklichkeit wurde. Bei Werners „Kaiserproklamation" werden die Zufälligkeiten korrigiert. Kriegsminister Roon war am 18. Januar 1871 krank. Er nahm daher nicht an der Feier teil. Dennoch malen ihn sowohl Anton von Werner als auch sein Malerkollege Schulz als anwesend hinzu. Die Zufälligkeit des Grippevirus wird korrigiert. Ebenso der Etikettenfehler Bismarcks. Bismarck trug bei der Feierlichkeit seine blaue Kürassieruniform. Seinen weißen Koller, der protokollarisch vorgeschrieben war, hatte er auf diesem Kriegszug nicht mitgenommen.

Klassische Historienmalerei: „In weiten Kreisen herrscht die Überzeugung, daß die Historienmalerei mit unabsehbaren stets neuen geschichtlichen Aufgaben in diesem Sinne weit der wichtigste Beruf der Kunst sei; daß Genre, Porträt und Landschaft ein viel geringeres Können voraussetzen, daß die mythologische und sonstige ideale Malerei eine bloße Liebhaberei von Kennern bleibe, und daß für die religiöse Malerei unser Jahrhundert nur einen schwachen Beruf habe, obschon ganze Kirchen, alte und neue, mit Fresken bedeckt werden.

Heute herrscht in der ganzen Malerei, auch im Genre, das Was, das stets neue Sujet, über das Wie. Nun kommt es aber in der Kunst weniger auf das Was als auf das Wie an. Das Wichtige, das Ausschlaggebende – so hielt es schon die alte Kunst – ist das ewig neue Wie.

Die Kunst ist ein geheimnisvolles Vermögen, welches sich unter gewissen Sternen mit dem Geschehenen in Verbindung setzen kann, aber nicht ohne größte Gefahr dessen Dienerin wird. Sie ist nicht Illustratorin alles dessen, was einmal passiert ist, und wäre auch der Hergang noch so merkwürdig. Wir sind nicht mehr im alten Theben und Ninive, wo die Kunst eine Bilderchronik war.

Ist aber das Geschehene vollends nur durch seine Folgen wichtig, so kann sie ja diese doch nicht in das Bild hinein malen, und wenn sich auch die Macht eines ganzen Reiches und das Schicksal eines Jahrhunderts an die betreffende Tatsache gehängt haben sollte. Das geschichtlich Wichtige substituiert sich dem Malenswerten. Schon in der ältern Kunst gehört die Zeitverherrlichung zum Vergänglichsten.

Überdies aber ist die historische Wichtigkeit oder Wünschbarkeit der Tatsache in der Regel die Überzeugung nur einer Nation oder Partei, ja oft nur eines Jahrzehnts; dann können schon die Beschauer fremder Nationen und Parteien sich das Bild verbitten oder es übersehen. Vollends aber stehen ungünstig diejenigen gemalten Szenen, welche nur provinzial oder lokal wichtig oder wünschbar gewesen. Ist freilich der Moment in hohem Grade für freie Erzählung geeignet gewesen, hat sich zugleich der rechte Meister

gefunden und für denselben begeistert, so schadet dem Faktum seine Lokalität und Obskurität nichts; die Kunst wird es berühmt machen und der Welt ans Herz legen für alle Zeiten. Aber der Fall wird rar sein.
Für die Kunst aber ist es eine Lebensfrage, daß sie der ganzen Welt unserer Rasse verständlich, daß sie allermindestens europäisch sei. Die Musik zum Beispiel genießt diesen Vorteil. Und im Grunde handelt es sich hier noch weniger um die Wohlfahrt und den Ruhm des Künstlers, den wir ihm gerne gönnen, als um die Beglückung der genießenden Welt.
Burckhardt, Jacob, Über erzählende Malerei (1884), in: ders., Kulturgeschichtliche Vorträge, Stuttgart 1959, S. 192 f.

Jacob Burckhardt konnte den Historienbildern keinen künstlerischen Wert abgewinnen, da Kostüme, Örtlichkeit und Denkweise des Malers (z.B. das Pathetische) schnell veralten. Er mochte diese „historische Illusion" nicht.[70]

2.7.3 Historienmalerei im Geschichtsunterricht

Trotz des künstlerisch geringen Wertes sind Historienbilder eine erstklassige historische Quelle für den Zeitpunkt ihrer Entstehung. Luthers Rede auf dem Reichstag von Worms ist ein Ereignis gewesen, das im deutschen Identitätsbildungsprozess des 19. Jahrhunderts eine wichtige Rolle gespielt hat (Abb. 21). Nicht die Rede selbst ist dabei von Bedeutung, sondern die Tatsache, dass sich ein einzelner kleiner, „deutscher" Mönch den beiden größten Mächten des Abendlandes, Kaiser und Papst, widersetzte. Es waren die Schlussworte, die dieses Ereignis zum identitätsprägenden Topos werden ließen: „Hier stehe ich, ich kann nicht anders, Gott helfe mir, Amen." Diese Worte wurden und werden immer wieder aufgegriffen. Selbst als es um die deutsche Wiederbewaffnung nach dem Zweiten Weltkrieg ging, wurde dieser Ausspruch als Transparent einer Demonstration vorangetragen.[71]

In der Praxis des Geschichtsunterrichts werden wir es wohl wenig mit Historienbildern im engeren Sinne zu tun haben, da Geschichtsunterricht selten das historische *Bewusstsein* vergangener Epochen zum Thema hat. Ausnahmen stellen allerdings rezeptionsgeschichtliche Analysen dar, die etwa das Lutherbild in verschiedenen Epochen betrachten oder die Rezeption Roms in der Französischen Revolution.

Im belgischen Parlament wurde die Geschichte retuschiert Die Belgier sind auf zahlreichen Gebieten, nicht zuletzt auch im politischen Leben, erfinderisch. So schrecken sie nicht davor zurück, die Geschichte ein wenig zu retuschie-

Abb. 21: Historiengemälde. „Luther auf dem Reichstag von Worms" von Anton von Werner (Replik 1877, 66 x 125 cm, Ausschnitt)

ren, damit sie den später geltenden politischen Bedürfnissen entspreche. Im Gebäude der belgischen Abgeordnetenkammer ist dieser Tage das Gemälde von der Vereidigung Baudouins als König der Belgier am 17. Juli 1951 enthüllt worden, das der belgische Maler Anatoly Stolnikof hergestellt hat. Er hatte dafür im Jahr 1989 den Auftrag erhalten. Als der Maler das Werk im Juni dieses Jahres fast vollendet hatte, zeigten sich seine Auftraggeber, Mitglieder des Präsidiums der Abgeordnetenkammer, nicht zufrieden über die „politische" Komposition des Bildes. Auf der ersten Reihe waren nämlich in Übereinstimmung mit der Wirklichkeit nur christdemokratische Minister des damals regierenden Kabinetts abgebildet. Nach Beratungen mit den übrigen großen politischen Parteien ist der Maler Stolnikof gebeten worden, einige führende politische Persönlichkeiten jener Zeit, die bei der königlichen Vereidigung anwesend waren, sich aber quasi außerhalb des Rahmens des Gemäldes befanden, nach vorne zu holen. Also ging Stolnikof dazu über, vier Christdemokraten, die offenbar von geringerer Bedeutung waren, auf dem Bild in zwei prominente Sozialisten und zwei liberale Politiker umzumodeln. Bei den Sozialisten handelt es sich um Paul Henri Spaak und Achiel van Acker, die aus der Versenkung hervorgeholten Liberalen sind der damalige Abgeordnete Devéze und der Senator Hoste. Die Belgier tun sich nicht schwer mit einer solchen kleinen Geschichtsfälschung. Das Gemälde müsse eher als eine „symbolische Darstellung" und nicht als eine „realitätsgetreue Wiedergabe" betrachtet werden, so wird von offizieller Seite erklärt.

Der Maler selbst ist übrigens ebenso wenig skrupulös in dieser Sache und läßt sich die Mehrarbeit natürlich entsprechend bezahlen. Die sozialistische Zeitung *De Morgen* charakterisiert das Bild übrigens als „vollständig mißlungen".
Hermann Bleich (Den Haag); in: Frankfurter Rundschau v. 30.10.1999

2.8 Das 20. Jahrhundert: Fotografie – Malen mit Licht

1826 glückte dem Franzosen Joseph Nicéphore Nièpce (1765–1833) das erste fotographische Bild. Acht Stunden musste die asphaltbeschichtete Metallplatte in einer Camera obscura belichtet werden, bis ein Bild sichtbar wurde, das die Aussicht aus dem Fenster von Nièpces Zimmer in Le Gras zeigte. Eine Weiterentwicklung war die nach Louis Jacques Mandé Daguerre (1787–1851) benannte „Daguerreotypie". Daguerre arbeitete nach dem Tod seines Partners Nièpce mit jodierten Silberplatten, die nur noch 15 und schließlich nur noch 3 Minuten belichtet werden mussten. Es entstanden auf diese Weise gestochen scharfe Bilder. Dieses Verfahren hatte allerdings den Nachteil, dass die Bilder kostspielige Unikate waren. Eine Vervielfältigung in mehren Abzügen war nicht möglich. William Henry Fox Talbot (1800–1877) entwickelte im gleichen Jahr die Technik der kopierbaren Negative. Bald ging man dazu über, Glasplatten mit lichtempfindlichen Chemikalien zu beschichten. George Eastman (1854–1932) vollendete das Verfahren 1884 durch den Rollfilm auf Zelluloid. Das Zeitalter der sperrigen Platten war vorbei.

Den Durchbruch erlebte die Fotografie in den 20er Jahren des 20. Jahrhunderts mit der Einführung der Kleinbildkamera. Sie schuf die Demokratisierung der Fotografie. Ihr Erfinder war Oskar Barnack (1879–1936), der 1911 Leiter des Forschungslabors der Leitz-Werke in Wetzlar geworden war, die sich auf optische Geräte (Ferngläser und Mikroskope) spezialisiert hatten. Er versuchte eine Kamera zu entwickeln, die klein und handlich war, um die schweren hölzernen Kästen der Plattenkameras abzulösen. Barnack verwendete für seine Kamera den Film des kurz zuvor entwickelten Kinematographen. Die neue Kamera war mit einem Objektiv von 1:3,6/50 mm ausgestattet und arbeitete mit einem Filmformat von 24 x 36 mm. Ohne Unterbrechung ließen sich 36 Aufnahmen machen. Das neue Produkt wurde 1925 auf der Leipziger Messe unter dem Namen „Leica" (Leitz Camera) vorgestellt. 1930 wurde sie mit auswechselbaren Objektiven verkauft. Bei ihrer Einführung kostete sie 500 RM, das entsprach vier bis fünf Monatslöhnen eines Arbeiters. Ab 1936 waren Farbaufnahmen möglich. Die Firmen Kodak und Agfa („Kodachrome" und „Agfachrome") stellten die entsprechenden Filme her.

Der Aufstieg der Fotografie erfolgte „zeitgleich mit der Ausbreitung des Positivismus“.[72] Die positivistische Denkweise wandte sich von metaphysischen Spekulationen ab und den wissenschaftlichen, „positivistischen“ Einstellungen zu. Sie wollte eine getreue, ganz unpersönliche Wiedergabe der Wirklichkeit. Die Anfänge der Fotografie fallen aber auch mit den Anfängen des Historismus zusammen. Ungefähr zeitgleich mit der ersten Fotografie schreibt Ranke, er wolle nur zeigen, „wie es eigentlich gewesen“ sei. Die positivistische und historistische Denkweise stieß allerdings bei den ersten Fotografen auf Widerstand, da sie sich nicht als Dokumentaristen, sondern als Künstler begriffen.

2.8.1 Objektivität und Gestaltung

Im Gegensatz zu Gemälde und Grafik wird das Bild in der Fotografie nicht durch die Hand eines Künstlers Zeichen für Zeichen, Pinselstrich für Pinselstrich aufgebaut, sondern durch ein technisch angeordnetes Linsensystem. In den Anfängen der Fotografie sprach man dann in Analogie zur Malerei auch von „Lichtmalerei“ und „Lichtbildnerei“, d.h. das Licht – und nicht ein Mensch – male das Bild. Da die Herstellung des Bildes einer Maschine überantwortet und nicht von der Hand eines Malers hergestellt wird, schreibt man der Fotografie eine größere Objektivität zu als anderen Bildern. Diese Ansicht ist stets kritisiert worden. „Die Objektivität des Bildes ist nur eine Illusion“.[73] Lediglich in einem Punkt unterscheidet sich das Foto von einem handverfertigten Bild. Der Fotograf war am Ort des Ereignisses, das er fotografierte, anwesend. Deshalb fallen das aufgenommene Ereignis und der Zeitpunkt der Abbildung zusammen. Aber was macht ein Foto parteiisch und subjektiv? Fünf Elemente sind es, die verhindern, dass ein Foto ein Abbild von „Wirklichkeit“ ist:

- *Intervention.* Der Fotograf greift oft (nicht immer) in das Geschehen ein, das sich vor seinem Objektiv befindet, indem er seinen Bildgegenstand arrangiert. Er fordert die Fotografierten auf: Bitte lächeln, rückt näher zusammen, bitte den Blumenstrauß (Transparent etc.) höher halten. Das war 100 Jahre lang durch den Stand der Technik bedingt. Lange Belichtungszeit machte das Posieren unvermeidlich. Grobe Interventionen gingen mit der Entwicklung der Fototechnik der 20er Jahre des 20. Jahrhunderts zurück. Um Fotografien zu interpretieren, sind deshalb gewisse Kenntnisse über Technik und Präsentationsorte wichtig. 1924 ging die Leica in Serie, und eine Verschlusszeit von 1/1000 Sekunde (1933) war jetzt möglich. Jetzt gab es „Schnappschüsse“, also Bilder, bei denen der Fotografierte gar nicht merkte, dass er fotografiert wurde und auch nicht seine Zustimmung gegeben hatte. Der Fotograf konnte jetzt auch beliebig oft und schnell seinen Standort wechseln und ungewöhnliche Perspektiven einnehmen. Die Zeit der technisch bedingt gestellten Fotos war damit vorbei. Aber auch mit moderner Technik gibt es diese Interventionen. Bei dem bekannten Bild der Flaggenhissung vom 25.2.1945 auf Iwo Jima forderte der Fotograf die Soldaten auf, eine größere Flagge zu nehmen. Aber auch der Fotografierte selbst kann das Bild beeinflussen, indem er Posen einnimmt, Gesten ausführt, Mienen zieht bzw. verzieht, die er ohne Fotografen nicht ausführen würde.

- *Perspektive.* Vor dem Objektiv des Fotografen befinden sich dreidimensionale Gegenstände, deren drei Dimensionen sich nicht gleichzeitig auf einer Fläche abbilden lassen. Der Fotograf kann wählen, welche Seite er fotografiert. Er kann Personen aus der Froschperspektive (Verlängerung oder Verkürzung von Gegenständen und Personen), von oben, von der Seite, von hinten etc. ablichten.
- *Ausschnitt.* Ein Foto ist stets ein begrenzter Ausschnitt aus einem räumlichen Kontinuum. Was jeweils neben (über, unter) dem aufgenommen Objekt passiert, wird nicht abgelichtet. Der Ausschnitt erweckt aber den Eindruck, er zeige „das Ganze" des Geschehens. „Fotografieren heißt einen Ausschnitt wählen, und einen Ausschnitt wählen heißt ausschließen".[74]
- *Augenblick.* Die Welt vor der Linse wandelt sich in der Zeit. Manches verändert sich in so langen Zeiträumen, dass wir es nicht wahrnehmen, anderes aber auch wieder so schnell, dass das Foto etwas aufnimmt, das das träge menschliche Auge gar nicht erkennt. Der Fotograf erwischt manchmal eine Person in Posen und Minen, die sie im Moment der Aufnahme nicht unter Kontrolle hatte. Diese Momentaufnahmen sind aber auch nicht objektiver als die gestellten. Die ungewöhnliche Geste und die ungewöhnliche Mine zeigten die Fotografierten nur für einen Bruchteil einer Sekunde und sind damit nicht repräsentativ für die dargestellte Person, die ja diese Pose nicht einen ganzen Tag oder noch länger beibehält.
- *Fälschung.* Der Fotograf (bzw. Bearbeiter, Zensor) kann eine bereits fertiggestellte Aufnahme nachträglich verändern. Es besteht die Möglichkeit der Retusche. Es werden Personen (Gegenstände, Hintergründe etc.) eingefügt, verändert oder gelöscht. Der heute in der politischen Bildung und den Sozialwissenschaften so sehr dramatisierte Tatbestand, dass Bilder elektronisch bearbeitet werden können, ohne Spuren zu hinterlassen, verblüfft. Sollte man wirklich die

letzten 100 Jahre an die Objektivität geglaubt haben? In der Öffentlichkeit waren erst seit 1880 technisch reproduzierte Fotos in der Presse zu sehen. Vorher hatte immer ein Graveur seine Finger im Spiel. Die moderne Bildbearbeitung ist somit kein so einschneidendes Ereignis, wie gegenwärtig getan wird. Die Bildpublizistik kehrt wieder zum Stand des späten 19. Jahrhunderts zurück. Elektronisch veränderte Bilder sind wieder Produkte von Handarbeit wie die Bilder der Maler. Damals war der Pinsel am Werk, heute die Computermaus.

Intervention und Fälschung kommen zwar vor, sie sind aber eher die Ausnahme als die Regel. Aber auch die so hergestellten Fotos sind für Historiker und Geschichtslehrer nicht ohne Wert. Sie verwandeln sich mit der Zeit wieder zu historischen Dokumenten, die zwar nicht die dargestellte Situation (den fehlenden Trotzki, Dubcek oder Heß) zeigen, sondern eine Fälschung belegen. Die Normalität in der Fotografie bilden eher Perspektive, Ausschnitt und Augenblick. Sie sind es, die im Interpretationsprozess aufzusuchen und zu berücksichtigen sind.

2.8.2 Entwicklungsphasen

Die Geschichte der Fotografie kann man in vier Phasen einteilen. Sie entstand als *Nachahmung der Malerei*. Mit ihr ließen sich billige Porträts herstellen. Den ersten Fotos sieht man an, dass sie von Malerhand arrangiert worden sind. Bildgegenstand und Bildarrangement waren der Malerei entnommen, deshalb war das Image der ersten Fotografen schlecht: „Der künstlerische Fotograf ist ein dilettantischer Künstler.“[75]
In den 1920er Jahren folgte eine Wendung zur *Sozialfotografie*, zur sozialdokumentarischen Fotografie. Jetzt stand der Fotograf nicht mehr auf Seiten des gehobenen Bürgertums, sondern auf der der Armen und deren herben Lebensverhältnissen. Diese Fotografen hatten 1928 und 1951 ihre große Zeit, in den 1930er Jahren waren sie am Höhepunkt. Sie wollten die soziale Realität mit einer bestimmten gesellschaftspolitischen Absicht aufzeigen und verwarfen deshalb die künstlerischen Arrangements. Ihr Ziel war, die Wirklichkeit aufzuzeigen, wie sie war. Allerdings war die Fotografie deshalb noch lange nicht „objektiv“. Bildausschnitt und Aufnahmeperspektive waren auch hier unvermeidlich.

Eine neue Phase der Fotografie trat in den 1920er Jahren mit dem Aufkommen der *illustrierten Massenpresse* in Erscheinung. Die „Illustrierte Zeitung“ gab es zwar schon seit der Mitte des 19. Jahrhunderts, sie stützte sich aber auf die Technik der Lithografie bzw. des Kupferstichs. Jedes Foto musste mühsam mit der Hand auf Stein- bzw.

Kupferplatten „umgestochen" werden, damit es gedruckt werden konnte. Erst ab 1880 erschienen technisch reproduzierte Fotos (am 4.3.1880 in „Daily Geaphic"), ohne dass ein Graveur seine Hand im Spiel haben musste. Mit der technischen Verbesserung der handlichen Fotoapparate entstand zudem mit der *Reportage* eine neue Art der Bildpräsentation. Die Fotografie trat jetzt nicht mehr ausschließlich als Einzelbild auf, sondern als ganze Sequenz. Sie konnte mit mehreren Einzelbildern einen Ablauf schildern oder soziologische Bestandsaufnahmen herstellen. Seit den 20er Jahren wurde mit den technischen Verbesserungen der Fotoapparate den Berufsfotografen das Fotografieren aus der Hand genommen und zu einer Betätigung für jedermann. Der Amateurfotograf, der „Knipser", erschien und mit ihm riesige Mengen von Privatfotografien. Der Alltag war damit fotografierwürdig geworden.

Die Fotografie veränderte die *Erinnerung* soziologisch gesehen tiefgreifend. Sie vermehrte und demokratisierte das visuelle Gedächtnis. Das Papierbild ermöglichte es, dass sich jeder seine eigene Vorstellung von der eigenen Vergangenheit machen konnte. Während es in jeder historischen Epoche nur wenige Bildproduzenten gegeben hat, stiegen sie ab dem 20. Jahrhundert auf hunderte von Millionen mit Milliarden Bildern an.

2.8.3 Fotos als Dokumente

Fotos sind Dokumente,[76] aber wofür sie Dokumente sind, liegt nicht offen zutage. Der Dokumentensinn (vgl. Kap. 5) ist ein Ergebnis des Interpretationsvorganges. Das lässt sich an manipulierten Fotos zeigen. Sie sind Dokumente für eine Fälschung; indem man die Fälschung entdeckt, kennt man die Absicht des Fälschers. Der Fotograf wollte etwas bezeugen, was einem späteren Betrachter nicht gefiel und das er aus der Welt zu schaffen suchte. Er griff zum Tuschpinsel und wurde somit zum Fälscher. Das verweist darauf, dass zwischen Fotograf und Betrachter eine Differenz besteht, wofür das Foto ein Dokument sein soll. Wir haben es bei fotografierten Sachverhalten mit zwei Ebenen zu tun: mit der Dokumentationsabsicht des Fotografen und mit der Dokumentationserwartung des Betrachters. Deshalb kann sich der Dokumentationssinn wandeln. Aus stolzen Leistungsbezeugungen (eines SS-Mannes) werden beim (heutigen) Betrachter Mitleid erzeugende Bildikonen. Bilder, die Täter von ihren Opfern machten, werden später als Mitleidsbilder gelesen, obwohl sie als Trophäe der Täter hergestellt wurden.

Dokumente sind Belege für einen Sachverhalt, den der Fotograf bezeugen will. Wie bei keiner anderen Bildgattung in der Geschichte ist die Frage nach Urheber und Situation der Bildentstehung so wichtig wie beim Foto. Während ein Maler durch seine Gestaltungsmittel seine eigene Position und die Deutung des Bildes meist kenntlich macht, fehlt dies bei der Fotografie, die sich als objektives Abbild der Wirklichkeit ausgibt.

Kompliziert ist eine Fotografie aus dem Getto Lodz (Abb. 22), die aber zum Kern des Problems führt. Wir haben es als „Fotogegenstand" mit einen älteren Mann zu tun, der durch einen Stern als Jude gekennzeichnet ist.

- Der abgebildete Fotograf ist der SS-Mann Schilf (Fotograf 1), dessen Foto wir aber gar nicht zu sehen bekommen. Es befindet sich noch in der Kamera. Aus der Pose des Fotografen und der Haltung der Kamera können wir es uns aber vorstellen. Es sollte vermutlich ein Portrait werden.

Abb. 22: Fotografierter Fotograf. Der Fotograf Schilf, Mitglied einer SS-Propagandakompanie, fotografiert einen jüdischen Häftling im Ghetto Lodz 1940

- Das abgebildete Foto stammt von einer dritten Person, vermutlich von einem anderen SS-Mann (Fotograf 2).
- Die potenziellen Betrachter des unsichtbaren und des tatsächlichen Bildes müssen ebenfalls unterschieden werden. Was will der SS-Mann Schilf dokumentieren? Für welchen Betrachter (Betrachter 1) fotografiert Schilf? Aus seiner Zugehörigkeit zu einer Propagandaabteilung können wir schließen, dass er „Rassekrieg" oder „Untermenschentum" im Osten dokumentieren will.
- Für welchen Betrachter (Betrachter 2) fotografiert der zweite Fotograf diese Szene? Soll es ein Erinnerungsbild für seinen Kameraden oder ein Dokument für die Tätigkeit der Propagandakompagnie werden?
- Wir – die heutigen Betrachter – schreiben dem Foto ebenfalls einen Dokumentensinn zu (Betrachter 3). Für uns ist nicht die Dokumentationsabsicht des tatsächlichen Fotografen, sondern die des abgebildeten relevant. Für uns ist es ein Dokument des Holocaust, eines Ereigniskomplexes, den der Fotograf 1 in seiner Totalität 1940 gar nicht überblicken konnte.

2.9 Moderne Historienmalerei

Seit den 60er Jahren des 20. Jahrhunderts thematisieren Kunsthistoriker „das Verschwinden der Geschichte aus der Malerei"[77]. Das Genre des Historienbildes hatte sich bereits am Ende des 19. Jahrhundert durch pompöse Historien- und Schlachtengemälden ohne künstlerischen Wert abgenutzt. Am Ende des Zweiten Weltkrieg waren solche Bilder durch den Nationalsozialismus endgültig desavouiert. Künstler beschäftigten sich seitdem nicht mehr mit Geschichte. Der Impressionismus hatte zudem in den 70er Jahren des 19. Jahrhunderts ein neues motivisches Repertoire bereitgestellt, in dem Geschichte keine zentrale Rolle mehr spielte. Auch ist zu vermuten, dass das Aufkommen der Fotografie ein weiterer wichtiger Grund für das Ende des Historienbildes gewesen ist. Über Schlachten und diplomatische Akte berichten uns die Fotografien schneller und genauer.

Zwar gab es einzelne Künstler, die sich kritisch mit Zeitereignissen befassten (Otto Dix: „Der Krieg", Pablo Picasso: „Guernica"), aber eine Wahrnehmung weiter zückliegender historischer Themen erfolgte nicht. Ein Ausnahme bildete allerdings der sogenannte sozialistische Realismus, der Ereignisse aus der Geschichte des Proletariats (Bauernkrieg, Pariser Commune) oder der antiimperialistischen Solidarität (Spanien, Chile, Vietnam) darstellte. „Solche ‚Allegorien' [Picassos Guernica und

Kienholz' Portable War Memorial] sind die moderne Alternative des Historienbildes, dessen moralischen Anspruch sie übernehmen."[78]

Mehrfach ist Sinn und Möglichkeit einer „Historienmalerei in unserer Zeit"[79] diskutiert worden. Besonders bei Anselm Kiefer sieht die Kunstkritik einen Neuanfang. „Kiefer hat die Historienmalerei wieder aktiviert, im 19. Jahrhundert das Königsgenre der Kunst".[80] Es wird aber nicht an die Historienmalerei des 19. Jahrhunderts angeknüpft, sondern es handelt sich vielmehr um eine „Neuerfindung". Die neue „Historienkunst" wird folgendermaßen umschrieben: „Historienkunst reflektiert ein Ereignis, eine Erzählung oder eine Epoche in zweifachem Sinne, indem sie nicht nur – wie jedes andere Kunstwerk auch – als Zeitzeuge, künstlerisches Zeugnis, kulturelles Indiz auftritt, sondern zudem innerhalb ihrer Zeitzeugenschaft eine bewusste Reflexion der Geschichte und ihres Begriffs mit künstlerischen Mitteln vornimmt".[81] Deshalb weicht diese Malerei „in einem entscheidenden Punkt von jeder überkommenen Form der Malerei ab. Die Künstler malen weder nach der Natur noch wie die Natur, auch nicht, wenn sie die Natur ... zum Gegenstand ihrer künstlerischen Praxis machen. Denn im konventionellen Sinne stellen sie nichts dar, illustrieren nichts, schaffen keine Abbilder von irgend etwas; sie schaffen Bilder, die getreu der Maxime der Avantgarde als selbständiges malerisches Geschehen Assoziationen erzeugt, Erinnerungen wecken, Vorstellungen entfachen, die den Strom der menschlichen Bewußtseinsbilder beeinflussen."[82]

Die visuelle Historiographie hat seit den 60er Jahren eine neue Form von Historienbild geschaffen, für das Namen wie Werner Tübke,[83] Anselm Kiefer,[84] Johannes Grützke[85] oder Michael Mathias Prechtl[86] stehen. Diese Bilder zeigen uns, wie Geschichte aus heutiger Sicht visuell dargestellt werden kann. Sie können wie schriftliche Darstellungen analysiert und auf ihr Sinnbildungsangebot hin untersucht werden. Es sind visuelle Historiografien von Künstlern, die den gleichen erkenntnislogischen Stellenwert haben wie die schriftlichen Werke der Historiker. Wenn im Unterricht Historikertexte eingesetzt werden, um Kontroversität deutlich zu machen, so sollte das auch für die modernen visuellen Deutungen von Geschichte gelten.

Moderne Historienbilder deuten Geschichte in einer eigenen „Bildsprache". Sie verknüpfen die verschiedenen Dimensionen der historischen Zeit. Anders als die klassische Historienmalerei, die in der Regel einen einzigen Augenblick zeigt (Kaiserproklamation von Werner, Aufbahrung der Märzgefallenen von Menzel), ist die neue Historienmalerei oft „narrativ", d.h sie zeigt mehr als eine Zeitebene. So stellt Prechtls Aquarell „Die griechische Polizei prügelt die Jünger des Sokrates" alt-

Abb. 23: Michael Mathias Prechtl: „Die Polizei von Athen prügelt die Jünger des Sokrates" (21,6 x 35,2 cm, 1968)

griechische Bewaffnete dar, die auf die Kommunarden Rainer Langhans und Fritz Teufel einprügeln (Abb. 23). Zwei Ereignisse, die 2400 Jahre auseinander liegen, werden hier sinnbildend verbunden. Mit Hilfe der Vergangenheit wird Gegenwart gedeutet. Teufel und Langhans gehörten in den 68ern zur sog. Kommune I, die die bürgerliche Kleinfamilie überwinden wollte. Wer wie Sokrates Wahrheiten sagt, gerät auch heute in Konflikt mit der staatlichen Macht, so Prechtls Deutung.

Während Tübke und Prechtl noch zu jener Generation gehörten, die Krieg und Nationalsozialismus erlebt haben, stellt sich eine jüngere Generation dem Problem Nationalsozialismus auf andere Weise. Ihre neue Art der Historienbilder wird mit dem Begriff *After Images* bezeichnet.[87] Diese „Nach-Bilder" werden von Künstlern hergestellt, die keine persönliche Erinnerung an das Dritte Reich haben. Sie deuten nicht das Dritte Reich, sondern die Spuren davon, die sich im sozialen Gedächtnis der Gegenwart und ihrer Geschichtskultur niedergeschlagen haben. Diese Künstler erinnern sich nicht an das, was wirklich geschehen ist, „sondern an das, was sie in den zahllosen Geschichten, Romanen und Gedichten gelesen haben; an das, was auf Fotos, in Film und Zeitzeugenvideos zu sehen war und ist".[88] Gegenstand ist nicht die Vergangenheit selber, sondern die gegenwärtige Erinnerung an sie. Sie machen die

„Umstände", unter denen sie vom Holocaust zu hören bekamen, zum Gegenstand.

Young stellt eine zentrale didaktische Frage, ohne sie als solche zu kennzeichnen. Er weist zu Recht darauf hin, dass kein Historiker die Geschichte einer Epoche wirklich kennt, „wenn er ihre Kunst und Literatur nicht kennt". Er fragt weiter, und hier liegt das geschichtsdidaktisch Interessante: „Ich würde darüber hinaus fragen, wie gut Historiker die Vergangenheit darstellen können, ohne zu wissen, wie die nächste Generation in ihrer Kunst und Literatur auf sie reagiert hat. Ohne zu wissen also, wie diese Geschichte der nächsten Generation vermittelt wird und warum es für so wichtig gehalten wird, sich überhaupt zu erinnern".[89] Die jüngeren Künstler thematisieren die familiären, schulischen und geschichtskulturellen Vermittlungsprozesse über den Nationalsozialismus. Sie sind – allerdings künstlerischer – Ausdruck von dem, was sich im Geschichtsbewusstsein derjenigen Generation abspielt, die keine eigenen (auch nicht deren Eltern) Erinnerungen an den Nationalsozialismus haben. Sie nehmen weder eine profane Sakaralisierung vor, noch ist ihnen Nationalsozialismus gleichgültig. Diese Bilder – obwohl keine Quellen im historischen Sinne – sind der geschichtskulturelle Ausdruck einer „post-memorialen Erinnerung".[90] Das ist die Situation unserer Schülerinnen und Schüler. Wenn wir Geschichtskultur als die historisch gewordene Gegenwart der Schülerinnen und Schüler ernstnehmen, müssen wir ihnen auch Zugänge zu diesen Bildern ermöglichen. Ich selbst habe nur Erinnerung an die Flucht meiner Familie im Januar 1945 aus Oberschlesien. Meine „Erinnerungen" an Nazi-Deutschland finde ich in Uklanskis (geb. 1968) Foto-Sequenz „The Nazis" wiedergegeben, die die Schauspieler Yul Brynner, Hardy Krüger, James Mason u.a. in der Rolle von Nazi-Offizieren zeigt. Diese Bilder sind es vermutlich, die das Bild von Nazi-Offizieren in meiner Generation geprägt haben (Abb. 24).

Abb. 24: Piotr Uklanski, The Nazis, 1999, 164 Fotografien je 35,6 x 25,4 (Ausschnitt)

Abb. 25: Alan Schechner: It's the Real Thing. Self-Portrait at Buchenwald, 1993, Fotomontage

Diese Art der „Nach-Bilder" tangieren aber auch – wie es oft bei geschichtskulturellen Objektivationen ist – ethische Fragen. Solche Bilder und Installationen wurden 2004 in Bremen im „Neuen Museum Weserburg Bremen" ausgestellt. Einer der Kuratoren, Guido Boulboullé, äußerte in einem Gespräch:

> „Kunst und Moral, das ist eine unendliche Diskussion, auf die ich mich nicht einlassen möchte. Was den Umgang mit dem Holocaust betrifft, so gibt es sicherlich divergierende moralische Einstellungen darüber, was Kunst noch und was sie nicht mehr darstellen darf. Uklanskis Installation *The Nazis* ist für mich ein Werk, das keineswegs die Grenzen des guten Geschmacks verletzt. Ein polnischer Schauspieler, der sich in einem der Porträts wiederfand, war hingegen empört. Er hat versucht, sein Porträt zu zerstören. Hat er das Kunstwerk missverstanden? Hat er nicht hinreichend zwischen seiner Filmrolle und seiner Person unterschieden oder befürchtet

er, dass diese Differenz in dem Werk verwischt wird? Wie verletzend ist es, unfreiwillig für die Präsentation eines optisch-unbewussten Nazibildes vereinnahmt zu werden?
Solche Beispiele ließen sich zahlreich finden. Dabei handelt es sich oftmals nicht nur um Missverständnisse, die zu einer falschen Gleichsetzung von subjektiver Betroffenheit und realer Diskriminierung führen. Es gibt Werke, die ich ablehne. Und es gibt Werke, die ich, obwohl sie außerordentlich strittig sind, für wichtig halte, gezeigt zu werden. Wir Veranstalter waren uns in der Frage keineswegs immer einig, und auch in dem Seminar gab es zum Teil heftige Diskussionen. Wenn sich ein Künstler in der New Yorker Ausstellung *Mirroring Evil. Nazi Imagery/Recent Art* mit einer Dose Diätcola in ein Foto kopiert, das ausgemergelte KZ-Häftlinge zeigt *(Abb. 25)*, dann halte ich das für eine problematische Aktualisierung, die nach meiner Auffassung über einen platten Zynismus nicht hinaus gelangt. Nach Roland Barthes ist eine Fotografie – und ich würde hinzufügen: auch eine Fotomontage – nicht dann subversiv, wenn sie erschreckt, aufreizt oder gar stigmatisiert, sondern wenn sie nachdenklich macht.“[91]

Die Reaktion vieler Lehrerinnen und Lehrer wird vermutlich sein: „Das gehört nicht in den Geschichtsunterricht“. Wohin aber dann? Diese Bilder sind Teil jener Geschichtskultur, die unsere Schülerinnen und Schüler Tag für Tag umgibt. Wer diesen Tatbestand übergeht, sollte nicht mehr von „historischer Orientierung“ oder „fachübergreifendem Lernen“ reden.

2.10 Fremdbilder: Fremde Bilder – Bilder des Fremden

Die bisher vorgestellten Bilder entstammen der abendländisch-europäischen Tradition. Natürlich wurde auch außerhalb Europas gemalt, gezeichnet und gestochen. Diese Bilder unterscheiden sich weniger durch die dargestellten Ereignisse, Situationen und Personen, sondern durch die kulturspezifische Art des Darstellens, durch ihren Stil, durch ihre visuelle Handschrift. Sie entsteht durch Farbwahl, Strichführung, Maltechnik und Maluntergrund. Ein moderner Geschichtsunterricht, der sich zur Weltgeschichte öffnen will, muss sich auch dem Selbstverständnis dieser außereuropäischen Kulturen öffnen und die Andersartigkeit dieser Kulturen anerkennen.

In der chinesischen Kunst bilden Malerei und Kalligraphie, Grafik und Schrift eine Einheit. Das hat seinen Grund darin, dass Technik und Material identisch sind (Tusche). Eine bedeutende Landschaftsmalerei entstand seit dem 4. Jahrhundert. Der scheinbar naturalistischen Ebene

Abb. 26: Derwentwater See (Großbritannien). Tuschezeichnung des chinesischen Künstlers Chiang Yee, 1936

Abb. 27: Derwentwater See. Lithografie eines unbekannten europäischen Künstlers, 1826

(Berge, Bäume, Blumen, Vögel) kommt meist eine symbolische Bedeutung zu. Der Malerei geht es um die Idee und nicht um die naturalistische Wiedergabe. Die Naturwiedergabe nimmt eine beherrschende Funktion ein. Höhepunkt der Landschaftsmalerei ist die Kunst in der Sung-Dynastie (960–1279).

Was ich vor Jahren als visuelle Handschrift bezeichnet habe, ist eine kultur- und epochentypische Darstellungskonvention. Bilder aus anderen Kulturen lassen sich nicht aufgrund der dargestellten Gegenstände identifizieren. Kleidung, Gebäude, ethnische Zugehörigkeit lassen es zwar zu, den Bildgegenstand in geographische und kulturelle Räume einzuordnen, die Art der Darstellung ist es aber, die eine kulturelle Handschrift ausmacht. So gibt es viele von Europäern hergestellte Gemälde von fremden Kulturen. Der Gegenstand ist fremd, aber der Stil vertraut. Am besten lässt sich das an Naturdarstellungen zeigen, bei

Merkmale des hier vorgestellten Bildcurriculums			
Epochenbezug	Visuelle Handschrift	Technik	Perspektive
Paläolithikum	Fast ausschließlich Tiere; selten Menschen; keine schriftlichen Paralleldarstellungen	Höhlenmalerei; Malhintergrund die natürliche Felswand, ohne Rahmen	Keine Raumtiefe
Ägypten	Alltagsszenen und Jenseitsvorstellungen	Wandmalerei; Malerei auf Papyrus; durch die Architektur (bzw. die Papyrusgröße); vorgegebene Bildformate durch eckige Wände; seitdem gibt es viereckige Bildrahmen	Aperspektivismus; die für den Maler wichtigsten Ansichtsseiten werden dargestellt
Klassisches Griechenland	Menschen und Götter ungeschieden; Alltags- und mythische Szenen	Vasenmalerei	Silhouettentechnik
Rom	Mythen, Historien, Alltagsszenen, selten Schlachtenbilder (Alexanderschlacht)	Mosaiken als Bestandteil der Architektur	Raumtiefe durch Überlappung
Mittelalter	Visualisieren von Schrift („Heilige Schrift"); universelle Gleichzeitigkeit	Buchminiaturen (der größte Teil der mittelalterlichen Buchproduktion)	Parallelperspektive; Bedeutungsperspektive
Frühe Neuzeit	Beginn der Verzeitlichung: Bilder von historischen Ereignissen zeigen die korrekte Kleidung und Bauwerke der jew. Zeit	Grafik (Kupferstich und Radierung); das gedruckte Bild; erste Revolution der Bildproduktion: Vervielfältigung	Zentralperspektive
19. Jahrhundert	Historienmalerei. Die Wirklichkeit wahrer machen, als sie tatsächlich war	Großformatige Ölgemälde	Zeitperspektive: Elemente unterschiedlicher Zeiten in einem Bild
19./20. Jahrhundert	„Wie es eigentlich gewesen."	Fotografie. Zweite Revolution der Bildproduktion	Fotoperspektive, verschiedene Sichtweisen v. einem Gegenstand
Neue Historienmalerei	Visuelle Historiographie	Zitattechnik; keine Abbildfunktion	Zentralperspektive
Japan; China; Maya; Afrika	Kulturspezifischer Stil	verschiedene Techniken	Verschiedene Perspektiven, keine Zentralperspektive

denen die dargestellten Pflanzen und Tiere nicht auf Kultur verweisen. Das ist bei der chinesischen Landschaftsmalerei der Fall.

Im Gegensatz zu Europa kennt die Perspektive keinen einheitlichen Fluchtpunkt. Oft sind es verschiedene Blickwinkel, die gewählt werden; eine eigentliche Perspektive ist nicht zu finden. Die Größe der Figuren nimmt nach der Tiefe nicht ab. Formen sind oft durch Umrisslinien festgelegt. Es gibt eine Vorliebe für geschwungene Linien.

An einem Bildpaar kann die unterschiedliche Darstellungskonvention („visuelle Handschrift") veranschaulicht werden (Abb. 26, 27).

2.11 Weiterführende Literatur

Höhlenmalerei

Almagro, Martín: Die bildende Kunst der jüngeren Altsteinzeit, in: Narr: Karl Josef, Handbuch der Urgeschichte, Bd. 1, München und Bern 1966

Bataille, Georges: Die vorgeschichtliche Malerei. Lascaux oder die Geburt der Kunst, Stuttgart 1986

Biedermann, Hans: Bildsymbole der Vorzeit. Wege zur Sinndeutung der schriftlosen Kulturen, Graz 1977

Clottes, Jean; Lewis-Williams, David: Schamanen. Trance und Magie in der Höhlenkunst der Steinzeit, Sigmaringen 1977

Drößler, Rudolf: Kunst der Eiszeit, Leipzig 1980

Ende, Aurel (Hrsg.): Grundlagen der Psychohistorie. Psychohistorische Schriften von Lloyd de Mause, Frankfurt/M. 1989

Franke, Herbert W.: In den Höhlen dieser Erde. Vorstöße in unbekannte Tiefen, Hamburg 1978

Kühn, Herbert: Die Felsbilder Europas, Stuttgart 1952

Kühn, Herbert: Auf den Spuren des Eiszeitmenschen, Wiesbaden 1950

Leroi-Gourhan, André: Prähistorische Kunst. Die Ursprünge der Kunst in Europa, 3. Aufl., Freiburg 1975 [Guter Lageplan von Lascaux]

Lorblanchet, Michel: Höhlenmalerei. Ein Handbuch, Sigmaringen 1997

Mirimanov, Will: Kunst der Urgesellschaft und traditionelle Kunst Afrikas und Ozeaniens, Dresden 1973

Narr, Karl Josef: Kultur, Umwelt und Leiblichkeit des Eiszeitmenschen, o.O. 1963

Narr, Karl Josef: Urgeschichte und Kultur, Stuttgart 1961

Nougier, Louis-René: Die Welt der Höhlenmenschen, Zürich 1989

Rappenglück, Michael A.: Eine Himmelskarte aus der Eiszeit? Frankfurt/M. 1999 [Über den „Vogelmann" von Lascaux]

Ruspoli, Mario: Lascaux. Heiligtum der Eiszeit, Freiburg 1986

Ruspoli, Mario: The Cave of Lascaux. The Final Photographs, Preface by Yves Coppens, New York 1986

Ucko, Peter; Rosenfeld, Andrée: Felsbildkunst im Paläolithikum, München 1967

Ägypten

Assmann, Jan: Stein und Zeit. Mensch und Gesellschaft im alten Ägypten, 1992

Brunner-Traut, Emma: Die alten Ägypter. Verborgenes Leben unter Pharaonen, 4. Aufl., Stuttgart 1987

Dondelinger, Edmund: Der Jenseitsweg der Nofretari, 2. Aufl., Graz 1977

Goedicke, Hans; Thausing, Gertrud (Hrsg.): Nofretari. Eine Dokumentation der Wandgemälde ihres Grabes, Graz 1981

Hornung, Erik (Hrsg.): Das Totenbuch der Ägypter. Eingeleitet, übersetzt u. erläutert von Erik Hornung, Zürich 1979 [Neuaufl. Düsseldorf 1998]

Hornung, Erik: Geist der Pharaonenzeit, München 1992

Leblanc, Christian; Siliotti, Alberto: Nefertari, Augsburg 1998

Mekhitarian, Arpag: Ägyptische Malerei, Genf 1989

Schmidt, Heike C.; Willeitner, Joachim, Nefertari. Gemahlin Ramses' II. , Mainz 1994

Griechische Vasenmalerei

Boardman, John: Rotfigurige Vasen aus Athen. Die klassische Zeit. Ein Handbuch, Mainz 1991

Scheibler, Ingeborg: Griechische Malerei der Antike, München 1994

Simon, Erika: Die griechischen Vasen, durchges. 2. Aufl., München 1981

Steinhart, Matthias: Töpferkunst und Meisterzeichnung, Mainz 1996

Römische Mosaiken

Biggs, Emma; Hunkin, Tessa: Mosaik. Ideen und Anleitungen für kleine und große Objekte für Haus und Garten, München 2000 [Praxisanleitung für Schülerprojekte]

Chavarria, Joaquim: Mosaik. Ein umfassendes Anleitungsbuch für einfache und anspruchsvolle Projekte, Bern 1998 [Praxisanleitung für Schülerprojekte]

Fischer, Peter: Das Mosaik. Einwicklung, Technik, Eigenart, Wien 1969

Jobst, Werner, Römische Mosaiken in Salzburg, Wien 1982

Krankeleit, Alexandra, Kaiserzeitliche Mosaiken in Griechenland, München 1994

Kriseleit, Irmgard: Altes Museum – Pergamonmuseum. Antike Mosaiken, Mainz 2000

Rossi, Ferdinando: Malerei in Stein – Mosaiken und Intarsien, Stuttgart 1968

Rom in Karthago. Mosaiken aus Tunesien. Ausstellung des Römisch-germanischen Museums der Stadt Köln 15. Oktober–31. Dezember 1964, o.O und o.J.

Mittelalterliche Buchmalerei

Appuhn, Horst: Einführung in die Ikonographie der mittelalterlichen Kunst, Darmstadt 1989

Bernhard, Marianne u.a.: Universallexikon der Kunst. Von der Frühzeit zur Moderne, München 1995

Eberlein, Johann Konrad: Miniatur und Arbeit, Frankfurt/M. 1995
Jacobi-Mirwald, Christine: Buchmalerei. Ihre Terminologie in der Kunstgeschichte, erw. Neuauflage, Berlin 1997
Jacobi-Mirwald, Christine: Text – Buchstabe – Bild. Studien zur historisierten Initiale im 8. und 9. Jahrhundert, Berlin 1998
Kocher, Gernot: Zeichen und Symbole des Rechts. Eine historische Ikonographie, München 1992
Mayr-Hartig, Henry: Ottonische Buchmalerei, Lithurgische Kunst im Reich der Kaiser, Bischöfe und Äbte (Belser Kunst- und Kulturgeschichte), Stuttgart 1991
Mazal, Otto: Das Buch der Initialen, Wien 1985
Pächt, Otto: Buchmalerei des Mittelalters. Eine Einführung, 3. Aufl., München 1989
Trost, Vera: Skriptorium. Die Buchherstellung im Mittelalter, Stuttgart 1991
Weddige, Hilkert: Einführung in die germanistische Mediävistik, München 1989

KUPFERSTICHE

Abels, Joscijka Gabriele: Erkenntnis der Bilder. Die Perspektive in der Kunst der Renaissance, Frankfurt/M. 1985
Boehm, Gottfried: Studien zur Perspektivität, Heidelberg 1969
Chodowiecki, Daniel: Auswahl aus des Künstlers schönsten Kupferstichen, 2 Bde., Berlin o. J.
Dürer, Albrecht: Kupferstiche, Leipzig 1971
Dürer, Albrecht: Unterweysung der Messung mit Zirckel und Richtscheyt, Nürnberg 1525 [ND Nördlingen 1983]
Engelmann, Wilhelm: Daniel Chodowiecki's sämtliche Kupferstiche, Leipzig 1857 [ND Hildesheim 1997]
Galerie J. H. Beyer (Hrsg.): Preußen und Chodowiecki, Hannover 2001
Geismeier, Willi: Daniel Chodowiecki, Leipzig 1993
Guratsch, Herwig: Der Kupferstich als moralische Schaubühne, Stuttgart 1987
Hofstaetter, Hans (Hrsg.): Geschichte der Kunst und der künstlerischen Techniken, Bd. 3: Holzschnitt, Kupferstich, Lithographie, Berlin 1968
Hogarth, William: Analyse der Schönheit, Dresden 1995 (Orig.-Ausg. London 1753)
Koschatzky, Walter; Sotriffer, Kristian: Mit Nadel und Säure. Fünfhundert Jahre Kunst der Radierung, Wien 1982
Krysmanski, Bernd W.: Hogarth's Enthusiasm Delineated, 2 Bde., Hildesheim 1996

HISTORIENMALEREI

Bartmann, Dominik: Anton von Werner. Zur Kunst und Kunstpolitik im Deutschen Kaiserreich, Berlin 1985
Bartmann, Dominik (Hrsg.): Anton von Werner – Geschichte in Bildern. Ausstellungskatalog Berlin 1993, München 1993

Buntz, Herwig; Popp, Harald: Das Bild als Quelle. Historienbilder als Quellen im Geschichtsunterricht, in: Altrichter, Helmut (Hrsg.): Bilder erzählen Geschichte, Freiburg 1995
Gaehtgens, Thomas W. (Hrsg.): Anton von Werner. Die Proklamierung des Deutschen Kaiserreiches. Ein Historienbild im Wandel preußischer Politik, Frankfurt/M. 1990
Germer, Stefan; Zimmermann, Michael (Hrsg.): Bilder der Macht – Macht der Bilder. Zeitgeschichte in Darstellungen des 19. Jahrhunderts, München 1997
Gross, Friedrich: Jesus, Luther und der Papst im Bilderkampf 1871 bis 1918. Zur Malereigeschichte der Kaiserzeit, Marburg 1989
Hager, Werner: Geschichte in Bildern. Studien zur Historienmalerei des 19. Jahrhunderts, Hildesheim 1989
Hanisch, Manfred: Historienmalerei und nationale Sinnstiftung, in: Matt, Siegfried u.a. (Hrsg.), Bild und Geschichte, Innsbruck 1997, S. 21-33
Lammel, Gisold: Adolph Menzel. Fridericiana und Wilhelmiana, Dresden 1988
Mai, Ekkehard; Waetzoldt, Stephan (Hrsg.): Kunstverwaltung, Bau- und Denkmalspolitik im Kaiserreich, 1981
Mai, Ekkehard (Hrsg.): Historienmalerei in Europa. Paradigmen in Form, Funktion und Ideologie, Mainz 1990
Paret, Peter: Kunst als Geschichte. Kultur und Politik von Menzel bis Fontane, München 1990
Pevsner, Nikolaus u.a.: Historismus und bildende Kunst. Studien zur Kunst des neunzehnten Jahrhunderts, Bd. I, München 1965
Schmidt, Hans-Günther: Historienmalerei als Quelle. Drei Gemälde von Anton v. Werner, in: Geschichte lernen 1, H. 5 (1988), S. 61-66
Steininger, Jutta: Über Historienbilder sprechen, in: Matt, Siegfried u.a. (Hrsg.): Bild und Geschichte, Innsbruck 1997, S. 34-57
Stolpe, Elmar: Klassizismus und Krieg. Über den Historienmaler Jacques Louis David, Frankfurt/M. 1985
Triumph und Tod des Helden. Europäische Historienmalerei von Rubens bis Manet. Wallraf-Richartz-Museum, Köln/Kunsthaus Zürich/Musée des Beaux Arts Lyon, Mailand/Köln 1987
Weber, Karsten: Führer und Geführte. Monarch und Untertan. Eine Studie zur politischen Ikonographie und ihrer unterrichtlichen Umsetzung, Frankfurt/M. 1978

FOTOGRAFIE

Baatz, Wilfried, Geschichte der Photographie, Köln 1997
Bilder des 20. Jahrhunderts. Fotos, die man nie vergißt. Eine Dokumentation unserer Geschichte, hrsg. von Manfred Zeier, Augsburg 1999
Bilder, die lügen, Hrsg. vom Haus der Geschichte der Bundesrepublik Deutschland, Ausstellungskatalog, Bonn 1998
Brink, Cornelia: Ikonen der Vernichtung. Öffentlicher Gebrauch von Fotografien aus nationalsozialistischen Konzentrationslagern nach 1945, Berlin 1998

Deutsche Fotografie. Macht eines Mediums 1870-1970, Bonn/Köln 1997
Doorsy, Yasmin: Vom Dokument zur Ikone. Zur Rezeption des Auschwitz-Albums, in: dies. (Hrsg.): Representations of Auschwitz. 50 Jahre Fotografie, Malerei und Grafik, Museum Auschwitz-Birkenau, Oswiecim 1995, S. 95-104
von Drewitz, Bodo; Scotti, Roland (Hrsg.), Alles Wahrheit! Alles Lüge! Photographie und Wirklichkeit im 19. Jahrhundert. Die Sammlung Robert Lebeck, Ausstellungskatalog Amsterdam/Dresden 1996
Freier, Felix: Kleines Lexikon der Fotografie, Köln 1992
Frizot, Michel (Hrsg.): Neue Geschichte der Fotografie, Köln 1998
Gernsheim, Helmut: Geschichte der Photographie. Die ersten hundert Jahre (Propyläen-Kunstgeschichte Sonderband 3), Berlin 1983
Hoffmann, Detlef: Fotografie als historisches Dokument, in: Fotogeschichte 5, 1985, H. 15, S. 3-14
Jäger, Jens: Photographie: Bilder der Neuzeit. Einführung in die Historische Bildforschung, Tübingen 2000
Jenny, Volker: Photographie und Sprache, Düsseldorf 1978
150 Jahre Photojournalismus, Köln 1995
Keller, Ulrich (Hrsg.): Fotografien aus dem Warschauer Getto, Berlin 1987
Milton, Sybil: Argument oder Illustration. Die Bedeutung von Fotodokumenten als Quelle, in: Fotogeschichte 8, 1988, H. 28, S. 61-90
Palmer, Torsten; Neubauer, Hendrik: Die Weimarer Zeit in Pressefotos und Fotoreportagen, Köln 2000
Schmitt, Julia u.a: Fotografie und Realität. Fallstudien zu einem ungeklärten Verhältnis, Opladen 2000
Starl, Timm: Knipser. Die Bildgeschichte der privaten Fotografie in Deutschland und Österreich von 1880 bis 1980, Ausstellungskat., München 1995
Wolle, Stefan: Die Diktatur der schönen Bilder. Zur politischen Ikonographie der SED-Diktatur, in: Deutsche Fotografie. Macht eines Mediums 1870-1970, Bonn/Köln 1997

Neue Historienmalerei

Beaukamp, Eduard: Werner Tübke. Arbeiterklasse und Intelligenz. Eine zeitgenössische Erprobung der Geschichte, Frankfurt/M. 1985
Der Blick auf die Geschichte. Themenheft der Zeitschrift Kritische Berichte 20 (1992) H. 2
Grützke, Johannes: Paulskirche, der Zug der Volksvertreter. Hrsg. von Klaus Gallwitz, o.O. 1991
Kiefer, Anselm: Katalog, Berlin 1991
Kober, Karl Max: Werner Tübke. Monumentalbild Frankenhausen, Dresden 1989
Prechtl, Michael Mathias: Denkmalerei, München 1986
Sager, Peter u. Mayr, Walter: Mit Dürer in Hitlers Saal, in: Zeitmagazin Nr. 49, 2. Dezember 1988, S. 28-38
Sager, Peter: Der März der Maler, in: Zeitmagazin 29. Januar 1988
Tübke, Werner: Reformation – Revolution. Panoramabild Frankenhausen. Monumentalbild von Werner Tübke. Einleitung von K.M. Kober, 1989

China und Japan

Breier, Albert: Die Zeit des Sehens und der Raum des Hörens. Ein Versuch über chinesische Malerei und europäische Musik, Stuttgart 2002

Cahill, James: Die chinesische Malerei, Genf 1960 (Die Kunstschätze Asiens)

Chinesische Malerei, Staatliche Museen zu Berlin, Preußischer Kulturbesitz, 1. Aufl., 1995

Goepper, Roger: Vom Wesen chinesischer Malerei, München 1962

ders.: Blumen aus dem Senfkorngarten, München 1960

ders.: Chinesische Malerei, in: Kunst und Kunsthandwerk Ostasiens. Ein Handbuch für Sammler und Liebhaber, München 1968

Ledderose, Lothar (Hrsg.): Im Schatten hoher Bäume. Malerei der Ming- und Quing-Dynastien (1368-1911) aus der Volksrepublik China (Ausstellungskatalog), Baden-Baden 1985

Lin Yutang: Chinesische Malerei, Stuttgart 1988

Seckel, Dietrich: Einführung in die Kunst Ostasiens, München 1960

Wang, Gai u. Li, Liu-fang: Der Senfkorngarten, in: Daucher, Hans (Hrsg.): Lehrbuch der chinesischen Malerei, Bd. 1, Ravensburg 1987

3. Psychologie der Bildwahrnehmung – Wahrnehmungspsychologie und Kunstpsychologie

Wie bei allen anderen didaktischen Problemen stellt sich auch bei der Bildwahrnehmung die Frage, auf welche Weise, in welchen Stufen und in welchen Zeiträumen sich die lebensgeschichtliche Genese der Fähigkeit, Bilder zu sehen und zu verstehen entwickelt. Auch hier lässt uns die geschichtsdidaktische Forschung im Stich, da sie gern solche Fragen an die Entwicklungspsychologie abschiebt. Selbst ernste Anfragen sind nicht zu finden, da die Geschichtsdidaktik wie die Pädagogik seit Comenius annimmt, dass Bildersehen eine ungelernte Fähigkeit ist. Generell lässt sich feststellen, dass visuelle Wahrnehmung ein komplexer Vorgang ist, bei dem sich manches entwicklungspsychologisch gesehen von selbst entwickelt, manches gelernt werden muss.

3.1 Wahrnehmungspsychologie

Die Psychologie der visuellen Wahrnehmung liefert zwar eine Reihe nützlicher Hinweise für geschichtsdidaktisch angeleitete Lernprozesse. Sie sind aber von begrenztem Wert für den didaktisch-methodischen Umgang mit Bildquellen. Drei Gründe sind dafür ausschlaggebend:

- Die Fähigkeit zur visuellen Wahrnehmung ist bei Schülerinnen und Schülern zu Beginn des Geschichtsunterrichts schon ausgebildet. Sie können schon sehen. Die Entwicklungspsychologie beschäftigt sich vorwiegend mit Kindern im Alter von 0 bis 4 Jahren. Das gilt für die grundlegenden Faktoren: Linie, Differenz, Farbwahrnehmung, Größenkonstanz, Formenkonstanz etc. „Zu den erstaunlichsten Aspekten des Sehens gehört die Tatsache, dass Kinder ihre Begabung zum Sehen vollständig ausgebildet haben, bevor sie gehen können. Noch kein Jahr alt, können sie bereits eine visuelle Welt in drei Dimensionen konstruieren, sich sehr zielstrebig auf allen Vieren in ihr zurechtfinden, sie in verschiedene Objekte gliedern und diese Objekte ergreifen, beißen und erkennen. ... Mit ungefähr einem Monat blinzeln Kinder, wenn sich ein Objekt auf ihre Augen zubewegt. Im Alter von drei Monaten konstruieren sie mit Hilfe von visueller Bewegung Objektgrenzen. Mit vier Monaten konstruieren sie auf der Grundlage von Bewegung und Stereosehen die 3-D-Formen von Objekten. Mit sieben Monaten sind sie, ausgehend von Schattierung, Perspektive, Zwischenstellung (wenn ein Objekt ein anderes teilweise verdeckt) und der bereits erworbenen Vertrautheit mit Objekten, in der Lage, Tiefe und Form zu konstruieren. Mit einem Jahr hat sich ihre geniale visuelle Begabung ganz entfaltet, so dass sie sich anschicken können, Namen für die von ihnen konstruierten Objekte, Handlungen und Beziehungen zu lernen".[92]

- Visuelle Wahrnehmung und Bildersehen sind zwei unterschiedliche Kompetenzen. Bildersehen ist eine sekundäre Wahrnehmung. Wir haben es mit der *Darstellung* von Gegenständen (Personen, Ereignissen etc.) und nicht mit diesen Gegenständen selbst zu tun (pikturale Differenz). Hier hilft weniger die Entwicklungspsychologie als vielmehr die Kunstpsychologie bzw. die Ethnologie weiter, die sich mit der kulturellen Formung des visuellen Wahrnehmens beschäftigt. Das *ikonographische Sehen*, das Bildersehen im Gegensatz zur visuellen Wahrnehmung allgemein, ist vor allem im Bereich der historischen Erkenntnis eine sehr voraussetzungsvolle Operation.[93] Bilder beruhen auf einer „pikturalen Differenz": Sie sind nicht Repräsentanten der Wirklichkeit und sollten deshalb nicht zur „Anschauung" der „Wirklichkeit" missbraucht werden. Im Schulbuch ist nicht Luther zu sehen, sondern ein Bild von Luther; diese Differenz ist für den Erkenntnisprozess grundlegend, denn sie verweist darauf, dass die *Darstellung* Luthers in einem sinnbildenden, absichtsvollen Prozess hergestellt wurde. Ikonographisches Sehen bezieht sich auf jenen Vorrat an Bildsymbolen, die den jeweiligen historisch-kulturellen Situationen eigen sind.

Didaktisch-methodisch gesehen bedeutet das für die Schülerinnen und Schüler, dass sie ein erst im Aufbau befindliches Bild-, Farben- und Posengedächtnis aktualisieren. Sie müssen ein Wissen um Motive, Posen, Farbsymboliken, Symbolisierungen erworben haben. Von ihnen wird verlangt, Allegorien aufzulösen, emotionale Eindrücke zu verbalisieren, natürliche Metaphern zu verstehen, Zeitbezüge herzustellen. Zum Aufbau einer ikonographischen Kompetenz gehört die Entwicklung eines ikonischen Gedächtnisses,[94] eines Farben-, Gesten und Posengedächtnisses. Wenn wir von Schülerinnen und Schülern die Interpretation eines Bildes verlangen, so fordern wir von ihnen, dass sie sich ihres noch nicht vollständig ausgebildeten Bildgedächtnisses bedienen.[95]

- Wir können Bilder nicht nach Schwierigkeitsgraden didaktisch gestalten, sondern finden sie als Quelle vor. Ein als Lehrgang geplanter Aufbau, der Bilder nach visuellen Schwierigkeiten staffelt, findet am Quellencharakter seine Grenzen. Allerdings sind Hinweise der Forschungen zur Psychologie der visuellen Wahrnehmung für die Gestaltung von Schulbüchern und Unterrichtsmaterialien von Wert. So ist beispielsweise altersunabhängig eine gute Figur-Grund-Qualität für die Wiedererkennung von Bildern notwendig. Das spricht für die Umzeichnungen bei antiken Reliefdarstellungen anstatt für Fotografien. Die vorliegenden Forschungsergebnisse „geben wenig Hinweise auf eine Entwicklung des visuellen Gedächtnisses“.[96] Es gibt zwar quantitative Verbesserungen, sie sind aber nicht strukturell abgesichert. Die Veränderungen sind eine Funktion der kognitiven Entwicklung, aber für die Wahrnehmung und Deutung von Bildquellen wenig geeignet.

3.2 Bildwahrnehmung

Trotz der eben vorgenommenen Einschränkung der Relevanz der wahrnehmungspsychologischen Forschung zur lebensgeschichtlichen Genese sind vier Felder wichtig, die in der Interpretation eine grundlegende Rolle spielen: Linie, pikturale Differenz, Raumwahrnehmung und Wahrnehmungsprozess.

3.2.1 Linie

Der berühmte und immer wieder berichtete Versuch von Julian Hochberg und Virginia Brooks soll hier am Anfang stehen. Sie ließen ihr Kind bis zum 18. Monat ohne bildliche Darstellungen aufwachsen. Selbst Nahrungsmittelverpackungen mit Abbildungen waren aus dem Haushalt verbannt. Das Kind war nach dem 18. Monat dennoch in der Lage, einfache Linienzeichnungen ohne Schwierigkeiten zu erkennen. Dieser Befund ist durch Experimente mit blind geborenen Kindern bestätigt worden. Sie konnten Strichzeichnungen (aus erhabenen Linien) richtig als Darstellung von Gegenständen erkennen. Das bedeutet, dass bereits Kinder den visuell wahrgenommen Umriss eines Gegenstandes als Gegenstand und nicht als bloße Linien wahrnehmen. Geschlossene Linien werden als Gegenstände, als abgegrenzte Objekte wahrgenommen. Das ist insofern erstaunlich, als in der visuellen Welt Objekte nicht durch *Linien* begrenzt werden. Die Linie ist offensichtlich eine Konstruktion, die sich im Laufe des Wahrnehmungsprozesses entwickelt; sie stellt eine Verarbeitungsstufe des natürlichen Bildes dar.[97] Sie ist ein „Verarbeitungsprodukt im Laufe der Wahrnehmung ... und nicht Element des visuellen Feldes."[98] Bei der Bildwahrnehmung handelt es sich offensichtlich nicht um eine gelernte Konvention.

3.2.2 Pikturale Differenz

Gelernt werden muss dagegen die *pikturale Differenz*, die Differenz von Bild und Realität. Dass etwas ein Bild von einem Gegenstand ist und nicht dieser Gegenstand selbst, wird gelernt. Kleine Kinder greifen nach einem bildlich dargestellten Gegenstand, als ob es dieser selbst wäre, da diese Differenz erst später gelernt wird.

3.2.3 Raumwahrnehmung

Ein ähnliches Problem ist die *Raumwahrnehmung*. Auch das Erkennen von Raumtiefen im Bild muss vermutlich gelernt werden. Es geht hier um den Übergang vom drei- zum zweidimensionalen Raum. Die Übertragung vom dreidimensionalem zum zweidimensionalem Raum beruht offensichtlich auf einem Lernprozess. Die Forschungslage ist hier nicht ganz eindeutig. Es wurden vor allem bei so genannten Naturvölkern Versuche angestellt, die manche Forscher aber als unzureichend kritisieren.

3.2.4 Wahrnehmungsprozess

Auf einem Lernvorgang beruht der *Prozess* der Bildwahrnehmung, d.h. die Art und Weise, wie es angesehen wird. Ein Bild wird – obwohl es uns simultan präsentiert wird – in vielfachen sukzessiven Blicken wahrgenommen. Es wird von den Augen schrittweise abgetastet. Das Sehorgan ist dabei „zugleich aktiv und selektiv".[99] Wir haben zwar das ganze Bild auf unserer Netzhaut, aber wir nehmen das Bild nicht als Ganzes wahr, sondern nur schrittweise. Es wird dabei aber nicht mechanisch – Zeile für Zeile – abgetastet, wie beim Kathodenstrahl des Fernsehers oder bei einem Faxgerät. Die Augen springen („ballistisch") vielmehr von Bildzeichen zu Bildzeichen. Das hat zum einen seine Ursache in physiologischen Gegebenheiten. Die Retina des menschlichen Auges hat nahe der optischen Achse eine Region hoher Auflösung, die Fovea (ca. 3 Prozent der Retina). Die hohe Sehschärfe liegt also in der Fovea und nicht in der Peripherie der Retina vor. Die Augenbewegungen sind es, die die Fovea auf unterschiedliche räumliche Ziele und unterschiedliche Positionen

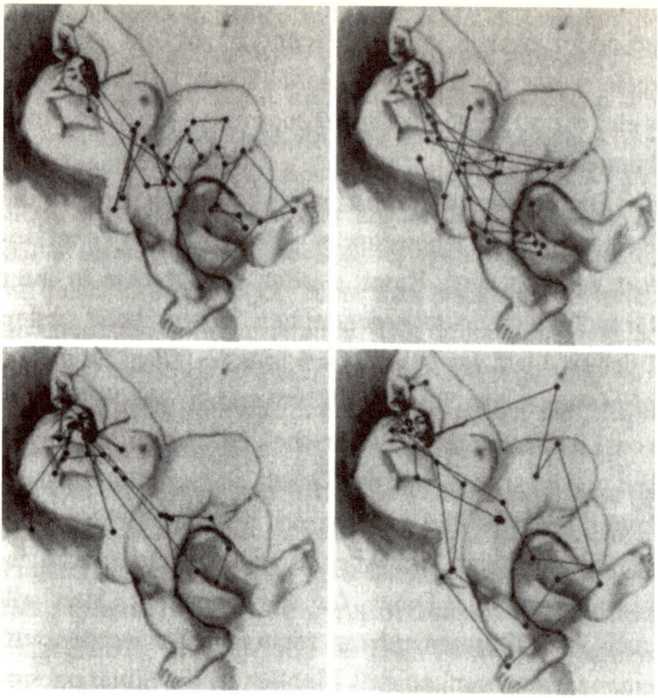

Abb. 28: Abfolge von Blickbewegungen beim Betrachten einer Zeichnung von Picasso

lenken. Dabei wird aber nicht jedes Bildzeichen wahrgenommen, sondern nur ganz bestimmte. Das Sehorgan ist deshalb selektiv. „Der Mensch sieht mit seinem ganzen Gehirn".[100] Die „Bewegungsspuren" der Augen beim Betrachter eines Bildes lassen sich technisch sichtbar machen (Abb. 28).

Ein weiterer Grund für die springende Augenbewegung liegt darin, dass die Wahrnehmung von bestimmten Mustern ausgeht. Sie besteht nicht allein in der Analyse von Reizen, sondern auch darin, dass an die Reize Konzepte oder Wahrnehmungserwartungen herangetragen werden.[101] Die Wahrnehmung wird von „Steuerungsstrukturen",[102] von Erwartungen und kognitiven Plänen, Tiefenstrukturen gesteuert. Deshalb lassen wir uns auch bei solchen Figuren, wie sie uns Escher[103] präsentiert hat, „täuschen". Visuelle Wahrnehmung ist ein Erkundungsvorgang, der durch Hypothesen gesteuert ist, die Annahmen darüber enthalten, in welchen Teilen des Bildes wichtige Informationen zu finden sind. Jede einzelne Augenbewegung überprüft eine Erwartung. Das Bild wird nie als Ganzes im Auge repräsentiert, sondern nur Teil für Teil. Diesen Tatbestand haben sich einige gute Fernsehsendungen über Bilder („Museum der 1000 Bilder") zunutze gemacht, indem sie durch eine Wischtechnik das wie hinter einer Milchglasscheibe verborgene Bild sukzessive freigaben. Sie lenkten die Wahrnehmung in methodisch überlegter Weise. Solche Elemente haben manche Schulbücher als methodisches Mittel übernommen.

3.3 Bildverstehen

Kompetenz wird allgemein als „Fähigkeit" beschrieben. Sie ist aber mehr als die bloße Fähigkeit, nach einem einmal gelernten Muster eine Handlung immer wieder auszuführen. Bei einer Kompetenz handelt es sich um ein generatives (kreatives) Vermögen, das in einem Regelwissen besteht. Dieses versetzt jemanden in die Lage, in einem Bereich stets neue kognitive Leistungen hervorzubringen und neue kulturelle Objektivationen zu verstehen. Vorbild ist die Sprachkompetenz. Sie ist beispielsweise die Fähigkeit, zahllose Sätze, die man nie gehört hat, zu verstehen oder anders: eine unbegrenzte Anzahl von Sätzen (sprachliche und schriftliche) hervorzubringen, die man selbst noch nie gesagt bzw. geschrieben hat. Trifft das auch auf Bilder zu? Bildkompetenz wäre dann die Fähigkeit, ein Bild zu verstehen, ohne dass uns ein anderer seinen Sinn erklärt. Das kann auf einer bestimmten Ebene durchaus der Fall sein.

3.3.1 Verstehen von Basisbildern

Das Verstehen von Bildern ist zunächst einmal eine ungelernte Fähigkeit. In der Sprache der analytischen Philosophie ausgedrückt heißt das: „Lernen, dass etwas ein Bild von x ist, ist von der gleichen Art, wie lernen, ein x selbst zu erkennen."[104] Dieses Lernen ist nicht-assoziativ. Man muss nicht lernen, den Gegenstand x (einen Apfel) mit einem Bild von x (einem Bild des Apfels) zu assoziieren. Das hat Hochberg[105] bereits am Bildlernen von Kindern gezeigt. Kinder benutzen die gleichen Worte, wenn sie einen Gegenstand beschreiben und wenn sie ein Bild dieses Gegenstandes beschreiben. „Bildverstehen ist ein Interpretieren, das aus solchen Schlussfolgerungen besteht, die eine Person *allein aufgrund ihrer Wahrnehmungskompetenz* ziehen kann."[106] Dieses Bildverstehen beruht auf der allgemeinen Wahrnehmungskompetenz. Bilder, bei denen dies der Fall ist, kann man Basisbilder nennen.

3.3.2 Verstehen von kulturell kodierten Bildern

Nun gibt es zweifellos Bilder, die sich nicht in der gleichen Weise verstehen lassen wie solche einfachen Basisbilder. Sie sind nicht nur kulturell kodiert (Evas Apfel und der Apfel des Paris), sondern veralten auch im historischen Prozess und werden dem Betrachter späterer Zeiten unverständlich. Dantos Definition lässt sich erweitern: Erkennen, dass etwas ein Bild von x ist, setzt voraus, dieses x zu lernen. Es besteht ein Unterschied zwischen sinnlicher und narrativer Sinnbildung. Um das Bild eines Apfels zu erkennen, ist ein anderer Sinnbildungsprozess nötig als bei einer Bildfolge Hogarths. In der Geschichtsdidaktik haben wir es vorwiegend mit Bildern zu tun, bei denen eine alltagsweltliche Wahrnehmungskompetenz nicht ausreicht. Wir haben es mit Visualisierungen von Texten, von Bedeutungsbüchern zu tun (Totenbuch der Ägypter, Mythensammlungen, Heilige Schrift im Christentum, Geschichtsbücher, die die Heroengestalten der Vergangenheit zeigen, Nationalepen wie die Nibelungen). Innerhalb dieser Bilder findet selbstverständlich auch nicht-assoziatives Lernen statt.

3.3.3 Verbalisierung von Bildinhalten

Danto geht noch weiter. Er unterscheidet noch eine dritte, die pikturale Kompetenz, die sich nicht allein auf das Wahrnehmen, sondern auch auf das Verbalisieren dieser Wahrnehmungen bezieht. Er bestimmt sie als die Fähigkeit, Bilder in Sprache zu übersetzen. Bildkompetenz ist die Fähigkeit, „Bilder in Sätze umzuformen".[107] In der bildlichen Kompetenz ist bildliches Verstehen die Fähigkeit, Bilder in Sätze umzuformen. Bei der Verbalisierung von Bildern lassen sich mehrere Formen von Repräsentationen unterscheiden. Die *direkte* Repräsentation besteht aus einer Parallelität zwischen verbaler und visueller Aussage (das Bild eines Apfels und das Wort „Apfel"). Bei der *indirekten* Repräsentation zeigt das Bild nur indirekt die verbale Aussage. Das ist bei Abstrakta und Ideen der Fall (das Bild zeigt eine Taube und das Wort ist „Frieden"). *Analoge* Repräsentationen veranschaulichen Prinzipien (Schichtungsmodelle wie die Lehenspyramide). Das müssen durchaus nicht immer Schemata, sondern können auch ganz realistische Bilder sein, die sich entsprechend deuten, d.h. sprachlich übersetzen lassen. In der *symbolischen* Repräsentation übersetzt das Wort abstrakte und konventionelle Symbole (gekreuzte Schwerter für „Schlacht"). Allein die direkte Repräsentation erlaubt eine Verbalisierung aufgrund des Wahrnehmungslernens und ist somit nicht-assoziativ. Alle anderen Formen beruhen auf kulturellen Lernprozessen.

Das Hauptproblem einer geschichtsdidaktischen Bildwahrnehmung resultiert aus dem kulturell-kodierten Zeichenvorrat der Bildquellen. Das kulturelle Gedächtnis, das bei unseren Schülerinnen und Schülern noch unzulänglich ausgebildet ist, stellt das eigentliche didaktische Problem dar, um sie anzuleiten, über historische Bilderwelten in das kollektive Bildgedächtnis unserer Kultur einzudringen. Somit stellt sich das Problem der Bildwahrnehmung eher als ein kulturelles als ein wahrnehmungspsychologisches dar. Empirische Untersuchungen über Entwicklung und Struktur des kulturellen Bildgedächtnisses von Schülerinnen und Schülern liegen noch nicht vor.

3.4 Wahrnehmungskonzepte

Obwohl die Ergebnisse der Psychologie der Bildwahrnehmung direkt keine Regeln für die Gestaltung geschichtsdidaktischer Lernprozesse erbringen, ist ihre Kenntnis für die Lehrerinnen und Lehrer hilfreich, um die Probleme, die sich den Schülerinnen und Schüler stellen, zu erkennen. Es lassen sich zwei unterschiedliche Theorien der Bildwahrnehmung ausmachen:

3.4.1 Der direkte Realismus

Der Hauptvertreter dieser Theorie ist James Gibson (1954/1971). Er definiert ein Bild folgendermaßen: „Ein Bild ist eine Oberfläche, die so betrachtet wird, daß eine begrenzte, optische Konfiguration an einem Beobachtungspunkt zur Verfügung steht, die dieselbe Art von Information enthält wie die uns umgebende optische Anordnung der alltäglichen Umwelt." Ein Bild „enthält ... einen Teil derselben optischen Information, wie sie ein anderer Teil der Umwelt an einem entfernten Ort oder zu einer anderen Zeit enthält".[108] Der Zentralbegriff ist hier der der optischen Information. Im Prozess der direkten Wahrnehmung eines Rindes wird eine bestimmte Menge von optischer Informationen entnommen (Formen, Farben, Linien etc.). Ein Bild können wir als Abbild von Realität erkennen, weil das gemalte oder fotografierte Bild der Kuh die gleichen optischen Informationen enthält wie die reale Kuh. Auch wenn zwischen realem physikalischem Objekt und gemalten Objekt auf der gestalteten Fläche (Leinwand, Fotopapier) die gleiche optische Information besteht, bleibt doch mit dem Wissen um die pikturalen Differenz ein wesentlicher Unterschied. Der zentrale Begriff dieser Theorie ist der der „invarianten Information". Sie ist in Bild und Wirklichkeit die gleiche. Die Gesichtszüge der Mutter sind in der

Realität und in der Fotografie die gleichen. Diese These der invarianten Information ist auch auf historisches Bildmaterial anwendbar, auch wenn die Kinder die dargestellten Figuren noch nie in Realität gesehen haben. Selbst Wandmalereien, die die ägyptische Götterwelt zeigen, sind aus Elementen zusammengesetzt, die eine Realität in der Gegenwart der Schülerinnen und Schüler haben. Auch ist sicher der Umkehrschluss zulässig, dass die Schülerinnen und Schüler aus der bildlichen Repräsentation schließen, dass diesem Bild etwas in der Realität entsprechen müsse, auch wenn sie diese noch nicht gesehen haben. Diese Theorie des direkten Realismus hat im Interpretationsprozess bei der Herausarbeitung des Erscheinungssinnes ihren Stellenwert (Vgl. S. xx).

3.4.2 Der indirekte Realismus

Der direkte Realismus erklärt aber nicht alles. Er lässt sich durch einen *indirekten Realismus* ergänzen, der auf den konstruktivistischen Charakter der Wahrnehmung verweist. Die visuelle Informationsverarbeitung ist von nicht-sensorischen Kontextfaktoren abhängig. Es gibt Schemata/Konfigurationen, die die Kinder besitzen und mit deren Hilfe sie Sachverhalte und Zusammenhänge entdecken, die nicht direkt repräsentiert sind. Wahrnehmung ist ein *erwartungsgeleiteter* Prozess der Verarbeitung von optischen Signalen. Der Betrachter sieht etwas in das Bild hinein. Das Vorwissen bzw. Hypothesen steueren die Wahrnehmung. Ein Beispiel ist das bekannte „Muffinblech“ (Abb. 29). Wir „sehen“ fünf kugelartige Erhebungen und eine Vertiefung. Diese Vertiefung und die Erhebungen sehen wir aber nur deshalb, weil wir wissen – auch wenn es uns nicht bewusst ist – dass der natürliche Lichteinfall stets von oben kommt. Bei der Vertiefung ist die Helligkeit unten und der Schatten oben, bei den Erhebungen umgekehrt. Nur deshalb „sehen“ – d.h. konstruieren – wir die Vertiefung. Drehen wir das „Blech“ (bzw. das Bild) um 180°, so verwandeln sich die Erhebungen in Vertiefungen.

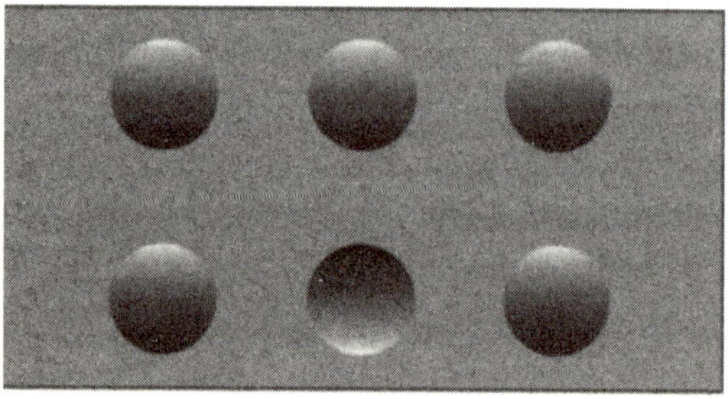

Abb. 29: „Muffinblech“ mit Erhebungen und Vertiefungen

In der bildbezogenen Wahrnehmungshandlung wirken direkter und indirekter Realismus zusammen. Wir haben es deshalb mit mehreren aufeinander folgenden *Wahrnehmungszyklen* zu tun. Zwar steuert das Vorwissen die Wahrnehmung, sie wird aber durch die vom Bild ausgehenden Signale modifiziert.

Diesen allgemeinen wahrnehmungspsychologischen Befund gilt es an kulturell kodierten Bildern zu überprüfen. Im Entwicklungsprozess der Schülerinnen und Schüler verfeinern sich die Schemata des Wahrnehmungszyklus'. Im Geschichtsunterricht haben wir es bei ihnen meist mit einer Erstbegegnung von Personen und Dingen zu tun.[109] Schülerinnen und Schüler können z.B. den Teufel auch dann identifizieren, wenn er in mehreren Merkmalen vom bekannten Schema abweicht. Das dargestellte Monster als Teufel zu bezeichnen, setzt das Schema Teufel voraus. Es ist kein „allgemeiner" Teufel, sondern in diesem Schritt wird etwas Besonderes wahrgenommen, ein historisch spezifischer Teufel (Abb. 30).

Abb. 30: „Der Teufel weist dem Heiligen Augustinus das Laster." Gemälde von Michael Pacher (1483)

3.5 Das statische und das antizipatorische Bild

Die Unterscheidung in statische und antizipatorische Bilder bei Piaget ist ein wichtiger Hinweis für die Interpretation von Bildern. In der Lebensphase, in der innere Bilder statisch sind, werden sie so wahrgenommen, wie sie sich darbieten. Es kommt zur Verinnerlichung des äußeren statischen Bildes. Nun haben wir es mit Bildern zu tun, die zwar einen eingefrorenen Augenblick festhalten, aber einen Zustand antizipieren, der auf diesen Augeblick folgt. Die Frage ist, ob Kinder fähig sind, sich aus dem gelösten Standbild eine *Veränderung* und das *Ergebnis* der Veränderung vorzustellen (zu „antizipieren"). Nach Piaget ist eher das Ergebnis als der Veränderungsprozess selbst antizipierbar.

Die Schüler müssen sich also bei der Bildinterpretation verschiedene Zustände des Bildes vorstellen können; sie müssen das statische Bild gewissermaßen dynamisieren. Anders formuliert: Sie sind genötigt, sich andere Bilder vorzustellen, die zeitlich vor und zeitlich nach dem zu interpretierendem Bild liegen.

3.6 Entwicklung der Bildkompetenz

Die Entwicklung der Bildkompetenz kann man versuchsweise systematisieren (s. S. 89), obwohl es dazu noch keine abgesicherten empirischen Erkenntnisse gibt. Sinnvoll ist es, zwischen syntaktischen, semantischen und pragmatischen Elementen zu unterscheiden.

Die erste Ebene ist die Erkenntnis, dass ein Bild existiert, dass Gegenstände und Personen abgebildet werden können, und erkennen, dass etwas ein Bild von etwas ist. Das ist noch recht einfach. Schwieriger ist schon, wenn Gegenstände und Personen auf Bildern identifiziert werden sollen, die nicht der Alltagserfahrung entstammen. Zur Erkenntnis von Einzelbildern gehört auch die pragmatische Ebene, dass nicht der dargestellte Gegenstand, sondern auch das Bild einem anderen Kulturzusammenhang angehört.

Die zweite Ebene ist die Erkenntnis der Relationen. Sie zeigt auf, in welcher Weise die einzelnen Elemente im Raum des Bildes aufeinander bezogen sind. Dazu gehört neben den Beziehungen in der Fläche, also die Beziehungen von oben und unten, rechts und links, auch die im Raum vorn und hinten. Das wichtigste Element ist hier also die Erkenntnis der Bildtiefe, die Erkenntnis, dass das Bild einen virtuellen Raum darstellt. Das Kind durchläuft nicht den Weg der Evolution vom Aperspektivismus der ägyptischen Darstellungen zur modernen Fotografie, sondern von der Fotografie der Gegenwart in die Vergangenheit.

Entwicklung der Bildkompetenz			
	Semiotische Ebenen		
	syntaktisch = Wiedererkennen und Identifikation (Beziehung der Bildelemente untereinander)	*semantisch* = grundlegende Kenntnisse ohne Spezialwissen (Beziehung der Bildelemente zu den Objekten der Realität)	*pragmatisch* = erinnertes Wissen, das mit Alter, Geschlecht usw. differiert (Beziehung der Bildelemente zum Betrachter)
Bild als Einheit = Einzelbild	Entdeckungsebene; Kenntnis, dass ein Bild existiert	Identifizierungsfähigkeit eines Bildes	Erkenntnis der kulturellen und historischen Andersartigkeit = Darstellungskonventionen
Raumbeziehungen im Bild = räumliche Beziehung zwischen Bildelementen	Erkennen von Bildtiefe	Größe der abgebildeten Objekte in Abhängigkeit von Entfernung; Erkennen von Perspektiven	Erkennen von Doppeldeutigkeiten
Bildelemente = hierarchische Beziehung zwischen Bildelementen	Kenntnis bildlicher Techniken wie Größe, Platzierung, Farbe; Richtungsanzeigen wie Pfeile etc.	individuellen Ausdruck von Personen erkennen; in der Darstellung hist. Personen (Ereignisse etc.) erkennen;	Besondere Sehinteressen des Betrachters; Eingehen auf Sehanweisungen; Bedeutungsperspektive
Bildlegende = parallele Beziehung zwischen Text und Bild	Platzierung von Texten; im, unter und über dem Bild	Nutzung der Legenden oder Text im Bild zum Verständnis	Interpretation des Bildes wird auf Interpretation des Gesamttextes bezogen; Bildlegenden verhindern Doppeldeutigkeit
Erzählen = Bildelemente als Entwicklung in der Zeit deuten	Einzelbilder in Vorher und Nachher anordnen; Anfangs- und Schlussereignisse ergänzen können	Bezug der Bilder zu einer vorausgesetzten historischen Realität erkennen	Anordnungs- und Darstellungsabsicht erkennen; Zeitqualitäten genetisch, telisch, zyklisch etc. erkennen

Dadurch ist es in der Lage, die fehlende Raumtiefe in der Vormoderne zu erkennen. Auf der pragmatischen Ebene lassen sich hier Mehrdeutigkeiten, Ambiguitäten erkennen.

Die Wahrnehmung von Bildern ist stets von Text umgeben (vgl. Kapitel 6). Hier wird wahrgenommen, dass zwischen Text und Bild eine Beziehung besteht, gleich ob sich der Text im, unter dem oder um das Bild herum befindet. Bei Bilderbüchern dominieren die Bilder den Text, bei Jugendbüchern sind sie illustrierende Beigabe. Hier geht es um die Nutzung der Texte für die Interpretation. Solche Texte deambiguieren die Bilder, machen sie eindeutig. Jede Ausstellung hat ein Thema („Verbrechen der Wehrmacht"), und jedes Bild im Schulbuch steht in einem sprachlichen Kontext.

Auf Geschichte bezogene Bilder stehen immer innerhalb eines Prozesses, innerhalb einer Geschichte. Sie beziehen sich nicht auf ein Ereignis, sondern gehen darüber hinaus. In ihnen ist stets eine ganze Geschichte verdichtet. Es geht dann darum, die momenthaften Bilder wieder in einen Prozess zu verwandeln.

3.7 Weiterführende Literatur

Arnheim, Rudolf: Kunst und Sehen. Eine Psychologie des schöpferischen Auges, Neufassung, Berlin 1978

Arnheim, Rudolf: Anschauliches Denken. Zur Einheit von Bild und Begriff, Köln 1972

Berger, John u. a.: Sehen. Das Bild der Welt in der Bilderwelt, Reinbek 1974

Black, Max: Wie stellen Bilder dar?, in: Gombrich, Ernst u.a.: Kunst, Wahrnehmung, Wirklichkeit, Frankfurt/M. 1975, S. 115-144

Fischer, Hardi: Entwicklung der visuellen Wahrnehmung, Weinheim 1995

Gardner, James: Dem Denken auf der Spur, Stuttgart 1989

Gibson, James J.: Die Sinne und der Prozeß der Wahrnehmung, Bern 1973

Gibson, James J.: Die Wahrnehmung der visuellen Welt, Weinheim und Basel 1973

Gombrich, Ernst H.: Meditationen über ein Steckenpferd, Frankfurt/M. 1978

Hoffman, Donald D.: Visuelle Intelligenz. Wie die Welt im Kopf entsteht, Stuttgart 2000

Hannemann, Jörg: Über das Lesen von Bildern. Wahrnehmungs- und gedächtnispsychologische Aspekte der Bilderfassung, in: AV-Forschung, Bd. 25 1983, S. 40-60

Hofmann, Werner; Syamken, Georg u. Warnke, Martin: Die Menschenrechte des Auges. Über Aby Warburg, Frankfurt/M. 1980

Jungfer, Hedda: Lernen durch Bilder, in: AV-Forschung. München, Doppelband 7 (1973), S. 91-116

Kennedy, John M.: A Psychology of Picture Perception. Images and Information, San Francisco, Washington, London 1974
Mattl, Siegfried; Stuhlpfarrer, Karl; Tillner, Georg (Hrsg.): Bild und Geschichte, Innsbruck 1998
Meltzer, Lann J.: Visual perception: stages one of a long-term investigation into cognitive components of achievements, in: British Journal of Educational Psychology. London 52, 1982, No. 2, S. 144-154
Pawek, Karl: Das optische Zeitalter. Grundzüge einer neuen Epoche, Olten und Freiburg i.Br. 1963
Rock, Irvin: Wahrnehmung. Vom visuellen Reiz zum Sehen und Erkennen, Heidelberg 1995
Röll, Franz Josef: Mythen und Symbole in populären Medien. Der wahrnehmungsorientierte Ansatz in der Medienpädagogik, Frankfurt/M. 1998
Sachs-Hombach, Klaus; Rehkämper, Klaus (Hrsg.): Bild – Bildwahrnehmung – Bildverarbeitung, Wiesbaden 1998
Schelske, Andreas: Die kulturelle Bedeutung von Bildern, Wiesbaden 1997
Schuster, Martin; Woschek, Bernard P. (Hrsg.): Nonverbale Kommunikation durch Bilder, Stuttgart 1989
Schuster, Martin: Die Psychologie der Kinderzeichnung, 2. Aufl., Berlin 1993
Schuster, Martin: Wodurch Bilder wirken. Psychologie der Kunst, Köln 1992
Spitzing, Günter: Fotopsychologie, Weinheim 1985
Weidemann, Bernd: Psychische Prozesse beim Verstehen von Bildern, Bern 1988
Weidemann, Bernd: Lernen mit Bildmedien. Psychologische und didaktische Grundlagen, 2. Aufl., Weinheim 1994
Weidemann, Bernd (Hrsg.): Wissenserwerb mit Bildern. Instruktionale Bilder in Printmedien, Film/Video und Computerprogrammen, Bern 1994

4. Das Bild in der Geschichte des Geschichtsunterrichts

In der Geschichte des historischen Lernens entwickelte sich der Bildgebrauch in mehreren Stufen, die sowohl von den technischen Vervielfältigungsmöglichkeiten als auch dem wachsenden Authentizitätsbewusstsein der Historiker bestimmt wurden. Nicht nur der Bildeinsatz wandelte sich, sondern auch die Bilder selbst. Es waren jeweils andere Bilder, die in den Prozess historischen Lernens einbezogen wurden.[110] Dabei ist es nicht ausgeblieben, dass das historische Bewusstsein und der unterrichtsmethodische Einsatz der allgemeinen Pädagogik bisweilen in Widerspruch zueinander traten. Selbst in der Gegenwart konterkarieren manche Schulbücher und solche Verlage, die sich auf unterrichtspraktisches Material spezialisiert haben, die Authentizitätsforderungen des historischen Denkens.

4.1 Das pädagogische Prinzip der Anschauung

Die Anfänge der unterrichtlichen Nutzung von Bildern gehen auf den tschechischen Pädagogen Johann Amos Comenius (1592–1670) zurück. Seine Schrift „Orbis sensualium pictus"(„Die sichtbare Welt in Bildern") von 1658 gilt in der Pädagogik als die Geburtsstunde der „Anschauung".[111] Sie enthält Holzstiche, die der Sprache ergänzend gegenübergestellt werden. Die Themen sind so umfassend, dass Comenius den Anspruch erhebt, sein Buch sei „ein kurzer Begriff der ganzen Welt". Seine Bilder zeigen sowohl alle „sehbaren Dinge" als auch einige „unsichtbare". Zu den unsichtbaren Dingen, die Comenius sichtbar macht und somit veranschaulicht, gehört beispielsweise die „Seele". Sie erscheint auf dem Stich als Nebel mit menschlichen Umrisslinien. Über diese Darstellung ist schon im 18. Jahrhundert gespottet worden. Zu den sichtbaren, aber zeitlich und räumlich fernliegenden Begebenheiten gehört der Anfang des Islams. Er wird in der Person Mohammeds dargestellt (Abb. 31).

Die theoretische Begründung für Bilder hatte Comenius in seiner „Großen Didaktik" von 1657 gegeben. Der Ausgangspunkt des Lernens ist für ihn die sinnliche Wahrnehmung. „Der Anfang der Kenntnis muss immer von den Sinnen ausgehen, denn nichts befindet sich in unserem

Verstande, das nicht zuvor in einem der Sinne gewesen wäre".[112] Die Sinne sind „die treuesten Sachwalter des Gedächtnisses".[113] Für die Geschichte schlägt er „bildliche Darstellungen" vor. Die Bilder „können berühmte Männer darstellen oder geschichtliche Ereignisse".[114] Welcher Art Bilder er für historisches Lernen vorschlägt, kann das Bild von Mohammed zeigen, obwohl es weniger Geschichte als vielmehr den Islam als Religion veranschaulichen soll.

Gleich bei seinen Anfängen zeigen sich die Grenzen dieser Veranschaulichung. Ideen, geistig-philosophische Strömungen können nur

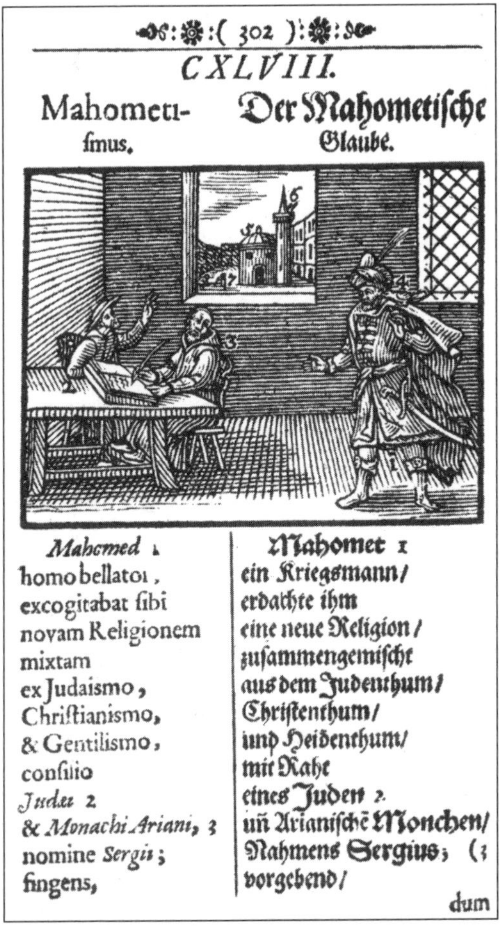
(302)

CXLVIII.

Mahometismus.	Der Mahometische Glaube.
Mahomed 1	Mahomet 1
homo bellator,	ein Kriegsmann/
excogitabat sibi	erdachte ihm
novam Religionem	eine neue Religion/
mixtam	zusammengemischt
ex Judaismo,	aus dem Judenthum/
Christianismo,	Christenthum/
& Gentilismo,	und Heidenthum/
consilio	mit Rahe
Judæi 2	eines Juden 2.
& *Monachi Ariani*, 3	uñ Arianischē Monchen/
nomine *Sergii*;	Nahmens Sergius; (3
fingens,	vorgebend/
	dum

Abb. 31: Blatt aus Comenius' „Orbis Sensualium Pictus" (1658)

personalisiert dargestellt werden. Der Einfluss von Judentum und Christentum auf den Islam werden in der Gestalt eines Juden und eines Mönchs in einer Beratersituation in einer Stube gezeigt (Abb. 31).

4.2 Emblematische Methode

Der allgemeinpädagogische Diskurs über Bilder stellte den Rahmen dar, in dem sich die Entwicklung des Bildes im Geschichtsunterricht vollzog. Der Weg zur Benutzung von Bildern war weit. Die Anfänge des spezifischen historischen Lernens – im Gegensatz zum allgemeinpädagogischen – aus Bildern liegen in der emblematischen Methode, der *ars memorativa.* Die Gedächtnismethode versuchte, das Lernen von Geschichte durch Bilder zu unterstützen. In der Gedächtniskunst erschienen Werke, die auf sinnlich-anschaulichem Wege den Inhalt *merkbar* machen wollten. In den letzten Jahren ist diese Gedächtniskunst gründlich erforscht worden.[115] Bildinhalte sind dabei weniger historische Ereignisse oder Personen, sondern ins Bild umgesetzte gedankliche Hilfskonstruktionen. Vielleicht sind sie mit dem modernen Begriff der „mental maps“ zu bezeichnen.

Neben dem Traditionsstrang, der von der allgemeinen Pädagogik herkommt, gibt es schon sehr früh eine besondere Entwicklung des bildlich unterstützten historischen Lernens. Im 17. Jahrhundert ist das Bild *mnemotechnisches Hilfsmittel.* Es dient dazu, Namen und Daten im Gedächtnis zu behalten. Es werden nicht vorgefundene, sondern zum Zweck des Lernens vorgefertigte Bilder eingesetzt. Bildzeichen werden so kartiert, dass Merkstützen entstehen.

Um die Mitte des 17. Jahrhunderts stand die *emblematische* Methode im Vordergrund. Ihr wichtigster Vertreter war Johannes Buno (1617–1697). Er war 1653 von der Stadt Lüneburg zum Rektor der Schule zu St. Michael berufen worden. 1660 übernahm er das Rektorat des dortigen Gymnasiums, 1672 wurde er Prediger und 1681 Pastor an der Hauptkirche St. Michael. Da Buno Schulmann war, kann man wohl annehmen, dass das, was er für das historische Lernen vorschlug, auch tatsächlich ausgeführt worden ist.

Buno greift die Anregung von Comenius in dessen *Orbis sensualium pictus* auf und benutzt Bilder, um Personen und Ereignisse so darzustellen, dass sie möglichst leicht und dauerhaft im Gedächtnis haften. Die emblematische Methode beruhte darauf, Informationen (Namen) mit Sinnbildern (Emblemata) zu versehen, um sie im Gedächtnis zu behalten. Bunos Werk „Historische Bilder, darinnen Idea historiae universalis. Eine kurtze summarische Abbildung der geist- und weltlichen

Geschichte durch die vier Monarchien ...“[116] ist besonders kennzeichnend für diese Richtung. Die Zeit vor Christus wird nach Jahrtausenden eingeteilt. Jedes Jahrtausend bekommt eine Bildtafel. Die Epochen nach Christi Geburt teilt er in Jahrhunderte ein.

Johannes Buno bemerkt in seinem Buch: „Wir haben einen Knaben von zehn Jahren, welcher darin so fertig, daß er die imperatoris romanus samt den Jahren, in welchen sie zum Regiment kommen und wieviel Jahre sie regierten, rückwerts, vorwerts, nach und außer der Ordnung, ohne Feler zu erzählen weiß; welches denn in historien kein geringes, und bei denen, so der Vorteil unbekannt, für ein Wunder geachtet wird“.[117] Dieses mechanische Aufsagen war lange Zeit das wichtigste Ziel des Geschichtsunterrichts.

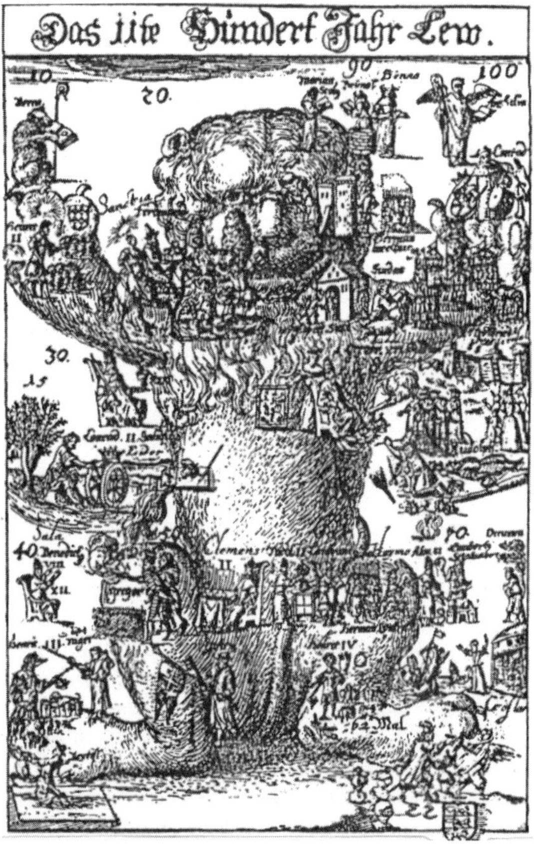

Abb. 32: Bunos emblematische Methode (1672)

Eine nähere Analyse soll zeigen, wie die emblematische Methode funktionierte. Die einzelnen Jahrhunderte bekamen Tiere oder Gegenstände als Leitfiguren. Bei Buno ist das 11. Jahrhundert das des Löwen, da der Buchstabe „L" (für Löwe) der 11. Buchstabe im Alphabet ist. Auf einer Löwenfigur werden Personen und Ereignisse dargestellt, die in das 11. Jahrhundert gehören (Abb. 32). Zwei Beispiele:

- Auf der rechten Schulter des Löwen reitet ein Paar auf einem Pferd. Die beiden Personen sind durch Beischriften kenntlich gemacht: „Ferdinand" und „Sanctica", letztere ist mit einem Heiligenschein gekennzeichnet. Die nähere Charakterisierung erfolgt durch Gegenstände. Ferdinand hält ein Kastell (= Ferdinand von Kastilien), seine Braut Sanctica einen Ast in der Hand, an dem eine Uhr hängt (= Sanctica von Asturien). Dass Ferdinand I., der Große, von Kastilien (1035–1065), das Königreich Asturien nicht als Mitgift seiner Frau bekam, sondern durch Ermordung seines Schwagers Bermunda III., ist aus dieser Zeichnung nicht zu erkennen.
- Unterhalb dieses Herrscherpaares befindet sich ein anderes gekröntes Haupt. Er sitzt vor einer Weide (= lat. salix) und hält zwei Räder mit einer Krone fest. Es handelt sich folglich um den Salier Konrad II. (1027–1065).[118]

Es ist nicht das Ziel dieser Methode, historische Personen oder geschichtliche Ereignisse im Bild vorzustellen, sondern diese Bilder sind mnemotechnische Hilfsmittel, Gedächtnisstützen. Sie liefern Hilfen, um sich historische Daten zu merken. Geschichte ist in der voraufklärerischen Form ausschließlich Gedächtniswissenschaft. Dieses Verständnis hält sich in der Pädagogik länger als in der Geschichtswissenschaft. Bei Trapp heißt es noch 1780: „Die Hauptwissenschaft des Gedächtnisses ist die Geschichte."[119]

In dieser Tradition der Gedächtniskunst steht auch Johann Friedrich Hähn (1710–1789), auch wenn er nicht solch kuriose Eselsbrücken baut wie Buno.[120] Seine Bilder sind ebenfalls Gedächtnisstützen und keine Illustration historischer Ereignisse. Von 1736 bis 1749 war Hähn Lehrer am Pädagogium zu Kloster Berge bei Magdeburg, einer bekannten pietistischen Bildungsstätte. Später nahm Hähn für einige Jahre die Stelle des Abtes im Kloster Berge ein. Auch ihm geht es darum, „durch Bilder und mancherlei Figuren, der Jugend gewisse Hülfs-Mittel an die Hand geben, die Namen, Jahr-Zahlen und Merckwürdigkeiten eher und besser zu behalten."[121]

Sein Kupferstich hat eine Größe von 44 x 60 cm. Auf ihm sind alle Kaiser von Augustus bis Franz I. dargestellt (Abb. 33). Die Schüler sollen die Kaiser in der alphabetischen Reihe auswendig lernen. Dass Hähn

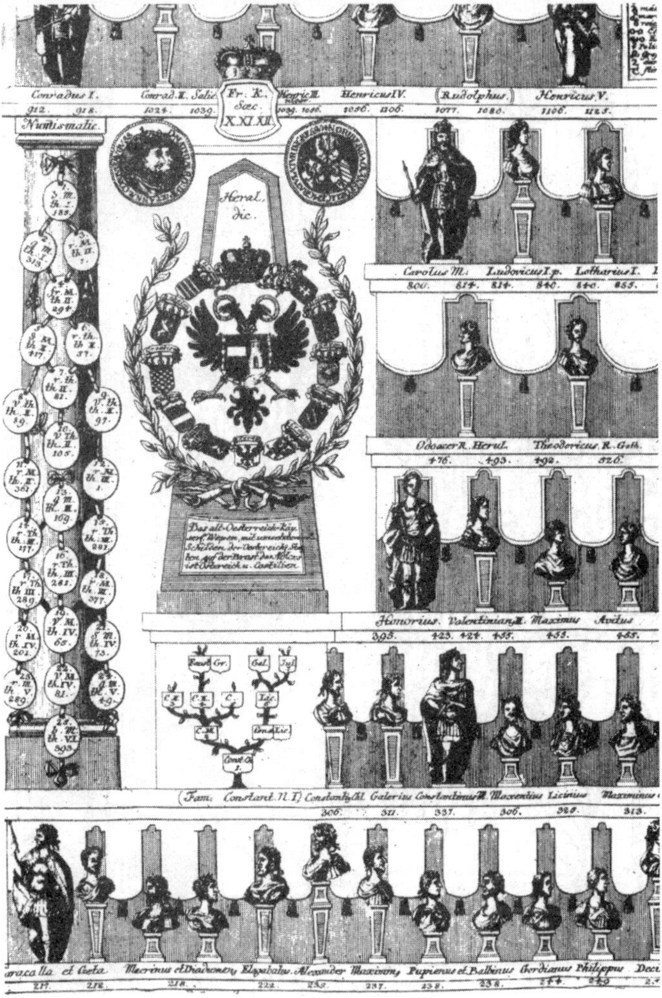

Abb. 33: Ausschnitt aus Hähns Kupfertafeln (1751)

nicht weit von Buno entfernt war, zeigen seine Hinweise zur Arbeit mit dem Kupferstich. In den freien Raum unter die Personen sollten Sinnbilder eingetragen werden. Dazu schlägt er die Zeichen der Gestirne vor: Sonne (= herrliche Eigenschaften), Neumond (= nicht berühmt), Jupiter (= herrschsüchtig) etc.

Abb. 34: Aus Basedows Kupfertafeln: Galilei (links) schwört der Kopernikanischen Lehre ab (1770)

4.3 Die Pädagogik der Aufklärung

Die dritte Stufe des Bildgebrauchs zum Zwecke des historischen Lernens machen Illusionsbilder aus. Es sind Bilder historischer Ereignisse, die der Phantasie des Kupferstechers bzw. Malers entspringen. Das betrifft auch Porträts, die ebenfalls imaginiert sind, da selten naturalistische Vorlagen vorhanden sind. Diese Tradition reicht von den Buchillustrationen (der Aufklärung) über die Wandbilder des 19. Jahrhunderts bis in die Gegenwart.

Die Gegenüberstellung von Verbalismus und Realismus wurde in der philanthropinischen Pädagogik weitergeführt. Das herausragende Beispiel ist hier Johann Bernhard Basedow (1723–1790). Sein Elementarbuch von 1770 enthält einen Bildteil aus Kupferstichen, die zum großen Teil Daniel Chodowiecki (1726–1801) hergestellt hat.[122] Sie enthalten Alltagsszenen, Bilder aus dem alten Testament, Ansichten von Berufen und auch historische Szenen. Sie sind ohne Anlehnung an visuelle Überlieferung entstanden und entstammen ausschließlich der Phantasie des Kupferstechers. Es handelt sich um erfundene Porträts und imaginierte Szenen. Basedows Elementarbuch nimmt eine Trennung von Text und Bildteil vor. Die Bilder stellen keine Illustrationen zum

Text dar, sondern sollen unabhängig davon eingesetzt werden. Sie sind eher mit heutigen Folienbüchern als mit Schulbuchbebilderung zu vergleichen (Abb. 34).

Aus heutiger Sicht wird die Relevanz solcher Bilder leicht überschätzt und nicht ganz korrekt bewertet. Sieht man einmal von Bildern ab, die historische Ereignisse zeigen, dann sind die Gegenstände dieser Bilder meist diejenigen Dinge und Verhältnisse, die die Schülerinnen und Schüler tagtäglich umgaben. Wenn man sich in das 18. oder in das 19. Jahrhundert versetzt, muss man an der Notwendigkeit solcher Bilder zweifeln. In einem weithin agrarisch geprägten Land mit Städten von durchschnittlich 15 000 Einwohnern war das eine überschaubare Welt für Kinder. Dass Schülerinnen und Schüler Nachhilfe für die Anschauung einer bäuerlichen Wohnstube oder einer Schusterwerkstatt benötigten, ist zweifelhaft. In diesem Sinne hat schon der Göttinger Historiker August Ludwig Schlözer (1735–1809) gegen Basedow polemisiert. Er wollte nicht einsehen, dass man einen Kupferstich von einem Schaf für den Unterricht benötigte, wenn es genügend Schafe in der Natur zu besichtigen gab. Er fasst das zeitgenössische Motto „Realkenntnisse statt Verbalkenntnisse" konkret auf, während Basedow unter Realkenntnissen die *abgebildeten Realien* meinte. Für den heutigen Betrachter sind diese Kupferstiche für kulturhistorische Details interessant, für die zeitgenössischen Schülerinnen und Schüler vermutlich sehr trivial. Diese Bilder wurden zudem mit Hilfe der Lehrer erschlossen, indem sie in das katechetische Verfahren einbezogen wurden:[123] „was tut die mutter – sie säugt das kind. was siehst du aus ihren mienen? – daß sie ihren säugling sehr liebt. denn sie sieht zärtlich auf ihn."

4.4 Wandbilder im 19. Jahrhundert

Das vorherrschende Bildmedium des 19. Jahrhunderts, das bis in die 70er Jahre des 20. hineinreicht, ist das Wandbild.[124] Über 100 Jahre beeinflusste es die Schulpraxis.[125] Um 1905 gab es für den Geschichtsunterricht zehn Bildserien mit annähernd 200 Bildern. Die Normalausstattung einer Volksschule bestand aus 200 Bildern (für alle Fächer). Als Erfinder dieser Bilder gilt der Magdeburger Schulrat Carl Christoph Gottlieb Zerrenner (1780–1851). Seine Bilder, um 1838 erschienen, waren ca. 30 x 36 cm groß. Sie waren für den Anschauungsunterricht entworfen und zeigten Haustiere, Möbel, Ackergeräte etc. Sie waren für den Massenunterricht gedacht. Später hatten sie eine Größe von ca. 100 x 70 cm, waren auf Leinwand aufgezogen und oben und unten mit Holzleisten versehen. Wie eine Schulwandkarte ließen sie sich in der Klasse

Abb. 35: Germanisches Gehöft 1889, Verlag Wachsmuth in Leipzig

aufhängen. Die Bildinhalte entsprangen der Phantasie der Maler, wenn diese eine Szene, eine Schlacht oder eine patriotische Tat gestalteten. Das Bild vermochte – so die zeitgenössische Begründung – „mit seinem Schein der Wirklichkeit die direkte Anschauung am besten zu ersetzen“.[126]

Inhalte der Wandbilder waren Imaginationen der Stecher/Zeichner, auch wenn sie nach Vorgaben der Pädagogen oder Verlage arbeiteten. Sie besitzen keinen Quellenwert. Sie sollen „geschmackvoll“ sein, sind aber künstlerisch anspruchslos. Ein Vergleich des Motivs zeigt, wie zeitgebunden und ideologisch befrachtet die Darstellungen sind und nicht die Wirklichkeit erreichen, die sie darstellen wollen (Abb. 35).[127]

Als Medium versuchte das Wandbild in den 80er Jahren des 20. Jahrhunderts nochmals ein Comeback. 1988 erschienen „Wandbilder zur Geschichte“. Sie wurden von Arno Baur und Hans-Ulrich Rudolf herausgegeben.[128] Hier wurde allerdings die Wende zur Bildquelle vollzogen. Die erste Serie enthielt ausschließlich Bildquellen, die aus den Schulbüchern schon bekannt waren: das Fuggersche Kontor und die Erstürmung des Klosters durch die Bauern. Die Auswahl war gelungen und die Technik der Reproduktion ausgezeichnet. Einem sinnvollen Unterrichtseinsatz stand eigentlich nichts im Wege. Nach der ersten Lieferung ist die zweite geplante nicht mehr erschienen. Ursache war vermutlich die Stellung der Bildquellen im Geschichtsunterricht. Ein vorherrschender illustrativer Einsatz von Bildern zum Einstieg und Beleg verhinderte eine intensive Bildarbeit. Das lag weniger am Medium Wandbild als an dem Stellenwert von Bildern im Unterricht überhaupt. Das gleiche Schicksal wie diese Wandbildserie war einer anderen anspruchsvollen Bildedition beschieden. Die von Hans Graßl herausgegebene Reihe „Geschichte in Bildquellen" ist über das erste Heft „Römisches Leben nördlich der Alpen" nicht hinausgekommen. Die Zukunft gehörte der Overhead-Folie. In diesem Medium sind dann auch eine ganze Reihe von Bildquellen erschienen.[129]

4.5 Die Sechziger Jahre

Bis in die 60er Jahre des 20. Jahrhunderts standen Geschichtswissenschaft und Geschichtsdidaktik „dem Bild" nicht nur skeptisch, sondern teilweise sogar ablehnend gegenüber. Das Medium für Geschichte war für sie die Sprache, der Text, die Lehrererzählung. Einhellig, nur um Nuancen verschieden, äußerten die Geschichtsdidaktiker ihre Ablehnung. Der Grund für die „Überlastung unserer Schulen" liege in der „Bilderschwemme".[130] Und klagend fügt der gleiche Autor hinzu: „Die Flut ist nunmehr auch über unsere Geschichtsbücher hereingebrochen".[131] Der Ausweg aus diesem „Verhängnis"[132] wurde in wenigen „exemplarischen" Bildern gesehen. Nur wenige Bilder sollten den vorgängigen Text unterstützen und damit der „Schwemme" ein Kanon bestimmter Bilder als fester Damm gegenübergestellt werden.

Das Illustrationsbild umfasst alles optisch Zweidimensionale, gleich ob es ein Tafelbild oder eine fotografierte Skulptur war. Hier sind Bilder Belege für historische Sachverhalte. Sie sollen „historisch korrekt" sein. Das konnte ein Foto eines Bauwerks, eines historischen Gegenstandes, eine Zeichnung, aber auch eine Bildquelle sein, dessen Bildinhalt historisch korrekt war. Bis in die 50er/60er Jahre des 20. Jahrhunderts gab es in Geschichtsdidaktik und -methodik keinen eindeutigen Begriff für die Bildquelle. Das stimmt mit den Befunden zur schriftlichen Quelle überein.[133] Am Bild lässt sich vielleicht noch besser als an der schriftlichen Quelle zeigen, dass erst in den 70er Jahren die Wende zum quellenorientierten Unterricht erfolgt ist. Bilder werden zwar geschätzt, aber sie werden nicht als besondere Gattung „Bildquellen" ernstgenommen. „Bild und Film" heißt das entsprechende Kapitel in der Geschichtsmethodik von Hans Ebeling (1906–1967).[134]

Das „Bildmaterial" wird dort folgendermaßen gruppiert:

- große Anschauungsbilder, wie sie von einzelnen Lehrmittelverlagen für den Klassengebrauch geschaffen werden (Abb. 36);

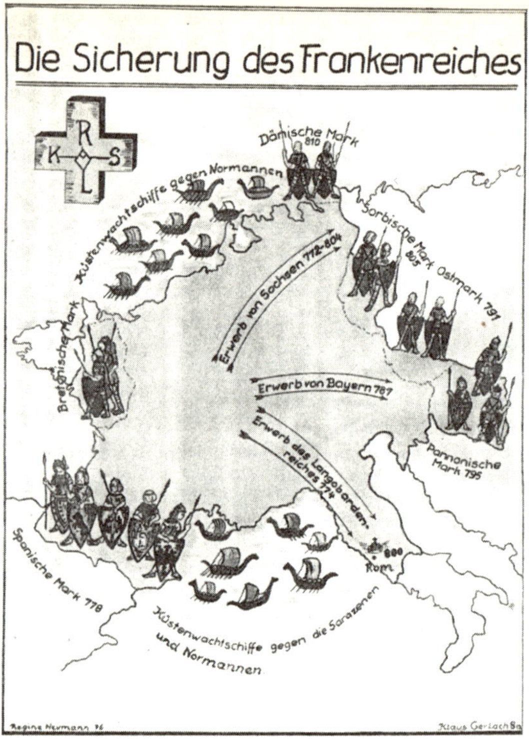

Abb. 36: Originallegende bei Ebeling: „Bilddarstellung aus dem 7./8. Schuljahr: Die Sicherung des Frankenreiches" (1955)

- Bilder in Büchern verschiedener Art, auch in den Schulbüchern;
- Bilder aus Illustrierten, Zeitungen, Prospekten usw., die ausgeschnitten werden können (auch Karikaturen!);
- Fotos, die unmittelbar vom Lehrer oder von den Kindern hergestellt werden können;
- Zeichnungen des Lehrers oder der Kinder auf der Wandtafel, im Heft oder auf losen Blättern;
- Lichtbilder für die Diaprojektion, einzeln oder zu Reihen zusammengestellt;
- Bildbänder für die Diaprojektion;
- Filme.[135]

Die Geschichtsdidaktik stand noch ganz in der Tradition der Pädagogik von Comenius über Basedow bis Zerrenner. Die Kriterien waren nicht Quelle oder Darstellung, sondern „sinnenkräftig" und „lebendig".[136]

Ebeling formulierte vier Kriterien für die Auswahl:

„a) Ist das Bild für meinen Geschichtsunterricht fruchtbar? Welchen Bildungswert hat es, was kann das Kind ihm entnehmen? (...)

b) Ist das Bild historisch einwandfrei? Um die Jahrhundertwende liebte man sehr die großen phantasievollen historischen Prachtgemälde im Stile Kaulbachs, Pilotys und Makarts (Beispiel: „Luther auf dem Reichstag zu Worms" von Wislicenus) – wir lehnen diese heute ab; es kommt uns ganz besonders auf die quellenmäßige Echtheit an(...).

c) Ist das Bild geschmacklich einwandfrei? Hat es künstlerische Qualitäten?

d) Ist es technisch gut und einwandfrei reproduziert?"[137]

Besonders die Aussagen zur Historienmalerei zeigen das völlige Unverständnis für den Quellenbegriff. Es ging bis zum Anfang der 70er Jahre immer um das Bild als Veranschaulichungsmittel und nicht um das Bild als Quelle. Natürlich wurden auch Bildquellen verwandt. Ihr Einsatz erfolgte aber wegen ihres illustrativen Wertes und nicht wegen ihres Quellencharakters. Was Ebeling unter Bild verstand, zeigt der Anhang in seiner Methodik, in der er einige „Bilddarstellungen" aus der Unterrichtspraxis abdruckt (Abb. 36). Es handelt sich hier um Schülerzeichnungen, die mit figürlichen Momenten Schemazeichnungen darstellen. In seinen Schulbüchern geht Ebeling allerdings anders vor.[138] Er legt Bildquellen zugrunde, lässt sie aber umzeichnen. In seiner „Deutschen

Abb. 37: Originallegende 1952: „Hindenburg, Kaiser Wilhelm II. und Ludendorff im Großen Hauptquartier", Umzeichnung einer Fotografie

Geschichte" im Band „Zeitalter der Weltkriege" werden einzelne Fotografien aufgenommen (drei im ganzen Band). Den größten Teil machen aber Feder-zeichnungen nach Fotografien aus, die von Gustav Rüggenberg angefertigt wurden (Abb. 37).

In einer Geschichte der Bildnutzung dürfen auch Sammlungen zum „Sachzeichnen" nicht fehlen.[139] Neben den gedruckten Bildpräsentationen als Kupferstich, Wandbild oder Foto hat sich die Tafelzeichnung des Lehrers gehalten. Sie stellte vermutlich die Hauptform der unterrichtlichen Bildnutzung dar. Tafelzeichnungen waren vergänglich und mussten ständig neu gezeichnet werden. Auch wenn der Lehrer kein Zeichentalent besaß, gab es doch in jeder Klasse mindestens eine Schülerin oder einen Schüler, die diese Aufgabe stellvertretend übernehmen konnten. Die heute aus der Schule verschwundene bunte Kreide ließ diese Zeichnungen oft zu wahren Kunstwerken werden. Bevor gedruckte Bilder Farbe präsentierten, war sie schon in den Tafelzeichnungen vorhanden. Als Hilfe gab es Musterbücher, Bücher, die die den Lehrern Vorlagen für diese Zeichnungen lieferten (Abb. 38). Stil und Art dieser auf Umrisse reduzierte Bilder haben sich bis zur Gegenwart gehalten. Heute dienen sie nicht dem Handzeichnen, sondern stellen Kopiervorlagen dar. Vermutlich bildeten diese Zeichnungen das visuelle Gedächtnis der Schülerinnen und Schüler stärker als die Schulbuchbilder.

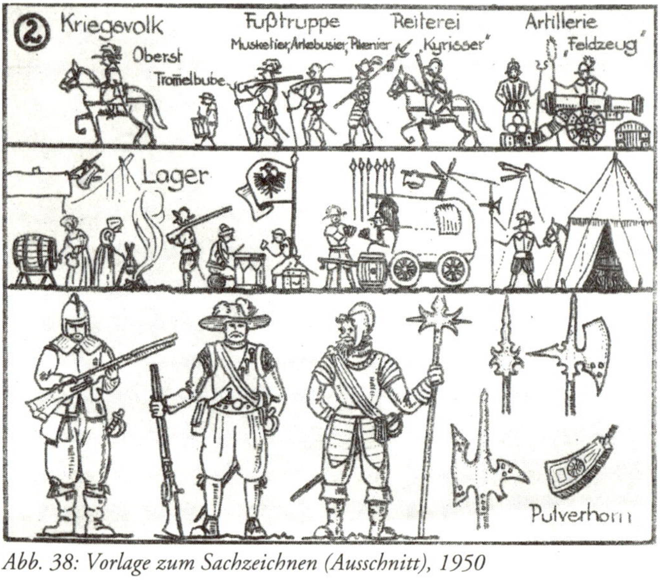

Abb. 38: Vorlage zum Sachzeichnen (Ausschnitt), 1950

4.6 Die Siebziger Jahre

Erst in den 1970er Jahren sind Bildquellen als Begriff und Gegenstand im Geschichtsunterricht vorhanden. 1968 erschien der erste Band des Schulbuches „Menschen in ihrer Zeit" des Gießener Geschichtsdidaktikers Friedrich J. Lucas (1927–1974). Es wurde zur Mutter aller modernen Schulbücher in Deutschland. Hier wird Authentizität verlangt, die den Quellencharakter und nicht den Bildinhalt meint. Über den Mangel an Bildern in unseren heutigen Schulbüchern und deren Qualität braucht heute niemand mehr zu klagen. Eine Auszählung neuer Schulbücher hat ergeben, dass die Werke pro Seite durchschnittlich 1,7 Bilder präsentieren. Diese Frequenzzahl ist weniger aussagekräftig als der Raum, den Bilder auf einer Seite (in cm^2) einnehmen. Zum übergroßen Teil sind es Bildquellen. Zwar lässt die Bildpräsentation noch manchen Wunsch offen, aber Bildmaterial und Reproduktionstechnik geben kaum noch Anlass zur Kritik.

Dennoch ist Bildverwendung und Bildnutzung weiterhin ambivalent. Der didaktischen Orthodoxie sind Bilder wie in den 1950er/60er Jahren nach wie vor ein Gräuel, da sie dem Pauktext zu viel Platz wegnehmen. So hat 2004 ein „Gutachter" im Zulassungsverfahren ein neues Hauptschulbuch mit der Begründung ablehnt, es enthielte „zu viele Bilder". Nun ist zwar die Auswahl von „Gutachtern" Glückssache, das Ministerium hat sich aber diese Ansicht zu eigen gemacht. Ambivalent ist die Bildpräsentation im Schulbuch auch deswegen, weil bei den Lehrkräften aufgrund ihres Studiums die Fähigkeit nicht ausgeprägt ist, mit Bildern erkenntnisgewinnend umzugehen. Sie werden weitgehend nur illustrativ eingesetzt. Was generell bei Bildern in Schulbüchern fehlt, ist eine Sensibilität für die Text-Bild-Interferenz. Die Beziehungen, die Text und Bild miteinander eingehen, ist oft wenig durchdacht. Dem Bereich der Intertextualität, wie er in der Linguistik genannt wird, wird noch nicht genügend Aufmerksamkeit entgegengebracht.

In der Gegenwart sind Erosionen der Quellengattung Bild unübersehbar. Die Pseudogattung Illusionsbild drängt sich wieder vor. Sie will zwar historisch korrekt sein, ist aber keine Quelle. Obwohl die didaktische Diskussion in den 70er Jahren in Richtung Bildquelle gegangen war, finden sich doch wieder fiktionale Bilder. In die DDR-Schulbücher wurden sie aus ideologischen Gründen aufgenommen, in Westdeutschland dagegen aus pädagogischen. Bücher wie „Expedition Geschichte" und „Von ... bis" machen die Erkenntnis der Gattungsdifferenz wieder rückgängig. Gattungskompetenz ist auf diese Weise nicht zu erreichen.

Abb. 39 ist die Umzeichnung eines Ausschnittes aus einem Histori-

Abb. 39: Canossa aus: „Von ... bis“ (RS, 1991, S. 139; das kleine ® unten rechts im Bild soll „Rekonstruktionsbild“ heißen)

enbild von Eduard Schwoiser aus dem Jahr 1862. Den oberen Teil, auf dem der Papst und Mathilde zu sehen sind, hat der Grafiker weggelassen. Dieses Bild wird mit einer fiktionalen Geschichtserzählung gekoppelt: „Streit: Kaiser gegen Papst“. In dieser Erzählung heißt es: „Schon den dritten Tag stand König Heinrich im Vorhof der Burg Canossa. Seinen königlichen Schmuck hatte er abgelegt. Nur im Hemd des Büßers, mit nackten Füßen erwartete er das Urteil des Papstes. Es war kalt. Schneetreiben setzte ein. [...] Hatte da nicht ein Tor geknarrt? Sollte sich sein Warten gelohnt haben? Nichts rührte sich [...].“

Besonders kurios wird es aber, wenn solche Verlagsgrafikerprodukte vorgeben, eine konkrete Persönlichkeit zu „rekonstruieren“, von der es keine Bildüberlieferung gibt. So untertitelt ein Schulbuch eine solche Illusionszeichnung „Der Frankenkönig Childerich“.[140] Eine besondere Vorliebe zum Illusionsbild entwickelt ein anderes Schulbuch.[141] Die Legende zum nebenstehenden Bild (Abb. 40) lautet: „So stellt sich ein moderner Maler die mittelalterliche Rodung vor“. Warum die Vorstellungen des Verlagsgrafikers für die Schülerinnen und Schüler lernrelevant sein soll, sagt uns das Buch nicht.

4.7 Geschichte der audio-visuellen Medien

Im Jahre 1731 erschien ein Schulgeschichtsbuch, das für die Geschichte der Unterrichtsmedien des Geschichtsunterrichts von Interesse ist: „Kürzeste Universal-Historie nach der Geographia auf der Land-Karte zu erlernen, Freysing 1731.“[142] Dieses Buch erlebte bis 1808 dreizehn Auflagen. Sein Verfasser war der Benediktinerpater Anselm Desing (1699–1773), der von 1733 bis 1744 als Professor für Geographie und Geschichte am Lyzeum in Freising tätig war . 1761 wurde er Abt des Benediktinerklosters Ensdorf in der Oberpfalz. Er war noch ganz Polyhistor: Mathematiker, Physiker, Astronom, Philosoph, Theologe, Kanonist und Historiker.[143] Als Geschichtslehrer versuchte er einige Leitlinien einer Methodik des Geschichtsunterrichts zu entwickeln, die bei dem weiten Geschichtsbegriff seiner Zeit um so dringender waren: „Historia heißt auf Teutsch ein Geschicht. Also ist die Histori nicht anders als die Wissenschaft aller Dingen, die geschehen seynd, und noch geschehen werden“.[144] Da der Nutzen der Geschichte für ihn ausgemacht ist („Hauptsächlich lernt man in der Histori drei Ding. 1. Den Glauben, und Erkanntnuß Gottes. 2. Die Klugheit in denen Verrichtungen. 3. Die Manir gut zu leben, und das Böse zu fliehen“), stellt sich für Desing auch das unterrichtsmethodische Problem: „Wie kann man so viel Geschichten der Welt am besten erlernen?“[145] In zwei Punkten ist seine Antwort die traditionelle Antwort seiner Zeit: „Es gehören drei Stuck darzu. 1. Die Gedächtnuß. 2. Die Chronologia oder die Merckung der

Abb. 40: Illusionsbild aus „Expedition Geschichte“ in DDR-Tradition (1997)

Jahren, in welchen ein jedes Ding geschehen ist. 3. Die Geographia oder die Merckung der Örther, Länder, Städte, wo ein jedes Ding geschehen ist".[146] Dies ist die traditionelle Antwort des frühen 18. Jahrhunderts, das die wissenschaftlichen und didaktischen Reformen und Innovationen des späten 18. Jahrhunderts noch vor sich hat. Das Erlernen der Geschichte vollzieht sich mit und durch Erlernen der historischen Hilfswissenschaften, die ein System von Erinnerungs- und Gedächtnisstützen bilden sollten. Die zweite Antwort Desings ist ein unterrichtsmethodischer Vorschlag: „Am allerleichtesten und lustigsten meyne ich, soll die Histori zu lernen seyn auf der Land-Karten, die ich zu diesem End gemacht. Man bildet ihm ein, und leget sich vor Augen die Welt, also, wie die Länder aufeinander hin ligen. Darauf seynd abgemahlen die merckwürdigste Sachen von Anfang der Welt her; jedes in jenem Land oder Gegend bezeichnet, in welchem es geschehen ist. Also stellet man ihm die gantze Histori als wie ein Bild, oder Comoedia vor".[147] Bei dieser von Desing verfertigten Landkarte handelt es sich wohl um eine Art Bilder-Geschichte, die in die Umrisse einer Landkarte eingezeichnet ist. Das allein ist noch nichts Besonderes, denn seit Comenius und Johannes Buno gehört das Bild als Anschauungsmaterial zu den Medien schulischen Lernens. Diesen Anmerkungen fügt Desing aber eine weitere hinzu, die ein neues Element in den Geschichtsunterricht einführt: „Noch lustiger ist es vorgestellt mit einer Lucerna magica oder mit einer camera obscura. Wer dieses erfahren will, kanns bei mir sehen."[148]

Dies ist die erste mir bekannte Erwähnung einer Bildprojektion im Geschichtsunterricht, der erste Beleg für den Versuch, technische Medien im Unterricht einzusetzen. Lucerna magica und Camera obscura, die Desing hier parallel setzt, beruhen auf den gleichen optischen Prinzipien, sind aber in ihrer Verwendungsweise sehr verschieden. Die Camera obscura kann Desing zur Projektion seiner Bild-Landkarte nicht benutzt haben. Sie ist zwar seit 1000 n.Chr. bekannt, diente aber als Hilfsmittel zur blendfreien Sonnenbeobachtung und um Landschaften und Objekte perspektivisch richtig zu zeichnen. Desing kann hier nur die Lucerna magica, die magische Leuchte benutzt haben, die besser unter dem Namen Laterna magica bekannt ist.

Desing macht sich ein Verfahren zunutze, das Athanasius Kircher in seinem Buch „Ars magna lucis et umbrae" beschrieben hatte. Wie eine solche Laterna magica zur Zeit Desings ausgesehen hat, beschreibt Johann Heinrich Zedlers „Universal-Lexicon" von 1737. Die Laterna magica „ist ein Optisches Instrument, vermittelst dessen man bey Nachtzeit, oder in einem verfinsterten Zimmer, auf Glas gemahlte Bilder an einer weißen Wand in ihrer rechten Größe mit allen Farben

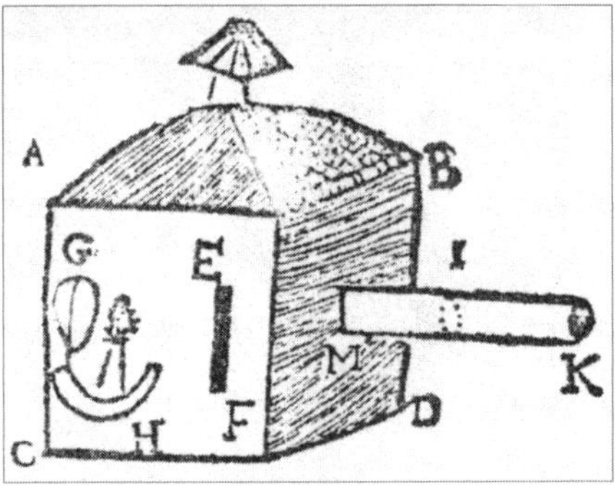

Abb. 41: Laterna magica aus Zedlers Universallexikon (1737)

vorstellen kann. Es besteht solches aus einem von verzinnten Bleche, oder auch nur aus starker Pappe verfertigtem Gehäuse ABCD, an dessen Thüre eine Röhre MK befestigt ist. An der hintersten Wand des Gehäuses wird ein metallener Hohl-Spiegel befestigt, in dessen Focum eine Lampe H gestellet wird. In die beyden Seiten-Wände wird ein längliches Loch EF geschnidten, wodurch man die Bilder stecket, welche sich an der weißen Wand praesentiren sollen. Und in die Röhre MK wird ein erhabenes Glas eingesetzt. Dieses ist über Haupt die Struktur der Laterna magicae oder Zauber-Laterne"[149] (Abb. 41).

Es muss für Desing eine mühselige Arbeit gewesen sein, seine historische Bild-Landkarte(n) für die Projektion auf Glasplatten zu zeichnen. „Die Bilder selbst werden mit guten Wasser-Farben in vierekkigte Brettchen setzet, die just in den Durchschnitt EF passen."[150] Dünne Glasplatten werden auf kolorierte Vorlagen gelegt, „darauf man die durchscheinenden Züge und Farben vom Papier leicht nachmahlen kann".[151] Da aber Wasserfarben auf Glas schlecht haften, wurden die Gläser entweder mit einer durchscheinenden Gummilösung bestrichen oder in einer langwierigen Prozedur aufgerauht: mit einer „Mixtur von Eisen und Kupfer Hammerschlag und Schmeltz-Glase, welche auf einem Marmorstein etliche Tage mit reinem Wasser gerieben" wurde.[152] Jedes Diabild war so ein Original und ließ sich nicht wie der Kupferstich vervielfältigen. Die fehlende Vervielfältigungsmöglichkeit und die damit verbundene Kostenfrage scheint deshalb auch einer weiteren Verbreitung dieser Projektionsmethode im Wege gestanden haben.

An der Kostenfrage jedenfalls scheitert um 1800 ein weiterer Versuch, die Laterna magica als Medium für das Lernen von Geschichte einzusetzen. In der Vorrede zu seinem Bändchen „Historisches Bilderbüchlein oder allgemeine Weltgeschichte in Bildern und Versen"[153] berichtet der Pädagoge, Jugendschriftsteller und Sprachforscher Joachim

Heinrich Campe (1746–1818) von seinem gescheiterten Projekt, historisches Lernen durch Bildprojektionen zu unterstützen. An der Konstruktion der Zauberleuchte hatte sich seit Anselm Desing kaum etwas geändert. Die Laterna magica ist aber zu Campes Zeiten zu einem Gerät des täglichen Umgangs geworden. Sie wird manufakturmäßig hergestellt und im Versandhandel vertrieben. Es lag deshalb nahe, sie zu Lehrzwecken einzusetzen.

Der Anfang der römischen Geschichte, die Sage von Romulus und Remus wird von Campe folgendermaßen geschildert:

> „Schon werden unsre Knäbchen matt,
> und halten's lange nicht mehr aus.
> Allein in Gottes Vorrathshaus
> Ist Speise genug für groß und Klein.
> Sie werden nicht vergessen sein.
> Ein Hirtenweib (Wolf hieß ihr Mann,
> Sie also Wölfinn) kommt heran;
> Und als sie so die Kleinen sieht
> Im Sande zappeln, da erglüht
> Ihr Herz von warmer Menschlichkeit.
> Der Brotschrank ist zum glück nicht weit;
> Sie hat ihn bei sich in der Brust,
> Und öffnet ihn mit Mutterlust;
> Und unsre Kleinen langen zu."[156]

Abb. 42: Aus Campes „Bilderbüchlein" (1801): Der Hirte Wolf und seine Frau, die Wölfin, sorgen für Romulus und Remus

Diese Vers-Geschichte sollte zur Projektion von bemalten Gläsern der Zauberleuchte vorgetragen werden (Abb. 42). Die Verse „sollten weiter nicht, als ein, nach geschichtlichen Vorstellungen einer Zauberleuchte abzuleiernder oder abzuorgelnder Singsang werden“.[157] Campes Projekt ist insofern interessant, als er versucht, die Laterna magica nicht nur zur illustrativen Bildprojektion einzusetzen, sondern daraus mit Hilfe der „abzuleiernden“ Verse schon ein audio-visuelles Medium zu machen. Seine Schwierigkeiten traten dort auf, wo Sprache und Bildprojektion aufeinander bezogen werden sollten: „In diesem Sinne und zu dieser Absicht wurden die ersten beiden – *Gesänge* (wenn diese Benennung nicht gar zu anmaßlich klingt) wirklich – aus*gearbeitet* darf ich wol nicht sagen, denn *Arbeit* war eben nicht sonderlich viel dabei – hingegossen, als ich merkte, daß das Vergnügen, welches ich den kleinen Menschen zu bereiten vermeinte, entweder ein sehr langweiliges, oder ein sehr theures werden würde. Denn entweder mußte ich mich auf eine geringe Zahl von bemahlten Gläsern einschränken – und dann würden die Zwischenzeiten, die der Vorsänger oder Vororgeler, und zwar im Finstern, durch bloßen Singsang würden haben ausfüllen müssen, eine kleine Ewigkeit lang geworden sein; oder ich hätte der bemahlten Gläser so viele müssen machen lassen, daß kein Deutscher kleiner Mensch (und für Englische oder Chinesische wollte ich nun einmahl nicht schreiben) sie würde haben bezahlen können. Ich sah mich also, wider Willen, gezwungen, ein höhern Standort zu nehmen, die Zauberleuchte zu

Abb. 43: Deckelbild eines Kastens für eine Laterna Magica (1880)

verabschieden, und mich bis zu einem *historischen Bilderbüchlein in Versen* zu erheben".[158] Von dieser Weltgeschichte in Versen, die auf mehre Bändchen geplant war, ist nur das erste erschienen.

Am Ende des 19. Jahrhunderts kam das Diapositivverfahren auf.[159] Es machte den gemalten Wandbildern Konkurrenz. Das „Skioptikon" war eine Weiterentwicklung der Laterna Magica. Der Übergang von Kalklicht zur elektrischen Beleuchtung[160] perfektionierte die „Bildwerfer" (Abb. 43). Das Problem bei dieser Technik lag in der Herstellung der „Glasphotogramme". Zu Beginn der 1930er Jahre waren Dias noch recht spärlich im Unterricht vertreten, die „Glasbilder" waren zu zerbrechlich und zu teuer.[161] Für das erste Viertel des 20. Jahrhunderts ist ihre Verwendung im Geschichtsunterricht bisher nicht nachgewiesen.

4.8 Weiterführende Literatur

Bernhauser, Johannes: Wandbilder im Anschauungsunterricht, Frankfurt/M. 1979

Bienzeisler, Renate: Anschauung und Ideologie im Geschichtsbild, in: Stach, Reinhard u. Müller, Walter (Hrsg.): Schulwandbilder als Spiegel des Zeitgeistes zwischen 1880–1980, Opladen 1988, S. 125-239

Bloth, Gotthard: Pädagoge im Vorfeld der Revolution. Johann Friedrich Hähn (1710-1789) und die Einführung des curriculum scholasticum, Paderborn 1972

Comenius, Johann Amos: Große Didaktik [1657]. Übersetzt und herausgegeben von Andreas Flitner, 7. Aufl., Stuttgart 1992

Hahn, Georg: Die Verwendung des Bildes im Geschichtsunterricht, in: Vergangenheit und Gegenwart (1934), S. 109-120

Döhn, Hans: Das Bild im Geschichtsunterricht, in: Bertlein, Hermann (Hrsg.): Das Bild als Unterrichtsmittel, München 1971, S. 74-90

Leis-Schindler, Ingrid (Hrsg.): Ding, Sprache, Anschauung und Bild im „Orbis pictus" des Johann Amos Comenius, in: Rittelmeyer, Christian und Wiersing, Erhard (Hrsg.): Bild und Bildung, Wiesbaden 1991

Müller, Walter: Schulwandbilder als Spiegel des „Zeitgeistes", in: Geschichte lernen 1 (1988), Heft 5, S. 18-24

Salomon, Almuth: Johann Friedrich Hähns Vorstellungen vom Geschichtsunterricht, dargestellt anhand seiner Lehrbücher und Lehrpläne, in: Schneider, Gerhard (Hrsg.): Geschichte lernen und lehren, Festschrift für Wolfgang Marienfeld zum 60. Geburtstag, Hannover 1986, S. 5-47

Schmieder, Alfred; Schneider, G. A.: Besondere Unterrichtslehre, 2. Aufl., Leipzig 1920

Stach, Reinhard: Wandbild in Unterricht und Forschung, in: Twellmann, Walter (Hrsg.): Handbuch Schule und Unterricht, Bd. 4.1, Düsseldorf 1981, S. 486-497

Wigge, H.: Bilder, historische, in: Rein, Wilhelm (Hrsg.): Encyklopädisches Handbuch der Pädagogik, Bd. 1, Langensalza 1895, S. 400-402

5. Interpretation

In der Geschichtsdidaktik ist der Terminus „Interpretation" weitgehend ungeklärt.[162] In der Kunstgeschichte steht für diese Bemühung der Begriff „Ikonographie". Er lässt sich mit „Bildbeschreibung" übersetzen. Da es dabei aber keineswegs um bloße Beschreibung geht, wird dieser Begriff auch in „beabsichtigte" und „interpretierende Ikonographie" eingeteilt. Die beabsichtigte Interpretation will herausfinden, was Maler und Auftraggeber mit diesem Bild wollten. Sie bringt es deshalb mit der schriftlichen kulturellen Überlieferung in Zusammenhang, um es aus seiner Zeit zu verstehen. Da Bildern aufgrund der Produktivität der historischen Zeit stets zusätzliche Bedeutung zuwächst, untersucht die interpretierende Ikonographie Sinn und Bedeutung des Bildes aus heutiger Perspektive. Für diese interpretierende Ikonographie steht seit den 30er Jahren des 20. Jahrhunderts der neue Begriff der „Ikonologie". Interpretation soll hier als ein Verfahren betrachtet werden, das aus (bildlichen oder schriftlichen) Zeichen Sinn entnimmt. Dabei müssen Schwierigkeiten ausgeräumt werden, da der Sinn nicht offensichtlich ist, sondern nur durch (interpretatorische) Anstrengung erschlossenen werden kann. In der Alltagssituation können wir aus Sprache und Bild Sinn entnehmen, weil uns die Situation, in die der Interpret und das zu interpretierende Bild bzw. die Schrift gehört, vertraut ist. Bei (schriftlichen oder bildlichen) Quellen sind Interpret und Quelle durch eine mehr oder minder große zeitliche und kulturelle Differenz getrennt. Wir haben es stets mit gebrochenen Zusammenhängen, gerissenen bzw. noch nicht geknüpften Traditionssträngen zu tun, die die Interpretation überbrücken soll.

5.1 Modelle der Interpretation

In der Geschichtsdidaktik sind seit den 1960er Jahren verschiedene Regelsysteme vorgestellt worden, um ein Bild zu interpretieren. So schlug Hans Ebeling folgende Stufen vor: Stilles Betrachten – Spontanreaktion – Gelenktes Gespräch. Ähnlich sah das Modell von Stephan Metzger (1970)[163] aus: Stilles Betrachten – Freie Aussprache – Planmäßige Durcharbeitung – Besinnung auf die Hauptsache. Auch zehn Jahre später hatte sich wenig geändert: Vorbereitung – Stilles Betrachten/ Generalisierung der Bildthematik – Differenzierung (Sammlung der Eindrücke und Analyse der Einzelheiten) – Besinnung auf die Hauptsache – Einordnung in den historischen Zusammenhang.[164] Was geschieht aber beim „Stillen Betrachten"? Welche geistigen Operationen führen die Schülerinnen und Schüler aus? Auch Phasen wie „Planmäßiges Durcharbeiten" oder „Gelenktes Gespräch" verraten nichts über „Plan" oder „Durcharbeitung". Diese Modelle sind *fachunspezifisch* und verfehlen deshalb die Eigenarten des historischen Denkprozesses. Sie werden aus einer allgemeinen pädagogischen Perspektive unternommen, die die Besonderheit historischen Lernens außer Acht lässt. Darüber hinaus – und das ist besonders kritisch anzumerken – verwechseln sie Unterrichtsmethodik und Hermeneutik. Diese Modelle sagen dem Lehrer, wie er das Bild im Unterricht einsetzen soll, sie enthalten hingegen keine Hinweise, wie der Sinn von Bildern entschlüsselt werden kann.

In jüngster Zeit gibt es aber in der Geschichtsdidaktik Bewegung.[165] Es werden z. Zt. geschichtsspezifische Interpretationstypen entwickelt, die sich sinnvollerweise an den Ansätzen der Kunsthistoriker und nicht an denen der Pädagogen orientieren. So haben die Kunsthistoriker Aby Warburg (1866–1929) und Erwin Panowsky (1892–1968) vorgeschlagen, im Interpretationsprozess vorikonographische Beschreibung und ikonologische Analyse zu unterscheiden.[166] Der Hamburger Historiker Rainer Wohlfeil (geb. 1927) hat, an diese Ansätze anknüpfend, den Bilddiskurs wieder aufgenommen und die beiden Schritte sozialgeschichtlich durch einen „historischen Dokumentensinn" erweitert.[167] Auf diese Erweiterungen haben schon Geschichtsdidaktiker zurückgegriffen. Oftmals sind Begriffe wie „vorikonologische Beschreibung" – „vorbildbeschreibende Beschreibung" (!) – nur die neuen Stangen, mit denen man im alten Nebel herumstochert. Auch die Erweiterung durch Wohlfeil greift noch zu kurz und trägt einer historisch gerichteten Interpretation nicht Rechnung, da Bilder nicht allein Forschungsobjekte, sondern auch Elemente für narrative Sinnbildungen sind.

5.2 Interpretationshinsichten

Die Versuche zum Aufbau einer historischen Bildinterpretation stecken noch in den Anfängen. Ein erster Versuch soll im Folgenden unternommen werden. Es lassen sich vier Gruppen von Bildelementen unterscheiden. Zunächst geht es um die Wahrnehmung von Menschen, dann um Formelemente und schließlich um Symbole. Beziehungen zwischen den

Bildelementen machen eine weitere Gruppe aus. Insbesondere seit der Frühen Neuzeit hat die Ikonologie versucht, diese Elemente zu klassifizieren.

Immer wieder wird der Versuch gemacht, Bildinterpretation wie Textinterpretation zu begreifen. Der metaphorische Gebrauch von „Bilderlesen" ist oft versucht worden und findet sich bisweilen auch in der Didaktik, wo u.a. die Begriffe Bildgrammatik, Bildsyntax und Bilderalphabet gebraucht werden. Der Gedanke dieser Versuche liegt in der Frage, ob es ein Inventar von Grundelementen (Bildalphabet) gibt, das mit Hilfe kombinatorischer Regeln (Bildgrammatik) in der Lage ist, den Sinn eines Bildes zu entschlüsseln. Die vielen Implikationen dieser Debatte lassen sich hier nicht aufzeigen. Voraussetzung ist, dass eine gewisse Dichte an Bildzeichen analog zu den Buchstaben vorhanden ist. Der Begriff Bildgrammatik bezeichnet das Bemühen, bestimmte visuelle Elemente („Wortformen") nach („grammatikalischen") Regeln zu sinnvollen Aussagen zu formen. Die Analogie zur Sprache[168] ist nur bedingt brauchbar, weil Bilder nicht gemäß der Sprache konstruiert werden können. Ihnen fehlt die allen Sprachen gemeinsame Möglichkeit, Verneinungen zu formulieren. Dass etwas nicht der Fall ist, vermag ein Bild nicht auszudrücken. Was dargestellt wird, sind Symbolisierungen, die zudem epochen- und kulturspezifisch sind. Wir können vier Grundelemente unterscheiden.

5.2.1 Personendarstellung

Das erste dieser Elemente ist die *Mimik* von Personen. Sie bringt innere Zustände, Emotionen zum Ausdruck. Hier handelt es sich nicht um ein anthropologisches System, das allgemein Menschliches kulturübergreifend darstellt. Die Gesichtsmuskeln des Menschen sind zwar in allen Kulturen die gleichen, von ihnen wird aber unterschiedlich Gebrauch gemacht. Weil sich Mimik meist unwillkürlich einstellt, wird in man-

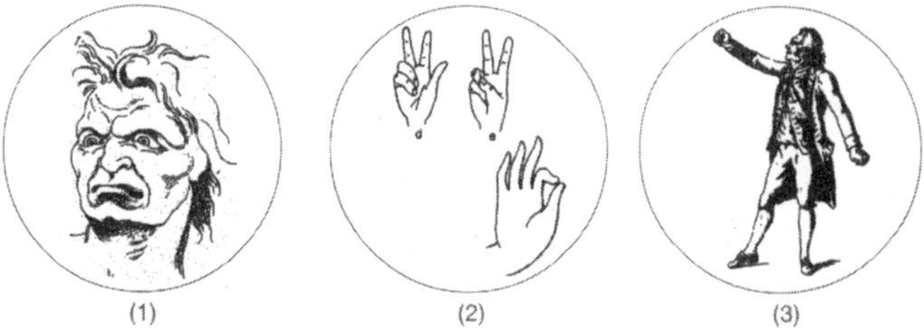

Abb. 44: Interpretationshinsichten: Mimik, Gestik, Körperhaltung

chen Kulturen versucht, sie zu kontrollieren („Gesicht wahren") oder ihnen expressiven Ausdruck zu verleihen („Mamma mia").

Besonders an der *Gestik* wird die kulturelle Formung deutlich. Handhaltungen, von denen die Gegenwart – außer obszönen Gesten – nur die des Drohens und Schwörens beibehalten hat, waren im Mittelalter äußerst variantenreich. Die Bilder des Sachsenspiegels zeigen rund ein Dutzend „sprechender Gesten". Die Bedeutungen weichen von denen der anderen Kulturen ab. In Indien zeigt eine flache Hand, in der sich Zeigefinger und Daumen berühren, die Tätigkeiten des Lehrens bzw. Meditierens an. Das Zeitalter der Bürgerkriege des 20. Jahrhunderts ist ohne die entsprechenden Gesten kaum vorstellbar (Hitlergruß und Thälmannfaust).

Die *Körperhaltung* drückt wie die Gebärdensprache Sinngehalte aus, die nur in Lernprozessen erworben werden können. Aby Warburg[169] hat die menschlichen Posen unter dem Begriff der *Pathosformel* beschrieben. Solche Posen sind dann zu stehenden sprachlichen Wendungen geworden: hoch erhobenen Hauptes, mit gesenktem Kopf, niedergeschlagen, mit aufrechtem Gang, mit stolzgeschwellter Brust etc. (Abb. 44).

Diese drei Elemente werden traditionell unter dem Begriff „Kinesik" zusammengefasst. Sie lassen sich aus den verschiedenen Symbollexika erheben.[170] Die zweite Gruppe der Bildelemente machen Formen aus, die sich nach Paul Klee als Elemente „bildnerischen Denkens" beschreiben lassen.[171]

5.2.2 Formenelemente

Klee beginnt seine Zusammenstellung von Formelementen mit dem *Punkt.* Der Punkt, der sich in Bewegung setzt, wird zur *Linie.*[172] Linien als Ursprung der Malerei begrenzen die belebte und unbelebte Wirklichkeit, obwohl sie kein sichtbares Merkmal von Wirklichkeit sind. So zeichnen kleine Kinder Personen und Gegenstände ihrer Umwelt mit

(1) (2) (3)

Abb. 45: Interpretationshinsichten: Linie, Form und Farbe

Linien, obwohl sie in der Realität nicht vorhanden sind. Ein weiteres Bildelement sind die *Formen*, gleich ob sie geometrischer oder organischer Art sind. Eine Form ist eine begrenzte Fläche, die den Bildraum gliedert. Die Räumlichkeit der Fläche ist imaginär. Für den menschlichen Sehvorgang gibt es 160 Farben, wenn man die durch verschiedene Anteile von Schwarz und Weiß entstehenden Modulationsreihen einmal außer Acht lässt.[173]

Farben haben keineswegs eine ausschließlich ästhetische Funktion, sondern sind Träger vielfältiger Symbol-Bedeutungen, wenn man die realen Farben des Gegenstandes (Gegenstandsfarbe) und die Symbolfarbe auseinander hält. Ein ganzes Feld von Farbsymboliken tut sich auf. So bezeichnet im abendländischen Kulturkreis die Farbe „gelb" randständige Gruppen der Gesellschaft (= schwefelgelb als Teufelsfarbe). Sie ist die Schandfarbe von Juden, Ketzern und Dirnen. In Indien und China ist „gelb" dagegen die Fürstenfarbe. Die Unfarbe Schwarz bedeutet bei uns Trauer, in Nordafrika ist es Weiß. Rot ist dagegen die Farbe der Herrscher und Richter („rote Roben") oder die Bannerfarbe der Revolution. Die Plakatkunst der 20er Jahre des 19. Jahrhunderts ist ohne Kenntnis der Farbsymbolik gar nicht verständlich. Zum ikonographischen Sehen gehört auch die Kenntnis, welchen liturgischen bzw. politischen Symbolwert eine bestimmte Farbe hat. „Die Symbolik der Farbe Rot ist geprägt von zwei elementaren Erfahrungen: Rot ist das Blut, Rot ist das Feuer." [174] Darüber hinaus gibt es noch ein männliches (hellrot) und ein weibliches Rot (dunkelrot) (Abb. 45).

5.2.3 Symbole

Die dritte Gruppe der Formelemente sind Symbole. Es handelt sich hier um Superzeichen, hoch konventionalisierte Bildzeichen, die nicht durch Nachdenken oder Alltagserfahrung entschlüsselt werden können. Symbole werden als „Sinn-Bilder" verstanden. Bei ihnen handelt es sich um „ein Zusammentreffen von Konkretheit des Bildes und Abstraktion der Idee".[175] Die Frage, was das Symbol bedeutet, ist zu eng für eine Inter-

Abb. 46: Symbol des Apostels Johannes

pretation. Es muss vielmehr gefragt werden, wer symbolisiert mit welchen Mitteln, aus welchen Gründen mit welchen Zielen. Besonders abstrakte Begriffe werden durch Symbole dargestellt. So ist z.B. die Darstellung einer Frau mit Binde vor den Augen und einer Waage in der Hand keineswegs eine blinde Marktfrau, sondern die personifizierte Gerechtigkeit. Das hier abgebildete Symbol zeigt einen Adlerkopf auf einem Menschenkörper. Er ist durch einen Heiligenschein und die Geste des Segnens gekennzeichnet. Dass dieses Bildzeichen das Emblem für den Apostel Johannes ist, kann nur aufgrund eines kulturellen Lernprozesses erkannt werden (Abb. 46).

5.2.4 Relationen

Eine weitere Gruppe bilden die *Relationen*. Sie stellen Beziehungen zwischen den Bildelementen her. Sie unterscheiden sich von den anderen Elementen dadurch, dass sie nicht allein auf einem Bild erscheinen können wie Form, Farbe und Linie, sondern erst sichtbar werden, wenn zwei Elemente auf der Bildfläche vorhanden sind. Besonders Beziehungen zwischen Formen (Personen, Gegenständen etc.) sind wichtig. Wie sie sich zueinander verhalten: zugewandt, abgewandt, oberhalb, unterhalb, links, rechts, nah, fern etc. Im Gegensatz zu den anderen Bildelementen sind sie kaum kulturell konnotiert, sondern werden schon mit der Sprache gelernt. Sie haben bereits im Alltagswissen der Schülerinnen und Schüler ihren Platz. Eine der bekanntesten Relationen von Bildelementen auf der Fläche ergibt sich aus der Perspektive. Dieser Begriff meint allerdings nicht ausschließlich die europäische Zentralperspektive. Perspektiven richten Bildelemente in Beziehung zueinander und lassen dadurch Bedeutungen entstehen. Wenn man etwa ein Bildzeichen in seiner Lage zu anderen Zeichen etwas neigt („Lateralflektion"),

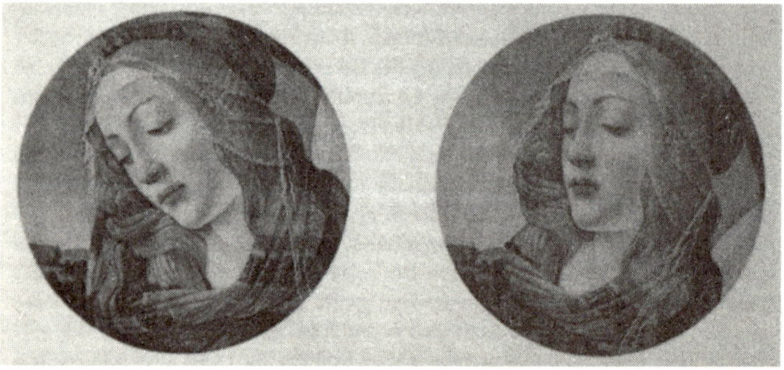

Abb. 47: Sandro Botticelli, Madonna del Magnificat (1483/85)

ändert sich sein Ausdruck, und damit ergibt sich auch eine andere Interpretation. Botticellis Madonna verändert ihren Ausdruck „von der demütigen, bescheidenen Frau zur selbstbewussten Herrin“,[176] wenn man nur die Längsachse ihres Gesichts im Verhältnis zu anderen Bildelementen verändert (Abb. 47).

Mit der Aufzählung dieser Bildelemente soll nicht behauptet werden, dass hier alle Elemente eines Bildes dargestellt worden sind. Künstlerische Gestaltungsmittel wie Lichteinfall sind hier noch nicht mit erfasst. Es handelt sich um den Bereich des Ästhetischen, der nicht einbezogen wird. Die aufgezeigten Bildelemente sind jeweils Gesichtspunkte des Fragens und müssen in das Fragerepertoire der Schülerinnen und Schüler eingehen. Es ist nicht damit getan, dass diese auch einmal – wenn etwas besonders befremdlich wirkt – nach Gestik oder Mimik fragen, sondern diese Fragen müssen fester Bestandteil ihres Fragewissens werden. Die in der Geschichtsdidaktik vorherrschende Frageweise „Was seht ihr?“ ist völlig unzureichend, wenn Schülerinnen und Schülern nicht gesagt wird bzw. sie nicht gelernt haben, wonach sie sehen sollen.

Diese acht Elemente, wie sie in den Abschnitten 5.2.1 bis 5.2.4 entwickelt wurden, sind bei der Bildinterpretation Hinsichten, leitende Ideen für die Interpretation. Es reicht aber nicht aus, sie ausschließlich visuell wahrzunehmen. Es geht vielmehr darum, sie in Sprache zu übersetzen. Schülerinnen und Schüler müssen für Gesichtsausdrücke Begriffe finden, die Bedeutung von Handgesten nennen, die Körpersprache in Umgangssprache übersetzen, Linienführung als aufsteigend oder absteigend beschreiben, Farben benennen etc. Das verweist darauf, dass Bildinterpretation bedeutet, Bildzeichen in Sprache zu übersetzen, um sie in den kulturellen Kommunikationsprozess einzubeziehen.

5.3 Schritte der interpretatorischen Sinnbildung

Eine Bildinterpretation vollzieht sich in Schritten und hat dabei vier Ebenen zu durchschreiten, auf denen verschiedene Sinnschichten erschlossen werden müssen: Erscheinungssinn, Bedeutungssinn, Dokumentensinn und Erzählsinn. Es gibt nicht nur einen Sinn, sondern jedes Bild enthält ein ganzes Sinngeflecht.[177]

5.3.1 Ikonografische Beschreibung

Der erste Schritt ist die ikonografische Beschreibung, die den *Erscheinungssinn* herausarbeitet. In ihm werden die einzelnen Bildelemente sprachlich benannt. Sinneseindrücke, wie sie von Bildern ausgehen, sind zunächst nichts anderes als subjektive Anmutungen. Wir sehen anfangs nur Mienen, Posen, Gesten, Linien, Formen, Farben und Relationen. Diese Bildelemente werden mit Hilfe des begrifflichen Wissens, das wir von unserer Wirklichkeit haben, zu konkreten Wahrnehmungen. Das begriffliche Wissen, das auf dieser Interpretationsstufe nötig ist, entstammt der alltäglichen Lebenswelt. Ein Spezialwissen ist hier noch nicht vonnöten, deshalb kann dieser Phänomensinn von Schülern und Schülerinnen aller Altersstufen unabhängig von ihren historisch-kulturellen Vorkenntnissen geleistet werden. Alle Spezialkenntnisse, die auf besonderen Lernprozessen beruhen, sollen auf dieser Interpretationsebene noch nicht verwandt werden. Ein falscher Begriff verhindert geradezu Interpretation. So ist der Ausdruck „ein Kreuz" erlaubt, aber noch nicht „Andreaskreuz" oder „Malteserkreuz". Auch der richtige Abstraktionsgrad stellt ein Problem dar. So ist beispielsweise „Vater" eine Sonderform von „Mann". Ein Mann mit zwei Kindern an der Hand muss als solcher benannt werden. Aus dem Bild lassen sich Aussagen wie „Vater mit seinen kleinen Kindern" nicht ablesen. Es könnte sich ja auch um den Waisenhausgründer August Hermann Francke mit zwei seiner Zöglinge handeln. Die Sprachzeichen machen aus Sinneseindrücken erst Wahrnehmungen, die sich in den Begriffen „Gebäude" oder „alter Mann" etc. ausdrücken.

Dieser Interpretationsschritt ist nicht identisch mit dem Vorgehen der alten Volksschulpädagogik, die zuerst eine „freie Äußerung" verlangt hat. Einige Didaktiker fordern das auch heute wieder. Auch ist damit nicht das gemeint, was gegenwärtig von einigen Autorinnen und Autoren aus dem Panofsky-Wohlfeil-Modell in der Geschichtsdidaktik gemacht wird. Interpretation arbeitet sich zwar an den visuellen Elementen des Bildes ab, der Interpretationsvorgang vollzieht sich aber im Medium der Sprache. Die schwierige Aufgabe ist es, diejenige sprachliche Bezeichnung zu finden, die den Schlüssel zur späteren Interpretation bildet. Ein nicht benannter Gegenstand oder eine nicht entsprechend gekennzeichnete Miene kann nicht in den Interpretationsprozess eingehen.

Dieser Schritt ist weitaus mehr als eine didaktische Aufmerksamkeitsübung. Er *verbalisiert Visualität,* d.h. die Bildelemente werden in Sprache übersetzt. Erst in sprachförmiger Form lässt sich ein Bild interpretierend dem Denken zugänglich machen. Mit dem Wort wird das Bildzeichen in das Sprachsystem integriert. Erst die Benennung eines gemalten Vogels als „Taube" eröffnet den Zugang zur Semantik dieses Symbols. Die Entschlüsselung der Semantik und Symbolik erfolgt erst auf der nächsten Stufe.

Abb. 48: Übersetzung von visuellen Zeichen in Sprache: „Vögel" – „Tauben"

Das grundlegende Problem bildet hier die Ebene der begrifflichen Abstraktion. Die sprachliche Fassung des visuellen Elements kann sowohl „Tier" als auch „Vogel" oder „Taube" sein (bzw. „Zweig" oder „Ölzweig"). Sogar die spezielle Taubenrasse („Trommeltaube") kann einbezogen werden (Abb. 48). Die konkrete begriffliche Fassung bereitet den späteren Interpretationsschritt schon vor. Da auf dieser Interpretationsstufe noch nicht ausgemacht ist, auf welcher begrifflichen Ebene der spätere Bedeutungssinn aufruht, empfiehlt es sich, die ganze Spannbreite der Begrifflichkeit auszuloten, ohne sich schon definitiv festzulegen.

Der Erscheinungssinn erschöpft sich aber nicht im Identifizierungsprozess allein, indem er Gegenstände und Personen benennt. Die Beschreibung erfasst auch Größe, Form, Eigenschaft etc. der identifizierten Gegenstände. Sie verbalisiert darüber hinaus räumliche Tiefe und Perspektiven.

Um eine ikonografische Beschreibung vorzunehmen, sind sechs Begriffsgruppen an die Bildzeichen heranzutragen (Abb. 49):

- Begriffe, die sich auf Personen und Objekte beziehen,
- Begriffe, die sich auf Eigenschaften (Größe, Farben ...) beziehen,
- Begriffe, die sich auf die Lage von Objekten im Raum (bzw. auf der Bild-Fläche) beziehen,
- Begriffe, die eine Quantifizierung der Objekte vornehmen,

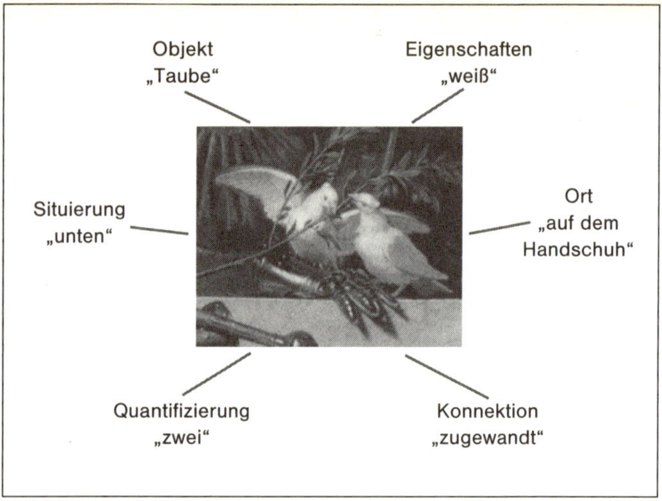

Abb. 49: Bildzeichen und Begriffsklassen

- Begriffe, die sich auf die Identifizierung von Orten beziehen,
- Begriffe, die sich auf Konnektionsverhältnisse (Beziehungen) der Personen bzw. Objekte zueinander beziehen.

Um den Erscheinungssinn herauszuarbeiten, empfiehlt es sich, eine bestimmte „Leserichtung“ einzuhalten. Konventionellerweise „liest“ man Bilder von links nach rechts und von „vorn“ nach „hinten“. Unterrichtsmethodisch ist es manchmal hilfreich, ein Gitternetz auf Folie über die Bilder zu legen, um sich über die einzelnen Planquadrate zu verständigen.

5.3.2 Ikonologische Analyse

Der zweite Schritt der Interpretation ist die ikonologische Analyse, die den *Bedeutungssinn* offenlegen will. Unter Einbeziehung des kulturellen Gedächtnisses werden die sprachlich verfügbaren Bildzeichen gedeutet. Auf dieser Ebene liegen die besonderen Schwierigkeiten der Schülerinnen und Schüler, deren Kulturkompetenz noch sehr eingeschränkt ist. Besonders die Bedeutung der Bildelemente vergangener Zeiten sowie solcher aus fremden Kulturen machen ihnen Schwierigkeiten. Um den Bedeutungssinn herauszufinden, muss das kulturelle Gedächtnis einer Gesellschaft durchsucht werden. Jede Bildquelle steht in langen formalen und inhaltlichen Traditionsketten, fügt allerdings auch Innovationen hinzu. Bildinterpretation kommt ohne Vergleichen, Nachschlagen und Lesen nicht aus. Auch Erwachsenen ist das kulturelle Gedächtnis ihres Kulturkreises nicht völlig präsent, andernfalls wären Kunsthistoriker überflüssig. Dieses kulturelle Gedächtnis hat sich auch schriftlich niedergeschlagen. Allerdings ist diese Art der Literatur geschichtsdidaktisch kaum erschlossen. Es gibt zwar eine Unzahl von Schülerlexika und Schülernachschlagwerke wie „Wissen kompakt“ oder „Pocket Geschichte“. Aus ihnen können die Schülerinnen und Schüler Daten und Fakten entnehmen. Es gibt aber keine kleinen Nachschlagwerke, die ihnen sagen, warum die Amsel ein Teufelsvogel oder die Liebe rot ist.

Die ikonologische Analyse bedient sich dabei zweier Spezialdisziplinen der Geschichtswissenschaft, der historischen (Bild-)Semantik und der sozialgeschichtlichen Analyse.

Analyse der historischen Bildsemantik

Auf der Stufe der Analyse wird das kulturelle Gedächtnis und der historische Erinnerungsraum nach dem Begriff „Taube“ durchsucht und damit das Bild und seine Motive mit der sprachlichen kulturellen Tradition in Verbindung gebracht. Symbole werden entschlüsselt, Funktionsweisen erläutert, Ereignisse identifiziert und Personen mit Eigennamen belegt oder als Sozialtypen (Senator, Handwerker, Bauer etc.) benannt. Die Anspielungspotenziale müssen gedeutet und die kulturelle Bildwelt analysiert werden. Das als Taube benannte Bildzeichen kann über das kulturelle Wissen der altbabylonischen Mythen und des Alten Testaments identifiziert werden.[178]

In 1. Mose 8, Vers 10 und 11 finden wir die Erwähnung der Taube:

> „Da harrte er *(Noah)* noch andre sieben Tage, und ließ abermal eine Taube aus dem Kasten fliegen.
> Die kam zu ihm um Vesperzeit, und siehe, ein Ölblatt hatte sie abgebrochen, und trug's in ihrem Munde. Da vernahm Noah, daß das Gewässer gefallen wäre auf Erden.“

Die Bedeutung des sprachlichen Begriffs Taube in Verbindung mit dem des Ölzweiges ist „Frieden“. Die Taube wurde zum Zeichen, dass Gott Frieden mit den Menschen geschlossen hatte und der göttliche Zorn *(die Sintflut)* zu Ende war. Diese biblische Taube entwickelt sich zum „Urahn aller Friedenstauben“[179] und wird in dem vorliegenden Gemälde in besonderer Weise verstärkt. Bei Mose ist es nur eine Taube, im Gemälde dagegen zwei. Das Friedenssymbol wird hier potenziert. Der Bedeutungssinn dieses Bildzeichens kann also mit Frieden angege-

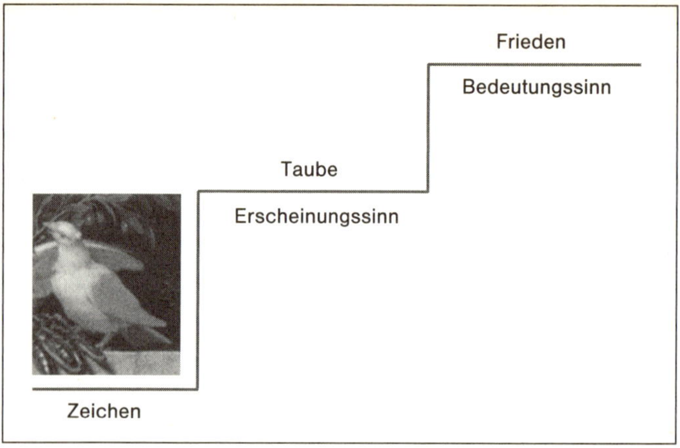

Abb. 50: Sinntreppe

ben werden (Abb. 50). Die korrekte sprachliche Erfassung des Erscheinungssinnes ist für den Bedeutungssinn unerlässlich. Im Füllhorn auf dem Beispielbild (Abb. 52, S. 129) liegen verschiedene Früchte. Greift man sie einzeln heraus und benennt sie, verschließen bzw. eröffnen sie den Bedeutungssinn. Eine bestimmte Frucht in diesem Füllhorn kann man korrekt mit Apfelsine bezeichnen. Dennoch bleibt dabei der Bedeutungssinn verschlossen. Erst „Orange" verbindet das Geschlecht der Oranier („Oranje") mit der Bedeutung. Das Wort „Apfelsine" verweist nicht auf Wilhelm von Oranien.

Bildwerke sind komplexe Systeme von Bildelementen, die oft in einem komplizierten Verweisungssystem stehen. In dem Beispielbild kommen noch andere hinzu: Lorbeerkranz, Handschuh, Füllhorn, Schalmeien, Schwert, Schild, Löwe etc. Um den Bedeutungssinn des vollständigen Bildes zu entschlüsseln, reicht die Addition von Bedeutungen einzelner Bildzeichen allerdings nicht aus, da zwischen den verschiedenen Elementen des Erscheinungssinns Bedeutungsspannungen und Bedeutungssteigerungen auftreten können. So sitzen beispielsweise die beiden Friedenstauben auf dem Fehdehandschuh.

Hier stellen sich die zentralen didaktischen Probleme der Bildinterpretation ein. Den Schülern und Schülerinnen ist der kulturelle Horizont ihrer eigenen Kultur mit allen Anspielungspotenzialen noch nicht verfügbar. Die Interpretation des Bedeutungssinnes setzt das voraus, was Schülerinnen und Schüler sich erst aneignen sollen. Sie besitzen allerdings schon gewisse kulturelle Techniken. Sie können lesen, vergleichen und nachschlagen. Deshalb hilft ihnen ein Lexikon der Bildsymbole weiter.[180] Hier finden sie die Bedeutungen von Lorbeer, Füllhorn, Schalmeien etc. Schwieriger ist es mit Eigennamen. Dass ein großer Mann in einer Uniform und mit wenigen Haaren auf dem Kopf mit dem Eigennamen „Bismarck" belegt wird, muss erst gelernt werden. Für Bilder fremder Kulturen und ferner Zeiten gilt das noch in stärkerem Maße. Das ist kein Problem, mit dem nur Kinder und Jugendliche zu tun haben. Auch Erwachsene mit hoher kultureller Kompetenz können nicht aus dem Stand jede Anspielung entschlüsseln. So enthält das Bild, aus dem das Taubenpaar stammt, eine Person (Abb. 51).

Abb. 51: Bildzeichen und Eigennamen

Diese Person ist im kulturellen Gedächtnis der meisten Deutschen nicht enthalten. Solange der „Mann im Harnisch" (Erscheinungssinn) nicht mit einem Eigennamen belegt werden kann, erschließt sich nicht der Bedeutungssinn des Bildes. Zu diesem Zweck muss man das kollektive kulturelle Wissen der Niederlande durchsuchen, d.h. man muss nachschlagen und nachlesen und auch Bilder vergleichen, bis man auf den Eigennamen der Person stößt. Bei dem Beispielbild handelt es sich um Friedrich Heinrich von Oranien (1584–1647), den Statthalter der niederländischen Provinzen. Er ist den meisten Deutschen unbekannt. Deshalb ist es auch bei Schülern und Schülerinnen notwendig, ihnen dieses kollektive kulturelle Wissen durch Wort- und Bildzitate zugänglich zu machen. Text- und Bildquellen müssen deshalb Hilfen zur ikonologischen Analyse liefern. Der Bedeutungssinn erschließt sich oft erst dann, wenn ein Text-Bild oder ein Bild-Bild-Vergleich durchgeführt wird. Hier geht es um historische Semantik.

Das kulturelle Gedächtnis ist nicht für alle sozialen Gruppen gleich und bleibt auch nicht über die Zeiten hinweg stabil. Es hat unterschiedliche Horizonte. Der erste Horizont, aus denen der Bedeutungssinn erschlossen werden kann, ist der des heutigen Bildbetrachters. Er ist identisch mit unseren Schülerinnen und Schülern. Ihm ist die Friedenstaube eher über die Friedensbewegung als über die Bibel ein Begriff.

Ein Bild ist aber nicht nur ein zeitloses Bildzeichen, sondern ein konkretes materielles Produkt, das im sozialgeschichtlichen Prozess entstanden ist. Es will nicht nur aus unserer, sondern auch aus seiner Zeit verstanden werden. Die sozialgeschichtliche Analyse innerhalb der Ikonologie fragt nach den kulturellen Horizonten von drei Personen bzw. Personengruppen:

- Bildhersteller: Von wem ist das Bild hergestellt?
- Bildauftraggeber: In wessen Auftrag ist es hergestellt?
- Bildpublikum: Für wen ist es hergestellt bzw. welchen Verwendungszweck hat es?

Das Bild mit der Taube entstand nach dem Abschluss kriegerischer Wirren, nach Mord und Totschlag. Es ist ein Zeichen der Erleichterung und der Dankbarkeit für den Frieden. Die Tatsache, dass das Oranierbild 1681 gemalt wurde, zeigt den Stellenwert im kollektiven Gedächtnis der Niederlande. In Deutschland nimmt diese Funktion wohl der „Friedensreiter" von 1648 ein.

1. Die erste Frage bezieht sich auf die Person des *Malers* (Zeichners, Fotografen etc.). Seine Absichten gilt es herauszufinden. Das Beispielbild stammt von dem holländischen Maler, Zeichner und Architekten Jan de Bray (1626/27–1697). Er war einer der wichtigsten Haarlemer Maler des 17. Jahrhunderts und ist besonders als Porträt- und Historienmaler bekannt geworden. Aber nicht immer ist die Absicht des Malers mit der Wahrnehmung heutiger Betrachter identisch. Die Erschließung des Bedeutungssinns kann in die Irre gehen, wenn man nur die Intention des Herstellers zugrunde legt. So sind die bekannten Fotografien von der Liquidation des Warschauer Gettos und die Selektion in Auschwitz Bilder, die nach der Absicht des Aufnehmenden die stolze Dokumentation einer Leistung darstellen sollten. Wir betrachten diese Fotografien heute als Opferbilder, als Bilder der Anklage.

2. Nicht jeder Maler (etc.) fertigt sein Bild aus eigenem Antrieb an. Er hat *Auftraggeber.* Jan de Bray schuf sein Gemälde im Auftrag der Haarlemer Stadtverwaltung für den Prinsenhof, einen Teil des damali-

gen Rathauses. Das Bild wurde 1681, also 34 Jahre nach dem Tod Heinrichs von Oranien, angefertigt.

Die Frage nach dem Auftraggeber verweist stets auf den Kontext der Entstehung. Der Berliner Fabrikant Borsig erteilte dem Maler Paul Meyerheim den Auftrag, einen Bildzyklus der Borsigschen Maschinenfabrik anzufertigen, den dieser in seiner Villa anbrachte.[181] Die Farm Security in den USA beauftragte Fotografen, die Auswirkungen der Weltwirtschaftskrise auf dem Land zu dokumentieren. Um das bekannte Gemälde von der Kaiserproklamation im Spiegelsaal von Versailles herzustellen, bekam der Maler Anton von Werner den Auftrag vom Kronprinzen. Ohne den Kaisersohn hätte er die Gelegenheit zu der von ihm gemalten Szene nie erhalten. In vielen – aber nicht allen – Fällen gehen die Wünsche und Erwartungen der Auftraggeber in die Gestaltung des Bildes ein.

3. Die dritte Frage bezieht sich auf den *Kreis der zeitgenössischen Betrachter* und schließt auch die Frage nach dem Verwendungszweck ein. Es macht einen großen Unterschied, ob ein Bild nur dem engeren Kreis einer Familie sichtbar war, einem einzelnen Fürsten in dessen Privatkabinett oder einem breiten Massenpublikum, wenn es sich um eine Pressefotografie handelt. Deshalb ist bei jeder Analyse nach dem *Bildpublikum*[182] und dem *Verwendungszweck* bzw. den *Präsentationsräumen* zu fragen, in denen die Bilder zu sehen waren. Bilder standen und stehen in einem gesellschaftlichen Funktionszusammenhang. Sie werden nicht nur hergestellt, sondern werden auch von unterschiedlichen Gruppen betrachtet und genutzt. Sie müssen auch daraufhin untersucht werden, welches Publikum sie sehen konnte. Mit dem Begriff des Präsentationsraums ist zunächst einmal ein konkreter Raum gemeint, in dem Bilder ausgestellt wurden: Grabkammern, Paläste, Kirchen, Museen und Industriellenvillen. Im 20. Jahrhundert kommt noch die Straße (Plakat) hinzu. Als Präsentationsräume sind darüber hinaus auch Bücher zu verstehen, die zuerst als rare illuminierte Handschrift und erst später – nach Gutenberg – als Drucke auftauchen. Im 19. Jahrhundert wurden viele Bilder nur für Museen hergestellt, allein aufgrund ihrer Ausmaße waren sie für private Räume wenig geeignet. In den 20er Jahren des 20. Jahrhunderts kommen die „Illustrierten“ und später die Boulevardzeitungen für Pressefotos hinzu. Die Bildhersteller denken bei der Produktion schon an die tatsächlichen oder virtuellen Räume, in denen ihr Produkt zu sehen sein soll. Der zukünftige Publikations- bzw. Präsentationsraum geht gewissermaßen schon vorher in das Bild ein. Ein Kriegsberichterstatter, der für eine Illustrierte fotografiert, stellt andere

Bilder her als der Landser, der für sein Fotoalbum knipst. Es sind daher jeweils andere Bilder mit anderen Botschaften, die in das visuelle Gedächtnis unterschiedlicher sozialer Schichten eingingen. So ist Anton von Werners „Kaiserproklamation“ in seiner Zeit der Öffentlichkeit unbekannt geblieben. Nur in umgestochener Form wurde es allmählich verbreitet, allerdings als Schwarz-Weiß-Ikone. Erst im Zeitalter der „technischen Reproduzierbarkeit“ haben wir es mit einem virtuellen globalen Museum zu tun, das auch Länder- und Kulturgrenzen überspringt. Diese Fragen nach Maler, Auftraggeber und Publikum lassen sich oft nur im Idealfall beantworten. Bei vielen Bildquellen ist uns diese Überlieferungsgeschichte nicht bekannt. Fehlende Teile müssen oft aus den Kontexten erschlossen und extrapoliert werden.

Nach der bildsemantischen und sozialgeschichtlichen Analyse kann der Bedeutungssinn des gesamten Beispielbildes (Abb. 52) folgendermaßen zusammengefasst werden:

Es herrscht Friede, der Fehdehandschuh ist ausgezogen, auf ihm sitzen die Friedenstauben, Frieden bringt Wohlstand, das Füllhorn schüttet seine Gaben aus, die Städte blühen auf. Da der Auftraggeber der Stadtrat ist, verweist diese Tatsache auf das Aufblühen der niederländischen Städte.

5.3.3 Historische Interpretation

Der dritte Schritt ist die historische Interpretation, die den *Dokumentensinn* herausarbeitet. In der Einfügung dieser Sinnebene besteht die beachtliche Leistung in der Umformung des Panofskischen Systems durch Rainer Wohlfeil. Historiker betrachten Bilder nicht als singuläre Kunstwerke wie die Kunsthistoriker, sondern als Quellen von etwas, als Dokumente für etwas. Dadurch wird das ursprünglich kunsthistorische Modell zu einem Werkzeug für Historiker. Die Leitfrage ist hier: Wofür steht die Miniatur, das Gemälde, das Foto, wofür ist das Bild ein Dokument, welchen historischen Zusammenhang vermag dieses Bild zu erschließen? Zwar ist schon die ikonografische Analyse eine Interpretation, aber sie befasst sich noch nicht mit dem Bild als historischem Dokument. Erst jetzt wird aus einer kunstgeschichtlichen eine historische Interpretation, die auf den Dokumentensinn abzielt. Er drückt aus, was das Bild zum Dokument für die Epoche macht, in der es entstand. Dieser Schritt arbeitet heraus, wofür das Bild ein signifikanter Ausdruck ist.

Der Dokumentensinn zeigt die Grenzen des in der didaktischen Literatur häufigen Hinweises auf die sogenannten illustrativen und

Abb. 52: „Die Haarlemer Stadtpatronin huldigt Friedrich Heinrich als Friedensbringer" (1681)

heuristischen Verwendungsweisen von Bildern. Er verlangt eine exakte Rekonstruktion des „historischen Kontextes", wie es im didaktischen Jargon heißt. Damit ist keine allgemeine Epochenkennzeichnung gemeint, sondern der spezifische Kontext des jeweiligen Bildes. So ist beispielsweise Nasmyths „Eisenhammer" weniger ein Dokument für die Industrielle Revolution als vielmehr ein Werbebild für den Erfinder-Industriellen James Nasmyth. Er malte seine eigene Erfindung.

Eine neue Dimension des Dokumentensinns hat Cornelia Brink mit ihrer Untersuchung über „Ikonen der Vernichtung" eröffnet. Sie zeigt auf, dass Bildern ein Dokumentensinn auch durch die Verwendung zuwächst. So wurden bestimmte Bilder, wie die Leichenberge aus Buchenwald oder die Bilder von der Räumung des Warschauer Ghettos aus dem Stroop-Bericht, erst durch den wiederholten Abdruck zu Ikonen.

Der Dokumentensinn zeigt auf, wofür das Bild ein Dokument ist. Das ist gar nicht offensichtlich und schon gar nicht identisch mit dem Bildinhalt. So ist das bekannte Bild Anton von Werners von der Kaiserproklamation in Versailles keineswegs ein Dokument für dieses Ereignis am 18. Januar 1871. Der Vergleich der beiden Fassungen dieses Bildes (der sog. Schloss- und der Friedrichsruher Fassung) zeigt, dass der Maler auf dem späteren Bild die süddeutschen Offiziere durch preußische ersetzt hat. Der Preuße Roon trat an die Stelle des bayerischen Generals von Hartmann. Der Dokumentensinn liegt in der nachträglichen Prussifizierung der Reichseinigung. Während in der ersten Fassung noch die bayerisch-preußische Waffenbrüderschaft zum Ausdruck kam, erscheint jetzt die Reichseinigung als das Werk Preußens. Wenn man die These von der Prussifizierung in von Werners Kaiserproklamationsbildern schon kennt, ist der Einsatz im Unterricht lediglich eine kleine bildliche Anekdote, die in fünf Minuten abgehandelt ist. Die heuristische Verwendung erfordert sehr viel historisches Wissen, um den Dokumentensinn zu finden.

Alle Fragen, die im vorigen Interpretationsschritt an das Bild gestellt wurden (Maler, Auftraggeber, Publikum) sind Fragen, die sich mit zeitgenössischen Quellen beantworten lassen. Bild und Quellen entstammen der gleichen Zeit. Die historische Interpretation arbeitet dagegen retrospektiv. Sie blickt vom Heute auf die Vergangenheit. Der Zeitsprung von der Vergangenheit zur heutigen Gegenwart lässt erst im Rückblick das Bild zu einem Dokument werden. Erst die Retrospektion macht aus einer bemalten Tafel ein historisches Dokument.

Die Erarbeitung des Dokumentensinns verlangt deshalb einen „Zeitsprung" (Wohlfeil). In ihm werden Vergangenheit und heutige Gegenwart in Beziehung zueinander gesetzt. Auf diese Weise wird erkannt, aus welcher kulturellen Tradition dieses Bild schöpft und welchen kulturellen Horizont es beim Betrachter voraussetzt. Erst die rückblickende Betrachtungsweise des Historikers und nicht der Blick des Zeitgenossen erkennt den Dokumentensinn.

Der heutige Betrachter blickt auf die Zeit zurück, aus der das Bild ein Dokument ist. Das Bild steht *für* eine Epoche, Klasse, Mentalität etc. Es steht für etwas und repräsentiert mehr als nur sich selbst. Bei dem Beispielbild fallen die in Abb. 53 aufgezählten Ereignisse in die Bildepoche.

Wofür ist dieses Bild (Abb. 52) ein Dokument? Der Dokumentensinn bezieht sich nicht allein auf den Dreißigjährigen Krieg, sondern auch auf den 80jährigen Unabhängigkeitskrieg der Niederlande. Das Bild drückt nicht nur die Erleichterung über das Ende des Krieges aus, denn es wurde erst 33 Jahre nach dem Westfälischen Frieden hergestellt. Es ist eher der durch den Frieden geförderte (aber nicht hervorgebrachte) ökonomische Wohlstand, für den das Bild steht. Die Eigenart des nie-

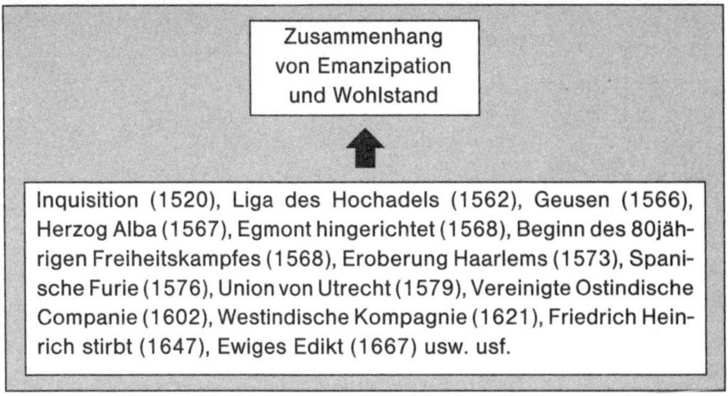

Abb. 53: Epoche und „Dokumentensinn"

derländischen Unabhängigkeitskrieges kann als „Zusammenhang von Emanzipation und Wohlstand" bezeichnet werden.

Unterrichtspraktisch stellen sich hier wieder Deutungsprobleme ein. Das, wofür das Bild Dokument ist, ist den Schülern und Schülerinnen noch unbekannt: die Epoche, die Klasse, die Sozialformation, die Mentalität. Aus diesem (unbekannten) Kontext ist das Bild von Schülerinnen und Schülern nicht zu deuten. Vielmehr muss vom Dokumentensinn auf den Kontext geschlossen werden. Im Schulbuch und im Geschichtsunterricht erfolgt die Auswahl der Bilder bereits unter dem Gesichtspunkt, Dokument für etwas zu sein. Bilder in Schulbüchern sind (bzw. sollten es sein) insofern immer Dokumente von etwas. Dass solche Bilder für etwas stehen, muss den Schülerinnen und Schülern vermittelt werden. Es reicht nicht hin, es als Illustration für bestimmte Ereignisse oder Person zu verwenden.

5.3.4 Zeitdeutung

Der vierte Schritt der Interpretation ist die narrative Analyse, die den *Zeit- bzw. Erzählsinn* herausarbeitet. Es geht hier darum, die Verzeitlichung von Sinn festzustellen. Stellen wir uns einmal folgende Situation vor. Wir haben von einem abendfüllenden Spielfilm nur ein einziges Standbild, und aus diesem sollen wir den gesamten Film erschließen. Vor dieser Situation stehen Schülerinnen und Schüler, wenn sie Bilder im Prozess *historischen* Lernens interpretieren sollen. Wenn wir den Film kennen, wissen wir, welcher Stellenwert dem Standbild zukommt. Kennen wir den Film aber nicht, macht uns das Einzelbild nur neugierig auf den ganzen Film. Wir wollen wissen, was vor und nach diesem

Einzelbild geschah. Jedes Bild zeigt aber nur einen eingefrorenen Augenblick, eine stillgestellte Geschichte. Das dargestellte Ereignis macht nur eine tausendstel Sekunde einer Gegenwart aus. Vergangenheit und Zukunft sind nicht zu sehen.

Das Panofsky-Wohlfeilsche Modell ist zu eng auf Forschung ausgerichtet und muss deshalb um einen Zeitsinn erweitert werden. Um es im Geschichtsunterricht einzusetzen, ist es in die einzelnen Zeitdimensionen aufzulösen. Dazu gehört, dass die Bildvergangenheit und die Bildzukunft einbezogen werden müssen. „Was geschah vorher?" und „Was geschah nachher?" sind die wesentlichen Fragen. Erst dadurch gewinnt Bildinterpretation jene narrative Qualität, die für Geschichte typisch ist. Eine Bildinterpretation wäre unvollständig, wenn sie nicht auf Vergangenheit und Zukunft verweisen würde. Jedes Bild besitzt eine *Bildvergangenheit* und eine *Bildzukunft*.

Ein Maler gibt nur historische *Augenblicke* wieder. Seine Bilder sind statisch; weil er das weiß, sucht er sich bewusst einen „fruchtbaren", einen „glücklichen" Augenblick aus. Er rechnet mit dem Geschichtsbewusstsein des Betrachters, der diesen Augenblick wieder in den Fluss der Zeit stellt. Am prägnantesten findet man diesen Tatbestand bei Gotthold Ephraim Lessing ausgedrückt: „Kann der Künstler von der immer veränderlichen Natur nie mehr als einen einzigen Augenblick und der Maler insbesondere diesen einzigen Augenblick auch nur aus einem einzigen Gesichtspunkte brauchen; sind aber ihre Werke gemacht, nicht bloß erblickt, sondern betrachtet zu werden, lange und wiederholtermaßen betrachtet zu werden: So ist es gewiß, daß jener einzige Augenblick und einzige Gesichtspunkt dieses einzigen Augenblickes nicht fruchtbar genug gewählet werden kann. Dasjenige aber nur allein ist fruchtbar, was der Einbildungskraft freies Spiel läßt. Je mehr wir sehen, desto mehr müssen wir hinzudenken können. Je mehr wir dazu denken, desto mehr müssen wir zu sehen glauben. In dem ganzen Verfolge eines Affekts ist aber kein Augenblick, der diesen Vorteil weniger hat, als die höchste Staffel desselben. Über ihr ist weiter nichts, und dem Auge das Äußerste zeigen, heißt der Phantasie die Flügel binden und sie nötigen, da sie über den sinnlichen Eindruck nicht hinauskann, sich unter ihm mit schwächern Bildern zu beschäftigen, über die sie die sichtbare Fülle des Ausdrucks als ihre Grenze scheuet."[183]

Der Zeitsinn ist die Auflösung von Augenblicken in Zeitverläufe. Das Bild löst Zeitverlaufsvorstellungen beim Betrachter aus, indem es sein Geschichtsbewusstsein aktiviert. Im Bild selbst sind diese Verläufe nicht enthalten. Für historisches Lernen ist es aber unumgänglich, die stillgestellte Geschichte wieder in Bewegung zu setzen. Wir müssen etwas

„hinzudenken“ können. Der Zeitsinn der Bilder ist eine Verschmelzung des Geschichtsbewusstseins von Maler und Betrachter. Wir müssen uns die Vor- und Nachgeschichte der dargestellten Bildszene ergänzen, um den narrativen Prozess, in dem das zu interpretierende Bild steht, zu erschließen. Auf diese Weise hat das Einzel bild etwas mit *Wissen* und *Imagination* zu tun. Je mehr wir wissen, um so leichter fällt es uns, uns die historisch korrekte Vor- bzw. Nachgeschichte vor zustellen.

Abb. 54: Bildvergangenheit: Exekution holländischer Aufständischer durch spanische Soldaten im Juli 1573 in Haarlem. Kolorierte Radierung von Franz Hogenberg, 1585

Beim Betrachten des Huldigungsbildes (Abb. 55) denkt sich der heutige Betrachter – aber viel stärker der zeitgenössische – die Schrecken des 80jährigen Krieges hinzu und erfasst das Bild als glückliches Ende einer schrecklichen Geschichte. Das Huldigungsbild wäre historisch unzureichend interpretiert, wenn man sich nicht die Schrecken des Krieges in den Jahren vor 1647 (empirisch oder imaginativ) vergegenwärtigt. Es gilt, die *Bildvergangenheit* des Huldigungsbildes hinzuzudenken. Die kolorierte Radierung von Franz Hogenberg aus dem Jahre 1585 zeigt die Exekution Haarlemer Bürger durch spanische Soldaten im Jahre 1573 (Abb. 54). Dieses Blatt macht deutlich, was vor der Huldigung geschah. Die *Bildzukunft* des Huldigungsbildes ist der Aufstieg der Niederlande zu einer führenden Handels- und Kolonialmacht, die sich weitgehend aus den europäischen Kriegshändeln herauszuhalten suchte. Sie wird durch das Gemälde von Andries Beeckman (um 1656) dargestellt, das die Handelsniederlassung Batavia zeigt (Abb. 56).

Der Zeitsinn ist für zeitgenössische und heutige Betrachter nicht der gleiche. Er verändert sich mit dem Betrachtungszeitpunkt. So ist das

Abb. 55: Bildgegenwart: Huldigung des Friedensbringers, 1681

Abb. 56: Bildzukunft: Niederländische Handelsniederlassung Batavia (= Djakarta). Gemälde von Andries Beeckman, um 1656

Proklamationsbild Anton von Werners für 1875 ein Bild, das die Erfüllung eines Traumes, ein glückliches Ende zeigt. Nach 1918 ist es ein Bild vom *Anfang eines Endes*, der Epoche des Kaiserreiches. Eine solche Aktivierung von Geschichtsbewusstsein ist kein Privileg von „historischen" Bildern, denn da der Zeitsinn eine Funktion des Geschichtsbewusstseins ist, kann jedes Bild zum Ausgangspunkt gemacht werden. Beispielsweise kann ein Porträt zum Anlass genommen werden, sich diesen Menschen als Kind vorzustellen. Das berühmte Eisbärfell-Kind-Motiv ist nur dann interessant, wenn der Betrachter sich das Kind als erwachsenen Menschen vorstellen kann; und das ist nur möglich auf der Basis von Wissen.

Erst wenn man das Einzelbild imaginativ oder empirisch durch (tatsächliche oder ausgedachte) Bilder ergänzt, stellt sich der Zeit- bzw Erzählsinn heraus. Insofern verlangt ein Einzelbild eine größere kreative Leistung als eine Bildsequenz. Bezogen auf den Zeitsinn nehmen Bilder den Charakter von Gründungsbildern, Ursprungsbildern etc. an.

5.3.5 Zeitbezüge

Es lohnt sich, in Bezug auf den Zeitsinn unser visuelles Gedächtnis daraufhin zu untersuchen, welche Zeitdeutungen in ihm zum Ausdruck kommen.

Gründungsbilder kennzeichnen einen Anfang und gleichzeitig einen glücklich zu Ende gegangenen Prozess. Der Endpunkt ist gleichzeitig der Anfangspunkt von etwas Neuem, das als unrealisierte Möglichkeit

der Vergangenheit inhärent war. Es beginnt nicht absolut Neues, sondern das Neue war ideell bereits in der Vergangenheit vorhanden. Vergangenheit und Zukunft verknüpfen sich in diesem Akt. Es ist kein Bruch, sondern die sichtbar gemachte Steigerung und Qualitätsveränderung des Vorhandenen, ohne dass es das Vergangene entwertet. Das Ende, das ein Anfang war; ein Ende, das bruchlos in einen Anfang übergeht. Kontinuitäten werden nicht unterbrochen, sondern in neuer Qualität weitergeführt. Es ist kein Traditionsbruch, sondern eher ein Traditionsknick. *Beispiel* für diese Art von Bild ist die Kaiserproklamation von Anton von Werner.
Ursprungsbilder deuten ein gegenwärtiges Verhalten, indem sie auf deren Ursprung zurückgehen. Solche Bilder erklären unverständliche Handlungen, die im Lauf der Zeit rituell geworden sind und nicht mehr unmittelbar den Sinn freigeben, der zu ihrer Entstehung geführt hat.

Es gibt zeitaufhebende, *zeittranszendierende Bilder*. Sie stellen Normen (rechtliche, religiöse, moralische) auf Dauer und halten Tradition aufrecht. Die Tradition wird durch Abhalten von Ritualen befestigt und die zyklische Zeit durch Rituale im Gang gehalten. Wunder sind Einbruch des Transzendentalen in die profane Zeit. Rituale halten den Zyklus der Zeit aufrecht.

Methodisch muss die Analyse von Zeitsinn ergänzt werden. Ein einfacher Zugang ergibt sich aus Bildgeschichten. Es können schrittweise immer kürzere Sequenzen gewählt werden. Schließlich kann die Vor- und Nachgeschichte eines bildlichen Augenblicks imaginativ erschlossen werden.

Augenblick/ Bildmoment	*Zeitbezug*	*Beispiel*
Mythische Anfänge/ Ursprünge/ Gründungsbilder	Zukunftsbezug	Sturm auf die Bastille
Katastrophales Ende	Vergangenheitsbezug	Ende des 2. Weltkrieges; Trümmerbilder
Glückliches Ende/ glücklicher Ausgang	Vergangenheitsbezug	Flagge über Iwo Jima von Joe Rosenthal
Verdienst	Vergangenheitsbezug	Mann mit Orden
Utopie	Vorwegnahme von Zukunft	Jules-Verne-Bilder, Stiche von der Eroberung Englands durch Napoleon
Dauer	Gegenwart, Vergangenheit und Zukunft sind gleich relevant	Conrad Schumann und sein Sprung über die Mauer 1961

5.3.6 Zusammenfassung

Die einzelnen Sinnschritte lassen sich in einer Übersicht zu sammenfassen (Abb. 57). Sie können schülergerecht folgendermaßen formuliert werden:

- *Erscheinungssinn:* Beschreibt das Bild. Nennt nur das, was ihr sehen könnt. Lasst euer besonderes Vorwissen beiseite. Wer die dargestellten Personen sind oder was sie bedeuten, läßt sich nicht aus dem Bild ablesen.
- *Bedeutungssinn:* Analysiert das Bild. Jetzt könnt ihr euer Vorwissen einbringen. Es kann im Lexikon nachgeschlagen werden, wer die Personen waren, die auf den Bildern dargestellt sind. (1) Analyse der Bildsemantik; (2) Analyse der Sozialgeschichte.
- *Dokumentensinn:* Das Bild ist ein historisches Dokument. Wofür steht es in der Geschichte? Welcher besondere historische Augenblick oder welches historische Ereignis wird gezeigt? Warum wird gerade dieses Ereignis gemalt? Welche besondere Bedeutung und welche Wirkung hat das dargestellte Ereignis?

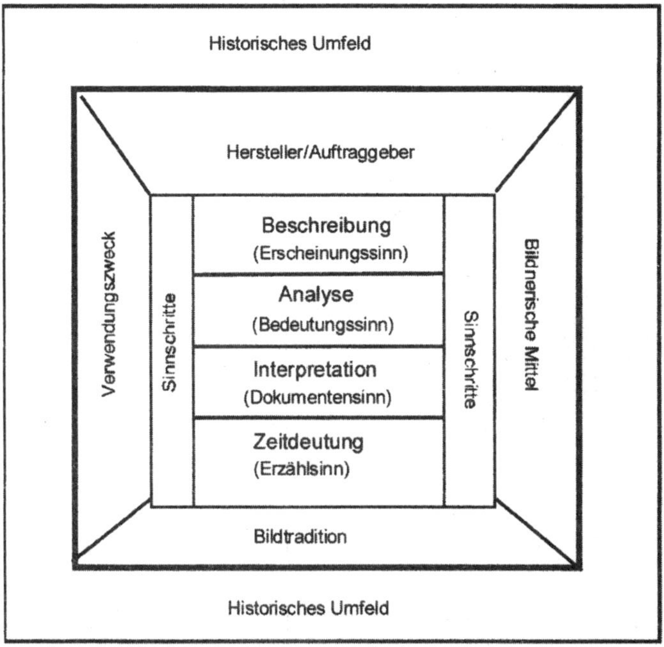

Abb. 57: Interpretationsschritte

- *Zeitsinn:* Welcher besondere Zeitpunkt ist dargestellt? Vergleicht dazu das Bild mit der Zeit, die vor und nach dem gemalten Augenblick liegt. Was ist die Vorgeschichte und was die Nachgeschichte des dargestellten Moments? Was ging der dargestellten Szene voraus und was folgte ihr? Denkt euch Bilder aus, die vor und nach diesem Augenblick liegen. Kennt ihr Bilder, die Vorgeschichte oder Nachgeschichte darstellen? Erzählt aus den drei Bildern eine Geschichte.

5.4 Weiterführende Literatur

Altrichter, Helmut (Hrsg.): Bilder erzählen Geschichte, Freiburg 1995

Appuhn, Horst: Einführung in die Ikonographie der mittelalterlichen Kunst in Deutschland, Darmstadt 1985

Bätschmann, Oskar: Einführung in die kunstgeschichtliche Hermeneutik. Die Auslegung von Bildern, Darmstadt 1985

Berger, John u. a.: Sehen. Das Bild der Welt in der Bilderwelt, Reinbek 1974

Black, Max: Wie stellen Bilder dar? in: Gombrich, Ernst u.a.: Kunst, Wahrnehmung, Wirklichkeit, Frankfurt/M. 1975, S. 115-144

Burkhardt, Hermann: Bildtexte – narrative Strukturen im Kunstunterricht, Ravensburg 1977

Bruns, Margarete: Das Rätsel Farbe. Materie und Mythos, 3. Aufl., Stuttgart 2001

Eberhard, Wolfram: Lexikon chinesischer Symbole. Die Bildsprache der Chinesen, 2. Aufl., Köln 1989

Englisch, Felicitas.: Bildanalyse in strukturalhermeneutischer Einstellung. Methodische Überlegungen und Analysebeispiele, in: Garz, Detlef und Kraimer, Klaus (Hrsg.): Qualitativ-empirische Sozialforschung, Opladen 1991, S. 133-176

Ginzburg, Carlo: Kunst und soziales Gedächtnis, in: ders., Spurensicherungen, München 1988, S. 149-233

Haupert, Bernhard: Struktural-hermeneutische Fotoanalyse am Beispiel von Soldatenfotos aus dem Zweiten Weltkrieg, in: Garz, Detlef und Kraimer, Klaus (Hrsg.): Die Welt als Text, Frankfurt/M. 1992, S.281-314

Hofmann, Werner; Syamken, Georg und Warnke, Martin: Die Menschenrechte des Auges. Über Aby Warburg, Frankfurt/M. 1980

Hülsen-Esch, Andrea von; Schmitt, Jean-Claude (Hrsg.): Die Methodik der Bildinterpretation, 2 Bde., Göttingen 2002

Jungfer, Hedda: Lernen durch Bilder, in: AV-Forschung. München, Doppelband 7, 1973, S. 91-116

Kaemmerling, Ekkehart (Hrsg.): Ikonographie und Ikonologie, 3. Aufl., Köln 1984

Kirschbaum, Engelbert (Hrsg.): Lexikon der christlichen Ikonografie, 8 Bde., Freiburg 1968 ff.

Knauer, Martin: „Dokumentensinn" – „historischer Dokumentensinn". Überlegungen zu einer historischen Ikonologie, in: Tolkemitt, Brigitte

und Wohlfeil, Rainer (Hrsg.): Historische Bildkunde, Berlin 1991, S. 37-47
Mattl, Siegfried; Stuhlpfarrer, Karl u. Tillner, Georg (Hrsg.): Bild und Geschichte, Innsbruck 1998
Müller-Funk, Wolfgang: Die Rückkehr der Bilder, in: Kamper, Dietmar (Hrsg.): Macht und Ohnmacht der Phantasie, Darmstadt und Neuwied 1986, S. 38-63
Panofsky, Erwin: Ikonographie und Ikonologie, in: Kaemmerling (Hrsg.): Ikonographie und Ikonologie, 3. Aufl., Köln 1984, S. 207-225
Puchner, Willy: Die Anordnung zur Pose. Private Fotografie als historische Quelle, in: Fotografie und Gesellschaft. Zeitschrift für die fotografische Imogologie 3/4, 1990, S. 10-49
Raphael, Max: Bild-Beschreibung. Natur, Raum und Geschichte in der Kunst. Hrsg. von Hans-Jürgen Hinrichs, Frankfurt/M. 1987
Schuster, Martin; Woschek, Bernard P. (Hrsg.): Nonverbale Kommunikation durch Bilder, Stuttgart 1989
Theissing, Heinrich: Die Zeit im Bild, Darmstadt 1987
Tolkemitt, Brigitte; Wohlfeil, Rainer (Hrsg.): Historische Bildkunde. Probleme – Wege – Beispiele (Zeitschrift für Historische Forschung. Beiheft 12), Berlin 1991
Unger, Helga: Text und Bild im Mittelalter (= Katalog zur gleichnamigen Ausstellung der Universitätsbibliothek Bamberg 1986), Graz 1986
Urech, Edouard: Lexikon christlicher Symbole, Konstanz 1976
Wedewer, Rolf: Zur Sprachlichkeit von Bildern; ein Beitrag zur Analogie von Sprache und Kunst, Diss., Essen 1985
Wohlfeil, Rainer: Das Bild als Geschichtsquelle, in: HZ Bd. 243 (1986), S. 91-100
Wohlfeil, Rainer: Methodische Reflexionen zur Historischen Bildkunde, in: Tolkemitt, Brigitte und Wohlfeil, Rainer (Hrsg.): Historische Bildkunde, Berlin 1991, S. 17-35

6. Bild und Schrift

Meist werden Bild und Schrift als Konkurrenzmedien aufgefasst. Das ist aber eine zu enge Sichtweise, denn beide Medien bleiben stets eng aufeinander bezogen, wie bereits bei der Erläuterung des Erscheinungssinnes gezeigt worden ist. Bilder werden immer im Zusammenhang mit Sprache wahrgenommen. „Um ohne Wörter dargebotene Bilder zu finden, muss man wahrscheinlich zu teilweise analphabetischen Gesellschaften zurückgehen".[184] Eine scharfe Trennung zwischen beiden Medien ist kaum möglich, denn stets erscheinen Bilder im sprachlichen Kontext. In der Antike verweisen sie auf Mythen, im Mittelalter auf die Heilige Schrift, im 19. Jahrhundert auf Historiographie. Auch im Unterricht ist eine Situation vorhanden, in der die Bilder in Sprache eingebettet sind. In Schulgeschichtsbüchern stehen Bilder in einem sprachlichen Kontext, von dem nicht abgesehen werden kann. Auch wenn Bilder als Einzeldia oder Folie präsentiert werden, so ist durch den vorhergehenden Unterricht bzw. das Stundenthema bereits ein sprachlich/schriftlicher Kontext hergestellt. Immer sind sie im Buch von Schrift umzingelt. Es gibt keine Anschauung, die ohne Sprache abliefe. Auch die Präsentation der Bilder kommt selten ohne Sprache aus. Schrift erscheint im Bild, unter dem Bild und um das Bild herum.

6.1 Schrift im Bild

Bildquellen haben eine codeerweiternde Affinität zur Schrift. Ihnen wurde schon immer Schrift beigegeben, weil sie den visuell präsentierten Denkhorizont erweitern. In der altägyptischen Wandmalerei sind die Bilder und dazugehörenden Totenbuchsprüche aufeinander bezogen.[185] Seit der Antike ist es üblich, in manche Bilder Schrift zu integrieren, die Hinweise zum Verstehen der Bilder liefert. In diesen Bildern kommt ein anderes Element bildlich präsentierter Geschichte zum Ausdruck. Es ist das Verhältnis von Schrift und Bild. Nicht nur, dass Bilder in Visualität umgesetzte sprachliche Begriffe sein können („Gleichgewicht"), sondern sie liefern schriftliche Hinweise zum Verstehen der Bilder. So hilft die Schrift in dem Bild (Abb. 58), die Szene als Streit zwischen Käufer und Verkäufer zu verstehen.

Diese antiken „Sprechbänder" kennt auch die christliche Kunst des

Abb. 58: Schwarzfigurige attische Amphore: „Das Gefäß ist schon voll; es ist schon danebengegangen“

Mittelalters. Später kamen in der Buchmalerei die Verschmelzung von Buchstaben und Bildern in den „Initialen“ vor. Auf vielen Bildern wurden Personen mit offener Buchrolle oder Buchcodex dargestellt, auf denen der Anfang eines Textes zu lesen war. Diese Schriftelemente lieferten authentische Schlüssel zur Interpretation des Bildes, da sie nicht eine Zutat des späteren Bildbetrachters sind, sondern vom Maler selbst stammen.

Manche mittelalterlichen Bilder sind mit Schrift geradezu überladen, wie das Miniaturbild aus dem Missale Heinrichs II. zeigt (Abb. 59). Auf diesem Bild empfängt Heinrich von Gottes Gnaden die Krone, die heilige Lanze und das Reichsschwert. Die Verse der Umschrift lauten in deutscher Übersetzung:

> Siehe! Gekrönt wird von Gott und beglückt.
> Der fromme König Heinrich, erlaucht durch den Stamm der Ahnen,
> Schirmend bringt ihm sogleich der Engel die Lanze.
> Dieser hält auch das Schwert bereit. Vor ihm die Furcht verbreitend.
> Gnädiger Christus, gib langes Leben deinem Gesalbten.
> Damit dein Getreuer nicht den Nutzen der Zeit verliere.
> Dieses Königs Herz und Taten zeichne Udalricus auf,
> Emmeranus gewähre ihm huldreich süßen Trost.

Aber es gibt nicht nur Schrift, die den modernen Sprechblasen ähneln oder innerbildliche Kommentare des Malers darstellen, sondern Schrift

Abb. 59: Heinrich II. empfängt von Gottes Gnaden die Krone, die heilige Lanze und das Reichsschwert. Miniatur aus dem Regensburger Sakramentar um 1002 n. Chr.

kann auch selbst Gegenstand der Darstellung sein. Ein Beispiel ist das bekannte Fuggerbild, das meist ohne den oberen Teil abgebildet wird. Er lautet: „Primo Octobrio 1516. Als ich zu herr Jacob Fugger kam, doch erst 9. jener 1517 verschriben worden." Unter dem Namen Fugger steht: „recht contrafatt". Auf den Klappen im Regal stehen Städtenamen. Das Bild zeigt geographisch und topographisch nur einen Ort (ein Kontor in Augsburg), durch die Schrift wird es als europäisches Handelshaus

Abb. 60: Jacob Fugger und sein Buchhalter Matthaeus Schwarz im Kontor. Kolorierte Zeichnung von Narciß Renner, ca. 1520

charakterisierbar. Zwischen den Einzelheiten des dargestellten Objekts und den Städtenamen entsteht eine Beziehung: Das europäische Handelsimperium der Fugger. Die einzelnen dargestellten Bildelemente (Schreibtisch, Kontobuch, Personen, Wandregal) erweitern sich durch die Schrift zu einer Struktur höherer Ordnung. Im aufgeschlagenen Kontobuch ist zudem zu lesen: „uns soll“ und „wir sollen“. Damit wird auf die doppelte Buchführung verwiesen (Abb. 60).

Abb. 61: Der Panzer ist fertig und Deutschland kriegsbereit

Auch im Zeitalter der Fotografie gibt es viele Beispiele für Schrift im Bild. In diesem Fall ist es aber nicht der Fotograf, der die Schrift verfertigt, sondern diejenigen, die Objekt des fotografischen Vorganges sind. Wenn der Arbeiter auf den Panzer „fertig“ schreibt, so meint er seine technische Fertigstellung. Diesem Panzer selbst kann man nicht ansehen, ob er fertig ist oder ob noch an ihm gearbeitet werden muss. Durch seine Schrift liefert er der Anschauung den Begriff „fertiger Panzer“. Für den Betrachter von heute hat diese Schrift einen symbolischen Gehalt: Die Kriegsvorbereitung ist abgeschlossen, der Faschismus ist fertig zum Krieg (Abb. 61).

Abb. 62: Unter der Windschutzscheibe der Jeeps steht: „Die Army hat immer einen guten Job für Dich"

Da man bestimmten Menschen und Menschengruppen nicht ansieht, wer sie sind, was sie getan haben oder gerade tun, nehmen sie selbst Schrift mit ins Bild, damit der Fotograf sie auch mitfotografiert. Einer Gruppe von Menschen, die vor einem Tor steht, sieht man nicht an, warum sie dies tun. Die Streikenden, die den Bildgegenstand ausmachen, liefern dem Betrachter den Begriff, unter dem sie angeschaut werden wollen, mit. Sie halten ihm ein Schild mit der Aufschrift „Streik" entgegen.

Einer Gruppe von Soldaten sieht man ihre fragwürdigen Heldentaten nicht an, deshalb versehen sie ihren Jeep mit Schrift. Zugleich liefern sie auch die moralische Wertung ihres Tuns mit. Auf der Windschutzscheibe steht: „Die Army hat immer einen guten Job für Dich." (Abb. 62)

6.2 Schrift unter dem Bild: Die Bildlegende

6.2.1 Sinnumkehrung

In der Presse, im Schulbuch und im Museum werden Bilder stets mit „Legenden" versehen. Das sind mit mehr oder minder ausführliche Textzeilen unter (auch neben oder über) den Bildern. Bildlegenden schränken die Autonomie des Bildes ein. Sie reduzieren Vieldeutigkeiten und Bedeutungsdifferenzen. Sie können dem Betrachter aber auch eine bestimmte Deutung aufzwingen, indem sie seine Wahrnehmung steuern, festlegen und manipulieren. Andererseits gibt es aber auch auf

Seiten des Betrachters das Verlangen nach Orientierung; er will Hilfe bei der Sinnkonstitution des Bildes. Deshalb kommt den Legenden auch besondere Aufmerksamkeit zu. Im Museum werden Bilder immer mit kleinen Schildchen versehen, die Maler, Datum und Thema nennen; Schulbücher präsentieren Bilder immer mit Unterschriften. Bildlegenden treten aber nicht nur als handschriftliche (im privaten Fotoalbum) oder gedruckte Texte (Presse, Buch) auf, sondern auch als gesprochene Sprache. Die Information, die der Lehrer den Schülerinnen und Schülern zu einem Bild gibt, kann als Legende gewertet werden. Die Beachtung, die den Legenden entgegengebracht wird, beginnt mit dem Ersten Weltkrieg, als Bilder zur Propaganda eingesetzt wurden.

Dazu ein Beispiel: 1915 erschien ein kleines Bändchen mit dem Titel „Das Bild als Verleumder".[186] Es enthält Bildbeispiele, die nach der Meinung des Verfassers aufzeigen sollen, wie das kriegführende deutsche Kaiserreich in der Bildpresse des Auslandes verleumdet wurde. Wie kann aber ein Bild „verleumden"? Verleumden bedeutet doch, einen Menschen (oder eine Gruppe) so darzustellen, wie er in „Wirklichkeit" nicht ist, um ihn in den Augen anderer herabzusetzen. Wie ist das aber bei einer dokumentarischen, nicht-retuschierten Fotografie möglich, wenn ein Bild nach landläufiger Meinung über die Wirklichkeit mehr sagt als tausend Worte? Auf einem Bild in dem erwähnten Bändchen sind drei deutsche Offiziere zu sehen. Sie stehen nebeneinander und blicken in die Kamera; in den Händen halten sie kostbar aussehende, offensichtlich aus Metall bestehende Schüsseln, Krüge und Kelche. In der russischen Zeitschrift „Wes Mir" trägt das abgedruckte Foto die Unterschrift: „Eine Gruppe von Marodeuren, Repräsentanten der Armee ..., deren Hände mit geraubter Beute gefüllt sind".

Dasselbe Bild im „Berliner Lokalanzeiger" ist untertitelt: „Vom Armeejagdrennen im Grunewald". Das Bild als Verleumder? Wohl kaum! Das Bild hat sich nicht verändert. Es ist mit sich selbst identisch geblieben. Nicht das Bild verleumdet, sondern die Bildunterschrift. Für den naiven Betrachter kann das Foto nicht lügen, sondern ist die exakte Wiedergabe des Wirklichen. Das ist aber offensichtlich ein Irrtum. Das Bild lügt auch wie gedruckt. Es ist so vieldeutig, dass es möglich ist, es unter die Begriffe „Rennsieger" und „Marodeure" zu subsumieren, und je nach diesen Begriffen verändern sich auch die Gegenstände, die die Offiziere in den Händen tragen. Einmal sind es „Siegerpokale" und das andere Mal „Raubgut". Wie verhält es sich nun mit der dem Bild zugeschriebenen Anschauungsfunktion? Was veranschaulicht dieses Bild wirklich? Von sich aus gar nichts. Es gibt dem vorgängig vorhandenen Begriff „Rennsieger" bzw. „Marodeure" visuelle Gestalt. Es ist somit nicht von

Abb. 63: Einzelbild aus Callots Zyklus „Schrecken des Krieges“ mit Legende

sich aus anschaulich, sondern nur durch den vorgängigen Begriff. Das Bild ist also so vieldeutig, dass es verschiedene, ja entgegengesetzte Sachverhalte veranschaulichen kann.

Die Aussage einer Fotografie lässt sich demnach durch unterschiedliche Legenden in ihr Gegenteil verkehren. Wechselt ein Bild in einen anderen sprachlichen Kontext, so sagt es etwas anderes aus und veranschaulicht auch etwas anderes. Eine historische Quellenkritik versucht diesen Sachverhalt zu steuern, indem sie die Authentizität des Bildes sicherstellt. Das verweist nochmals auf Sprache. Die Authentizität ist eben nur sprachlich als Geschichte der Entstehung dieses Bildes überliefert.

Das ist nicht nur ein Beispiel vergangener Kriegspropaganda, sondern solche Umkehr des Sinnes findet auch in unseren Schulbüchern statt – allerdings weniger durch das bewusste Einfügen einer neuen Legende, sondern mehr dadurch, dass die authentische Bildlegende weggelassen wird. Die meisten Zeichner, die in unseren Schulbüchern präsentiert werden, haben ihren Bildern Legenden beigegeben: Goya, Franck, Callot. Callot (1589–1635) hat seinem Zyklus „Schrecken des Krieges“ Legenden in Versen beigegeben (Abb. 63). Das in vielen Schulbüchern abgedruckte Bild des Galgenbaumes zeigt Dutzende Aufgeknüpfter in der Krone hängen. Die Schulbücher wollen demonstrieren, dass der Zeichner in dem Bild seine Sympathie mit den Gehenkten und den Abscheu vor den Tätern zeigen wollte. Das Gegenteil ist richtig. Er identifiziert sich mit den Tätern, wie die Bildlegende zeigt (Übersetzung aus dem Französischen):

Uns zeigt das Diebsgesindel, das hier dicht gedrängt
wie unheilvolles Obst an einem Baume hängt,
daß das Verbrechen selbst (verrufen, finstre Sache)
schon sei ein Instrument der Züchtigung und Rache;
denn früher oder später stellt den Bösewicht
ein unerbittlich Los vors himmlische Gericht.[187]

Selten kommt es vor, dass das Bild die ihm beigegebene Legende selbst dementiert.

Die Legende, die der Autor dem Bild (Abb. 64) beigegeben hat, lautet: „Die Sarazenenreiter, links, werden nicht durch schwere Rüstungen behindert und sind deshalb den Christen, rechts, überlegen. Was zur Niederlage der Christen bei Hattin führt."[188] Das Bild zeigt gerade das Gegenteil: abgeschlagene Gliedmaßen und Köpfe der Sarazenen am Boden, aber kein toter oder verwundeter Christ ist zu sehen.

Abb. 64: Buchminiatur „Sarazenen und Kreuzritter", ca. 1250

6.2.2 Bildlegende privat und öffentlich

In Fotoalben werden die Fotografien oft mit Legenden versehen, damit sie Erinnerungshilfe leisten. Das geschieht nicht nur bei jenen Knipsbildern, die Familienangehörige bei Geburt und Taufe wie bei Festen und Feiern zeigen. Neben diesen Familienalben gibt es auch private Alben mit Bildern, die von Kriegen angefertigt wurden. Zwei Bilder aus einem Album aus dem Ersten und Zweiten Weltkrieg zeigen die Spannbreite dieser Bilder bzw. Legenden auf (Abb. 65 u. 66).

Abb. 65: Album eines Soldaten aus dem Ersten Weltkrieg; in der Etappe war Zeit für Späße (1916). Originalbildunterschrift: „Minentransport im Hochgebirge“

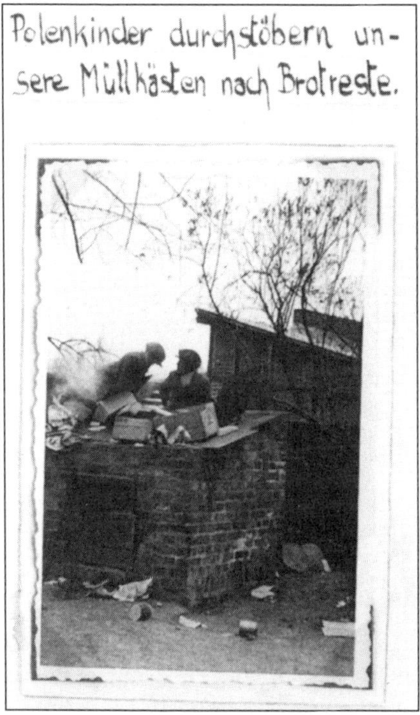

Abb. 66: Aus dem Album eines Soldaten, das er seiner Mutter zum Muttertag schenkte (1941)

Zwei besonders strittige Kapitel zur Problematik von Bildlegenden außerhalb des privaten Fotoalbums haben wir in jüngster Zeit erlebt. Den ersten Fall stellen die Kriegsberichterstatter der Propagandakompanien im Zweiten Weltkrieg dar. Einige der damaligen Fotografen haben nach 1945 beindruckende Fotoreportagen geliefert. Bei der kritischen Aufarbeitung ihrer Lebensgeschichte und ihres Lebenswerkes wurde oft versucht, die Einstellung der Fotografen zu den von ihnen dokumentierten Sachverhalten im Zweiten Weltkrieg aus ihren Bildern abzulesen. Zum Beleg werden meist die Legenden herangezogen. Im konkreten Fall ist nicht klar, von wem sie stammen. Manchmal hat sie der Fotograf selbst, in anderen Fällen die zuständige Redaktion der entsprechenden Veröffentlichung vorgenommen. Einige Fotohistoriker sind der Meinung, dass aus dem dokumentierten Tatbestand nicht die Absicht und Einstellung des Fotografen abzulesen ist: „Das Foto erlangt erst Bedeutung durch seine Bild-Legende. Erst das kommentiert publizierte Bild entwickelt seine dynamische Kraft, wird Propagandist im Guten wie im Bösen ... Die Legende des Bildes beurkundet das vorgeblich Sichtbare.“[189] Ähnlich argumentiert Winfried Ranke: „Aber Fotografien sind bekanntlich stumm und geduldig. Erst die Bildunterschrift soll sie zum Sprechen bringen. Was damit jedoch zur Sprache gebracht wird, muß nicht unbedingt mit der Meinung des Fotografen übereinstimmen.“[190]

Ein anderes Beispiel ist die Ausstellung „Verbrechen der Wehrmacht“ des Hamburger Instituts für Sozialforschung 1999/2003. Sie hat das Problem der Legenden noch einmal deutlich gemacht. Der Auslöser war nicht das tatsächliche Problem von falschen oder unzureichenden Legenden der historischen Fotografien, sondern meist die ideologische Voreingenommenheit, rechte Ressentiments und neuer Rechtsradikalismus. Das Problem der technischen Legende war vielfach nur der Aufhänger für eine Denunziation der Ausstellung. Von 800 Bildern hatten ca. zehn falsche Legenden; diese reichten allerdings aus, die gesamte Ausstellung in Misskredit zu bringen. Wenn man einmal von der politisch-ideologischen Auseinandersetzung absieht – was man schwerlich kann – haben wir es hier mit einem „Kampf um Legenden“ zu tun.[191]

6.2.3 Denotative, signifikative und technische Legenden

Für geschichtsdidaktische Zwecke muss man überlegen, welche Legenden Schülerinnen und Schüler brauchen, um die Bilder zu interpretieren. Solche Legenden lassen sich folgendermaßen systematisieren:

Denotative Bildlegende

Das folgende Bild ist in einem Schulbuch abgebildet.

Abb. 67

Was sagt dieses Bild aus? Welche Bedeutung hat es? Der Gegenstand des Bildes, sein Erscheinungssinn lässt sich sicher angeben:

Gegenstand: Menschen vor flachen Hütten oder Zelten, gemessen an unserem europäischen Lebenstandard handelt es sich um ärmliche Wohnverhältnisse.
Ort: Aus dem Bild ist nicht ersichtlich, wo sich diese Menschen befinden (Pakistan, Kosovo, Libanon, Palästina etc.).
Zeit: Aus dem Bild ist auch die Zeit nicht ersichtlich. Der Gegenstand „portabler Fernseher" schränkt die Zeit zwar ein, es bleibt aber immer noch eine Spanne von 30 Jahren.
Umstand: Was sind die näheren Umstände? Vorübergehende Unterkunft nach einem Erdbeben, Slum vor einer Großstadt der Dritten Welt, Lebensweise von Halbnomaden?

Die diesem Bild beigegebene Legende im Schulbuch lautet: „Palästinensische Flüchtlinge im Gaza-Streifen, 1993, Fotografie".

Solche Legenden werden *denotativ* genannt. Sie bezeichnen den Anschauungsgegenstand und sie erwähnen die näheren Umstände. Sie „verbürgen" (Preisendanz) sich für eine bestimmte Anschauungsweise. Unterschiedliche denotative Texte, die sich auf ein und dasselbe Foto beziehen, variieren nur in punkto Genauigkeit und Ausführlichkeit. Sie bezeichnen nur das, „was unbeschadet ihrer Deutung in allgemeiner Evidenz gegeben ist".[192]

Solche Legenden sind für historische Sinnbildung unverzichtbar, da die Bilder für historisches Lernen sich auf alle Epochen und Kulturen beziehen. Aus der Gegenwart genommene Wahrnehmungsmuster greifen in der Regel nicht. Es müssen die Personen oder Sozialtypen genannt werden und die Zeit, in der das spielt. Selbst die dargestellte Handlung entzieht sich oft der Kenntnis: Ein Opferritual der Maya, das Totengericht der alten Ägypter lassen sich für einen ungeübten Betrachter nicht ohne weiteres erkennen. Das ist aber keine Besonderheit von Bildern, die fremden Kulturen entstammen.

Auch Bilder aus der eigenen Vergangenheit sind fremd: Das bekannte Bild aus dem sog. Lili-Jacob-Album von der Selektion in Auschwitz (Abb. 75, S. 170) wird in Schulbüchern unterschiedlich untertitelt. Eine kleine Auswahl:

1. „Selektion" auf dem Bahnhof Auschwitz (Zeiten und Menschen C4 1971, S. 129)
2. Auf der Rampe von Auschwitz. Foto (Entdecken und Verstehen. Realschulausgabe 3, 1996, S. 112)
3. Selektion in Auschwitz (Geschichte heute 9./10. Schuljahr, 1988, S. 105)
4. Auschwitz. Gleich beginnt die „Selektion": Die Angekommenen werden von SS-Leuten gemustert und eingeteilt. Wer als arbeitsuntauglich nach links treten muss, kommt „ins Gas". (Menschen in ihrer Zeit 4, 1972, S. 120)

Die Originalunterschrift aus dem „Lili-Jacob-Album" lautet „Aussortierung" (allerdings nicht für dieses Bild allein, sondern für mehrere, die den Vorgang aus anderen Perspektiven zeigen).

Alle vier Legenden nennen den Ort „Auschwitz". Nr. 1 und 2 sind noch genauer; sie konkretisieren durch „Rampe" bzw. „Bahnhof". Allein Nr. 2 nennt die Bildgattung „Foto". Nr. 2 nennt nicht den Vorgang. Nr. 4 begnügt sich nicht mit dem Begriff Selektion, sondern erläutert den Vorgang. Keine der Legenden hingegen datiert das Bild (Mai 1944). Regeln für Schulbuchlegenden gibt es offensichtlich nicht.

Signikative Bildlegende

Eine zweite Legendengruppe geht über die knappen Angaben hinaus.

Dieses Bild trägt folgende Legende: „Palästinas Kinder wachsen, ständig bedroht von militärischen Überfällen, in Flüchtlingslagern auf".

Abb. 68: DDR-Buch Geschichte 10, S. 154

Zeit und Umstand werden nicht erwähnt. Die militärische Bedrohung geht aus dem Bild nicht hervor, sondern der Text schreibt vor, unter welchem Gesichtspunkt man es betrachten soll. Legenden, die das tun, nennt man *signifikative* Bildtexte.[193] Sie können bei ein und demselben Foto grundverschiedene Anschauungsgehalte hervorbringen. Signifikative Legenden sind eine Form manipulierender Texte. Sie können die Bedeutung eines Bildes auf den Kopf stellen, wie das Beispiel „Jagdrennen" gezeigt hat.

Generell kann man feststellen, dass die Legenden in unseren Schulbüchern in der Regel (unvollständig) denotativ sind. Signifikative Legenden kommen in der Regel nicht vor. Anders sieht es aus, wenn man die dazugehörigen Lehrerbände benutzt. Es ist aber nicht sicher, ob es sich um kluge Zurückhaltung handelt oder vielmehr um Missachtung dem Bild gegenüber, dem man nur illustrativem Wert beimisst. Beide oben zitierten Palästinabilder gehören unzweifelhaft dazu.

Technische Bildlegende

Besonders Bilder in historiographischen Kontexten (und schulischen Texten) bedürfen einer *technischen* Legende. Sie bezieht sich nicht auf den Inhalt, sondern auf die Urheberschaft des Bildes und die technischen Verfahren, die zu ihm geführt haben. Wie jede schriftliche Quelle nutzlos ist, die nicht datiert werden kann, so ist auch ein Bild für historische Erkenntnisse wertlos, wenn es nicht in seinen zeitlichen Kontext eingereiht werden kann.

Der bloße Name reicht oft nicht, er muss zudem in der Stellung der Zeit gekennzeichnet werden. Anders als im modernen Fotojournalismus sind für historische Zwecke aber auch technische Hinweise zur Interpretation nötig, da wir es mit einer Fülle von Bildgattungen zu tun haben. Im Foto fallen Ereigniszeit und Aufnahmezeitpunkt zusammen.

Abb. 69: Fuldaer Handschrift aus dem 9. Jahrhundert. Text über dem Bild.

Bei vielen historischen Bildwerken gibt es eine *Zeitdifferenz.* Folglich fallen bei anderen Herstellungstechniken der Zeitpunkt des gemalten Ereignisses und der Zeitpunkt, zu dem dieses Bild hergestellt wurde, auseinander. Bei Albrecht Altdorfers (ca. 1480–1538) „Alexanderschlacht" 333 v. Chr. beträgt die Differenz ca. 1800 Jahre. Folglich muss die Legende beide Zeitangaben enthalten. Die Bildgattung liefert auch die *Verwendungsweise* und Hinweise auf das Publikum, dem das Bild zugänglich war. Ob eine Miniatur aus einem Evangeliar stammt, das als Handschrift nur ganz wenigen zugänglich war, oder ob ein Historienbild im Museum hing, ist für die Interpretation wichtig. Das gilt aber auch bei Fotografien, denn ob es sich um ein privates Knipsbild eines Soldaten oder um ein Foto eines Kriegsberichterstatters handelt, gibt Hinweise für seine Interpretation.

6.3 Schrift zum Bild

Bilder – besonders in Publikationen – sind stets von Schrift begleitet. Sie umgibt das Bild, umrahmt es und manchmal durchdringt sie es auch (Abb. 69). Eine schriftunabhängige Wahrnehmung von Bildern findet selten statt. Auch wenn im Unterricht ein Einzelbild ohne Text und Legende (z.B. als Overheadfolie) erscheint, ist durch den sprachlichen Kontext, in dem das Bild eingesetzt wird, die Beziehung zur Sprache wiedergegeben.

Bilder in einem Text-Bild-Bezug können eine historische Darstellung sein, eine Autobiografie, ein Roman, ein Briefwechsel. Die Schrift zum Bild ist mehr als eine Legende, sie hat einen eigenen Stellenwert, ohne allerdings vom Bild unabhängig zu sein. Es besteht eine Interaktion zwischen Schrift und Bild. Das Bild gibt aber das Thema vor, der Text erweitert die Sinnkonstitution des Bildes.

6.4 Weiterführende Literatur

Böhm, Gottfried; Pfotenhauer, Helmut (Hrsg.): Beschreibungskunst – Kunstbeschreibung, München 1995

Brandt, Joachim: Der Text zum Bild, Diss. Marburg, Marburg 1993

Fix, Ulla; Wellmann, Hans (Hrsg.): Bild im Text – Text und Bild, Heidelberg 2000

Füssel, Stephan; Knape, Joachim (Hrsg.): Poesis et Pictura. Studien zum Verhältnis von Text und Bild in Handschriften und alten Drucken, Baden-Baden 1989

Gross, Sabine: Lese-Zeichen. Kognition, Medien und Materialität im Leseprozeß, Darmstadt 1994

Kloepfer, Ralf: Komplementarität von Sprache und Bild, in: Posner, Roland (Hrsg.): Zeichenprozesse. Semiotische Forschung in den Einzelwissenschaften, Wiesbaden 1977, S. 129-145

Lellek, Alexander: Verdoppelungen – die Differenzen von Bild und Schrift, in: Mattl, Siegfried u. a. (Hrsg.): Bild und Geschichte, Innsbruck 1997, S. 10-20

Mattl, Siegfried: Texte sehen. Bilder lesen, in: Fliedl, Gottfried u.a. (Hrsg.): Wie zu sehen ist. Essays zur Theorie des Ausstellens, Wien 1995, S. 13-26

Preisendanz, Wolfgang: Verordnete Wahrnehmung. Zum Verhältnis von Foto und Begleittext, in: Sprache im technischen Zeitalter 37 (1971), S. 1-8

Rosenfeld, Hellmut: Bild und Schrift. Die verschiedenen Versuche zu ihrer Verschmelzung, in: Archiv für Geschichte des Buchwesens 11 (1971), Sp. 1653-1672

Rutschky, Michael: Foto mit Unterschrift. Über ein unsichtbares Genre, in: Naumann, Barbara (Hrsg.): Vom Doppelleben der Bilder. Bildmedien und ihre Texte, München1993, S. 51-66

Weidemann, Bernd, Lernen mit Bildmedien, 2. Aufl., Weinheim 1994

7. Didaktik des Bildes

Die Didaktik eines Bereichs fragt nach den Gegenständen, die unterrichtet werden sollen, nach ihren Funktionen im Leben der Schülerinnen und Schüler sowie nach ihrem bildenden (aufklärerischen etc.) Wert. Ebenso muss eine geschichtsdidaktische „Didaktik des Bildes" auch Angaben darüber enthalten, welchen Beitrag Bilder für historisches Lernen erbringen. Eine geschichtsdidaktische „Bilddidaktik" kehrt die übliche didaktische Fragestellung um. Sie beschäftigt sich nicht ausschließlich mit historischen Ereignissen, die mit Hilfe von Bildern darzustellen sind, sondern fragt (auch), welche Bilder in Form und Inhalt um ihrer selbst Willen in unterschiedliche Lernprozesse einbezogen werden sollen, sodass historisches Denken als Kompetenz erlernbar wird.

Ein solcher Blickwechsel ist deshalb nötig, weil Bilder in der Geschichte des Geschichtsunterrichts vorwiegend instrumentellen Charakter tragen. Sie waren stets Mittel zum Zweck. Sie sollen immer etwas bewirken, sie sollten vorwiegend helfen, sprachförmiges *Wissen anzueignen*, einen vorgängig vorhandenen Sachverhalt *illustrieren* oder für einen Sachverhalt *motivieren*. Das zeigt sich an den langen Listen, die die Didaktiker von jenen methodischen Funktionen angefertigt haben, die Bilder erfüllen sollen. Dabei werden folgende Funktionen aufgezählt: Illustrieren, Motivieren, Mitteilen bzw Informieren, Verstärken, Hinführen, Wiederholen, Steuern (Unterrichtsprozesssteuerung), Erklären, Einstiege ermöglichen und Weckung des Problembewusstseins.[194] Sogar Diagnostizieren und Therapieren werden genannt.[195]

Das sind unbestreitbar alles Funktionen, die man mit Bildern ausführen kann. Dabei sind aber zwei kritische Hinweise angebracht. Bei diesen Katalogen handelt es sich ausschließlich um *lehrerzentrierte Tätigkeiten*. Der Lehrer setzt Bilder instrumentell ein. Deshalb sind Bilder in der älteren Didaktik immer als „Unterrichtsmittel" bezeichnet worden. Zudem fehlt in diesen Funktionsaufzählungen fast immer das „Interpretieren". Manchmal taucht allerdings in diesem Zusammenhang eine sogenannte heuristische Funktion auf. Sie meint in der Regel (wie in der bildlichen Sachkunde), Gegenstände auf Bildern zu benennen (z. B. Abtritt an der mittelalterlichen Stadtmauer). Diese vielfältigen Funktionen können Bilder aber nicht erfüllen, wenn Schülerinnen und Schüler sie (mit und ohne Hilfe) nicht interpretiert und somit nicht verstanden haben. Alle diese Funktionen sind nur im Zusammenhang der Interpretation zu sehen (Abb. 70). Die Illustrationsfunktion (etc.) setzt die Interpretation nicht außer Kraft, sondern setzt sie voraus. Mit einem unverstandenen und unverständlichen Bild lässt sich nicht richtig motivieren, kein Lernprozess steuern etc.

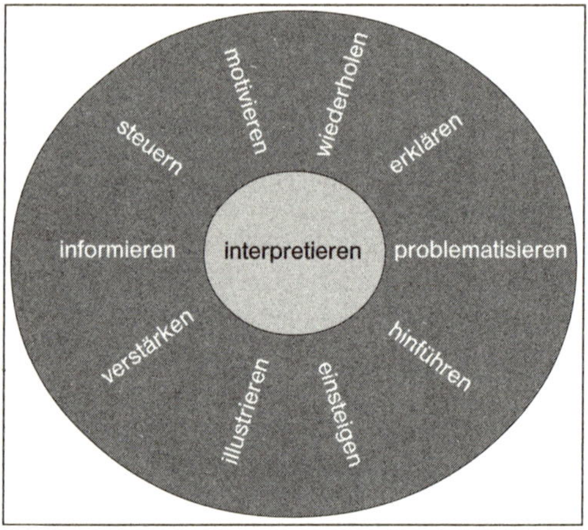

Abb. 70: Das Bild als Gegenstand und Hilfsmittel

Bei diesem instrumentellen Verständnis werden Bilder gar nicht als ein eigener Zweck wahrgenommen. Sie sind aber *auch* ein eigenständiger Gegenstand und Herausforderung zu historischem Denken. Ziel des Geschichtsunterrichts ist, dass Schülerinnen und Schüler bestimmte Bilder und Bildgruppen kennen lernen, um an und mit ihnen ein visuelles Gedächtnis zu gewinnen. Darüber hinaus besitzen Bilder als Botschaften der Vergangenheit einen Inhalts- und einen Beziehungsaspekt. Der Inhaltsaspekt sagt etwas über ein historisches Ereignis aus, der Beziehungsaspekt etwas über das Verhältnis des Malers zu diesem Ereignis. Die Inhalts- und die Beziehungsbotschaft bilden eine primäre Bedeutungsebene, sie sind Gegenstand der Bild*interpretation*. „Es wird also nicht nur *durch* Bilder gelernt, sondern auch durch die Wahrnehmung und Verarbeitung visueller Informationen selbst."[196]

7.1 Visuelles Gedächtnis

Eine der wichtigsten Aufgaben einer Didaktik des Bildes ist es, den Schülerinnen und Schüler zu helfen, ein *Bildgedächtnis* aufzubauen.

Eine jede Kultur besitzt ein kollektives Bildgedächtnis, das mit Bildern gefüllt ist, die Tradition sicherstellen. Dieses Bildgedächtnis kann man sich als Summe der mentalen Bildrepräsentationen vorstellen, die unsere innere Anschauung von Personen, Orten, Ereignissen und Epochen ausmachen. Sie lassen sich als visuelle Gedächtnisorte (bzw. Erinnerungsorte) auffassen.[197] Das Bildgedächtnis ist aber auch ein virtuelles Archiv, aus dem Zeitungen, Bücher, elektronische Medien und nicht zuletzt Schulbuchverlage ihre Bildvorlagen entnehmen und dadurch wieder das kollektive Bildgedächtnis festigen. Die bis in die 70er Jahre bestehenden kulturpessimistischen Klagen der Geschichtsdidaktiker über die „Bilderflut" entsprangen der Sorge, dass dadurch das traditionelle Bildgedächtnis bedroht sei.

Das Bildgedächtnis als Tradition ist nicht statisch und kein unveränderbarer Kanon. Es wandelt sich durch neue Fragestellungen und Orientierungsbedürfnisse. Jede Generation hat ihr eigenes Bildgedächtnis, das sowohl aus traditionellen Bildern als auch aus neuen besteht. Der Bestand an konkreten und bilddidaktische genutzten Bildern scheint bis zur Wende zum 21. Jahrhunderts konstant geblieben zu sein. Wir erblicken in den Schulbüchern meist nur gute Bekannte. Dieses *versteinerte Bildgedächtnis* wird offensichtlich, wenn man unsere Schulbücher mit denen anderer europäischer Länder vergleicht – von Ländern, mit denen uns eine ausgeprägte Beziehungsgeschichte verbindet oder mit denen wir sogar eine gemeinsame Geschichte haben.[198] Deren visuelles Gedächtnis enthält nicht nur andere Bilder, sondern ist auch anders strukturiert.

Immer noch illustrieren viele unserer Schulbücher den Nationalsozialismus mit nationalsozialistischen Propagandabildern.[199] Goebbels' naive Helfer? Vor allem Bilder, die Täter und Sieger geschaffen haben, sind in unserem Bildgedächtnis enthalten. Bei der Analyse der Absicht des Bildherstellers rückt das Foto als dinglicher Gegenstand wieder in den historischen Kontext. Ob ein Foto aus dem Warschauer Ghetto als Trophäe der SS oder als Dokument des Leidens anzusehen ist, macht einen großen Unterschied bei der Bildung des Bildgedächtnisses aus. Wenn wir unseren Unterricht und unsere Schulbücher noch immer ausschließlich – ich betone ausschließlich – mit dem Stroop-Bericht oder dem Lili-Jacob-Album versehen, so sperren wir nicht nur Entwicklungen der Erinnerungskultur aus, sondern nehmen auch die Perspektive der Opfer nicht in unser kollektives Bildgedächtnis auf. Was in den 1950er, 60er und 70er Jahren aus Mangel an Alternativen unvermeidbar war, muss es heute nicht mehr sein. Wir verfügen inzwischen über eine Fülle von Bildern, die die Opfer angefertigt haben; sie kommen mehr und mehr zum Vorschein. Es handelt sich oft um visuelle Autobiographien, für die hier das Buch des Alfred Kantor stehen kann (Kap. 10, S. 214 ff.).[200]

Trotz des Wandels im kollektiven Bildgedächtnis bleiben einige bestimmte Bilder in ihm dauerhaft enthalten. Für diese Bilder hat sich der Begriff *Ikone* eingebürgert. Er hat zwar bestimmte Eigenschaften mit den aus der griechisch-orthodoxen Kunst bekannten Ikonen gemeinsam, zeigt aber doch allgemeine Eigenschaften. Es handelt sich um säkulare Ikonen. Diese Bilder werden nicht als Ikonen geschaffen, sondern entstehen erst im Prozess der Tradierung. Im besonderen sind sie durch drei Merkmale charakterisiert.[201]

Authentizität: Der im Bild dargestellte Sachverhalt ist unstrittig. Dennoch halten diese Bilder einer strengen Authentizitätsprüfung nicht stand; sie sind alle mehr oder minder arrangiert. Die zeitgeschichtlichen Fotobeispiele sind bekannt. Jo Rosenthals Foto von Iwo Jima (23.2.1945) wurde wegen zu kleiner Flagge und Jewgenij Chaldeis Reichstagsbild (2.5.1945) wegen zu vieler Armbanduhren des Soldaten nachgestellt. „Viele arrangierte Fotos verwandeln sich im Laufe der Zeit wieder in historische Zeugnisse zurück, auch wenn sie dabei – wie die meisten historischen Zeugnisse – an Reinheit verlieren".[201a] Der Unterschied zwischen „gemachten" (Gemälden etc.) zu „aufgenommenen" Bildern (Fotos) erweist sich dabei als ganz und gar nicht so groß, sodass auch Nicht-Fotografien diesen Status bekommen (Kaiserproklamation, Canossabild).

Kanonisierung: Bilder erhalten durch Dauergebrauch einen hohen Bekanntheitsgrad und werden zu Ikonen. Diese Bilder werden immer wieder gezeigt, auch wenn es Alternativen gibt. Sie sind in das soziale Bildgedächtnis aufgenommen und behalten auch dort ihren Platz, wenn neues Bildmaterial aufgefunden wird. Das schließt auch die Nachteile der Kanonisierung ein. Ein Kanon legt Gewicht auf bestimmte Bilder und schließt andere aus. Kanonisierung ist kein Qualitätsurteil.

Symbolisierung: Diese Bilder verdichten komplexe Phänomene und geben Geschichte stellvertretend wieder.[202] Die Betrachtung dieser Bilder hat eine besondere emotionale Wirkung, wenn auch nicht in dem engen Sinne wie bisher behauptet. Es gibt nämlich nicht nur Ikonen der Scham und des Leidens, sondern auch solche des Stolzes und der Überheblichkeit.

Ikonisierte Bilder bilden ein besonderes geschichtsdidaktisches Problem. Trotz ihres hohen Bekanntheitsgrades werden Bildgegenstand und Bildbedeutung kaum gekannt. Sie werden wahrgenommen, aber gar nicht mehr genau betrachtet und schon gar nicht gedeutet. Gerade weil Bilder zu Ikonen geworden sind, bedürfen sie der Interpretation. Schülerinnen und Schüler haben sie schon oft gesehen, aber nicht genauer interpretierend betrachtet. Sie kennen nur unzureichend die Geschichte, die die Bilder stellvertretend verdichten.

7.2 Visuelle Rhetorik

Die zweite Aufgabe der Bilddidaktik ist es, die visuelle Rhetorik zu erkennen. Bilder stellen nicht nur etwas dar, sondern stellen auch stets eine kommunikative Beziehung zwischen sich und ihren Betrachtern her. Sie wollen in einer bestimmten Weise auf sie einwirken, indem sie appellieren, anklagen, bitten, spotten, unterrichten etc. Hier kommt die Rhetorik als Kunst der bildungswirksamen Rede zum Ausdruck. Die Hersteller von Bildern arbeiten mit visuellen Metaphern, um die Wirksamkeit ihrer Aussagen zu erhöhen. Die rhetorische Gestalt der Bilder verweist auf „Die Bedeutung der Form".[203] Diese Ebene hat nichts mit stilistischen Ausschmückungen und poetischen Effekten zu tun.

Ausgangspunkt dieser Überlegungen ist ein anderer. Die menschliche Vergangenheit besitzt keine formale Kohärenz, die man auf der Ebene von Sprache oder Bild mimetisch nachahmen kann. Sie ist vielmehr durch Kontingenzen gekennzeichnet, die erst durch die Art der Darstellung eine Kohärenz erhält. Die Fiktion der Korrespondenz der erzählten Geschichte mit der von realen Personen damals erlebten Geschichte ist noch weit verbreitet. Die Art der Erzählung kann deshalb keine neutrale diskursive Form sein, sondern verändert den Inhalt, sie tut ihm immer etwas an. Das ist die Bedeutung der Form, die selbst schon eine Bedeutung besitzt und die ihr nicht erst durch den Inhalt der Erzählung vermittelt wird. Hayden White hat die rhetorische Dimension in „ideologische" Implikationen eingeteilt, in konservativ, anarchistisch etc.[204] Es ist damit mehr gemeint als die politische Haltung des Bildermachers als Person. Es geht um die Stellung des Bildes zum historischen Prozess, den es darstellt. Unter rhetorischem Aspekt sollte gefragt werden, ob das Bild den historischen Prozess optimistisch-fortschrittlich, revolutionär-verändernd oder kontemplativ-beharrend auffasst. Die rhetorische Regel lautet: Bilder und Bildsequenzen haben eine Botschaft bzw. ideologische Implikationen. Sie machen Angebote von Sinndeutungen, die nicht abstrakter Wissenschaftlichkeit oder absichtsloser Fabulierkunst entspringen, sondern sie sind rhetorisch, d.h. sie wollen eine bestimmte Wirkung erzielen.

7.3 Visuelle Ästhetik

Ästhetik verlangt, dass die Darstellung nicht hinter dem Dargestellten vergessen wird. Bilder und Bildsequenzen transportieren nicht nur historisches Wissen und historische Narrative, sondern die Kognitionen haben auch eine ästhetische Dimension. Bilder sind nicht allein Erinnerungstatbestände, sondern auch ästhetische Gebilde. Ihre Form ist ein historischer Inhalt. Die Rationalität der wissenschaftsförmigen Darstellungen erzeugt eine stetige Entzauberung. Als Gegenbewegung lässt sich in der Geschichtskultur eine mächtige – legitime – Tendenz zur Wiederverzauberung und Imagination feststellen. Bilder enthalten Elemente, die nicht ausbuchstabierbar sind: Expressionen, Emotionen, Stile der Welterfassung, visuelle Handschriften.[205] Hier lägen dann die Chancen – und bei der Zunahme der Geschichtsillustrationen sogar die Notwendigkeit – Schülerinnen und Schüler für die subtilen Nuancen der visuellen Ausdrucksweisen zu sensibilisieren. Epochensensibilität und Zeitgeistverständnis sind hier zu nennen. Dass in der Vergangenheit alles anders war, ist eine nichtssagende Trivialität. Wichtiger ist vielmehr die Feststellung, worin denn dieses Andersein besteht. Die Schülerinnen und Schüler müssen die Vergangenheit mit den Augen derjenigen sehen (lernen), die in ihr gelebt haben, dass heißt nicht (ausschließlich), die Vergangenheit in ihrem sachlichem Gehalt zu rekonstruieren. Es heißt die Sehweisen zu rekonstruieren, die zu diesen visuellen Auseinandersetzungen geführt haben. Es geht dann darum, die Vergangenheit in der Art und Weise zu sehen, in der sie sich selbst sah.

Die ästhetische Präsentation hat gegenüber der Sprache ungemeine Vorteile. Sie ist unmittelbar und in ursprünglicher Form der Sinnestätigkeit zugänglich. Der Wahrnehmungsgegenstand muss nicht wie bei den Textquellen erst geschaffen werden. Es ist nicht nötig, ihn aus einer Fremdsprache zu übersetzen. Keine Handschrift muss in Drucktypen verwandelt, keine Fraktur in moderne Helvetica-Typen übertragen werden. Das Bild präsentiert sich so, wie es ursprünglich geschaffen wurde. Die ästhetische Dimension trägt die auratische Alterität, die Faszination der Andersartigkeit. Ästhetik bedeutet nicht nur, das zu berücksichtigen, was auf einem Bild dargestellt ist, sondern auch den mentalen Vorstellungskomplex, der zu diesem Bild geführt hat.

Da unsere didaktischen Bemühungen meist nur auf die manifesten und kognitiven Inhalte bezogen sind, lassen wir oft ganze Bildgattungen außen vor. Beispiele hierfür sind die privaten Fotos, die in jedem Fotoalbum zu finden sind. Sie zeigen Mimik, Gesten, Gebärden und Posen. Ihre Analyse ist von mentalitätsgeschichtlicher Relevanz. Da diese Dimension stets auf der Suche nach supergeschichtlichen Bildzeichen übergangen wurde, werden alltagsgeschichtliche Bilder wie „Mutter unter dem großen Kirschbaum im Garten“ oder „Opa vor seinem ersten Auto“ selten genutzt und dafür Fotos wie „Hitler bei einer Parteitagsrede“ vorgezogen.

Der alltagsästhetische Blick der Schüler und Schülerinnen kann durch die ästhetische historische Form erweitert werden. Das geht zwar nicht ohne kulturgeschichtliches Wissen, aber dieses Wissen erfasst ohne die ästhetische Formung nur die eine Hälfte der historischen Realität. Es sollte darum gehen, den „ästhetischen Sinn als Sinn für Distinktionen“ zu fördern.[206]

Die Berücksichtigung der Bildästhetik macht nur bei Bildquellen und modernen Geschichtsbildern Sinn. Historische Illusions- und Animationsbilder, die sich inzwischen in einige Schulbücher wieder einschleichen[207] und in naiven unterrichtspraktischen Vorschlägen angeboten werden, fördern Analphabetentum in Bezug auf Ästhetik. Solche Bilder sind lediglich Hilfsmittel, Lehrbehelf im Instruktionsprozess des Unterrichts. Sie verstärken die didaktische Intention der Lehrenden, nehmen aber nicht teil am Prozess der historischen Vorstellungsbildung; sie leisten auch keinerlei Beitrag zur Bildung eines historischen Bildgedächtnisses. Eine wesentliche Dimension ginge verloren, wenn Unterricht sich auf solche unauthentischen Bilder stützte. Der „Verlust des Stils“ wäre zu beklagen. Die „historische Bedeutung des Stils“[208] wird auf diese Weise nicht wahrgenommen. Anstatt Kunst als Quelle für das Verständnis der Vergangenheit heranzuziehen, werden klischeebesetzte Typen von mittelmäßigen Gebrauchsgrafikern an deren Stelle gesetzt.[209] Niemandem würde es im Kunstunterricht einfallen, anstatt eine Reproduktion der Mona Lisa zu zeigen, von einem Gebrauchsgrafiker eine x-beliebige Renaissancefrau zeichnen zu lassen oder etwa die Mona Lisa als Strichzeichnung zu präsentieren. Für den Geschichtsunterricht gelten offenbar bei manchen Methodikern andere methodische Regeln.[210]

7.4 Visuelle Topik

Der logisch-systematische Ort, die Stellung von Bildern in der Geschichtswissenschaft zu präzisieren, ist eine „Topik des visuellen Darstellens“. Topik ist jener theoretische Vermittlungsort zwischen den Ansprüchen, die aus der Logik der historischen Forschung entspringen, und den verschiedenen Erzählsituationen. Man kann sie als ein System von Regeln bezeichnen, die es ermöglichen, lebensweltbezogene Argumentationsformen historischen Darstellens und Erzählens zu erzeugen.

Sie ist keine Katalogisierungsinstanz der vorhandenen Darstellungsweisen, sondern ein produktives System, das es ermöglicht, in den verschiedenen Situationen des Erzählens durch Verknüpfung gewisser Grundmuster die adäquate Darstellungsweise zu finden.

Der größte Teil der Bilder, die wir in Geschichtswissenschaft und Geschichtsunterricht zur Verfügung haben (sieht man einmal vom Film ab), besteht aus Einzelbildern. Wir besitzen mit ihnen nur Fragmente einer zeitlichen Abfolge, nur Momentaufnahmen und keinen kontinuierlichen Ablauf in der Zeit. Diese fehlende „Kontinuität des Materials“[211] ist keine Eigenschaft, die ausschließlich Bildern zukommt. Auch für schriftliche Quellen stellt sich dieses Problem. Für manche Epochen und Fragestellungen besitzen Historiker derart bruchstückhafte schriftliche Quellen, dass er aus ihnen heraus keinen durchgängigen Erzählzusammenhang darstellen kann. Er hat lediglich Bruchstücke, die zudem nicht aufeinander verweisen. Dennoch besitzt das Einzelbild genügend Stärken für eine geschichtsdidaktische Verwendung. Dazu sollen mehre Formen hervorgehoben werden.

7.4.1 Visuelle Spurensicherung

Trotz Kino und Fernsehen sind es die Einzelbilder, die das visuelle Gedächtnis füllen. Durch das Aufkommen der bewegten Bilder hat sich nichts Neues für das visuelle Gedächtnis ergeben. „Das Gedächtnis

Abb. 71: Der spätere Innenminister („Polizeiminister“) Otto Schily wird als Demonstrant von der Polizei weggetragen (1983)

arbeitet mit Standbildern und die Grundeinheit bleibt das einzelne Bild."[212] Ein Bild liefert den Beleg für einen Tatbestand. Es kann ein „Tatortfoto" sein, wie es Walter Benjamin genannt hat. Ohne auf die Gattung Fotografie festgelegt zu sein, liefert es Belege für Sachverhalte, für deren Existenzbehauptung die Sprache nicht ausreicht, oder für die sie manchmal gar keine Bezeichnung hat (Abb. 71). Ein Tatortbild liegt nicht nur dann vor, wenn der *Bildinhalt* etwas belegt, sondern auch die Tatsache, dass ein Bild gemalt (fotografiert etc.) wurde, rechtfertigt die Aussage Tatortbild. Als die amerikanische Fotografin Margaret Bourke-White (1904–1971) die ersten Fotos aus dem gerade befreiten KZ Buchenwald lieferte, präsentierte sie Bilder von einem Tatbestand, den die meisten Zeitgenossen in dieser Form nicht für möglich hielten und für den sie auch noch keinen Namen hatten.

Spurensicherung zielt noch auf einen zweiten Sachverhalt. Bilder können Existenzbezeugung sein. Existenzbehauptungen haben in der historischen Aussage einen wichtigen Stellenwert. Hier geht es nicht nur um die Tatortfotos der großen Verbrechen, der exzeptionellen Taten, sondern um den alltäglichen Schrecken. Diese Fotos zeigen Armut und Ausbeutung von Einwanderern und Fremden im eigenen Land, die Praktiken des Kolonialismus, das Alltagsleben in Ghettos. Überspitzt hat das der Fotograf Karl Pawek auf die moderne Maxime gebracht: „Es ist fotografiert worden, also existiert es!"[213] Nicht nur die Bildinhalte, sondern auch die Existenz der Bilder betreiben Spurensicherung. Frühneuzeitliche Hexenbilder beispielsweise sind keine Belege für die Existenz von Hexen, sondern für die Existenz von Hexenglauben.

7.4.2 Visuelle Soziologie

Eine andere Verwendungsweise von Bildern ist die Herstellung von visuellen Soziologien bzw. Anthropologien. Solche liegen uns beispielsweise in den fotografischen Werken von Edward S. Curtis,[214] August Sander,[215] Irving Penn[216] und Stefan Moses[217] vor (Abb. 72, 73, 74). Diese Bilder liefern uns zeitliche Querschnitte, Varianten des gleichen Sachverhalts. Visuelle Soziologien stellen keine Veränderung in der Zeit dar, sondern einzelne soziale Schichten einer Gesellschaft zu einem konkreten Zeitpunkt. Sie zeigen Menschen, die zur gleichen Zeit in unterschiedlichen sozialen kulturellen oder ethnischen Verhältnissen lebten. Solche Soziologien machen die Vielfältigkeit deutlich, die von verschiedenen sozialen Schichten (Sander) oder von ethnischen Unterschieden (Curtis) herrührt. Die Bilder sind zwar in einem chronologischen Nacheinander entstanden, aber sie zeigen keinen zeitlichen Ablauf. Sie liegen

Abb. 72: Indianer vom Stamm der Nez Percés. Aufgenommen zwischen 1900 und 1910 von Edward S. Curtis (1868–1952)

auf der gleichen Zeitebene, ihr logischer Stellenwert ist ein Synchronismus. Die Fotos der visuellen Soziologie sind stets inszeniert. Im Gegensatz zu Schnappschüssen sind sie sorgfältig arrangiert.

Diese visuellen Soziologien sind die Entsprechung zur sprachlichen Oral History. Die Fotografen stellen gewissermaßen ihre Apparate zur Verfügung und lassen Menschen vergangener Kulturen und vergehender Epochen sich selbst präsentieren. Solche Soziologien sagen in ihrer

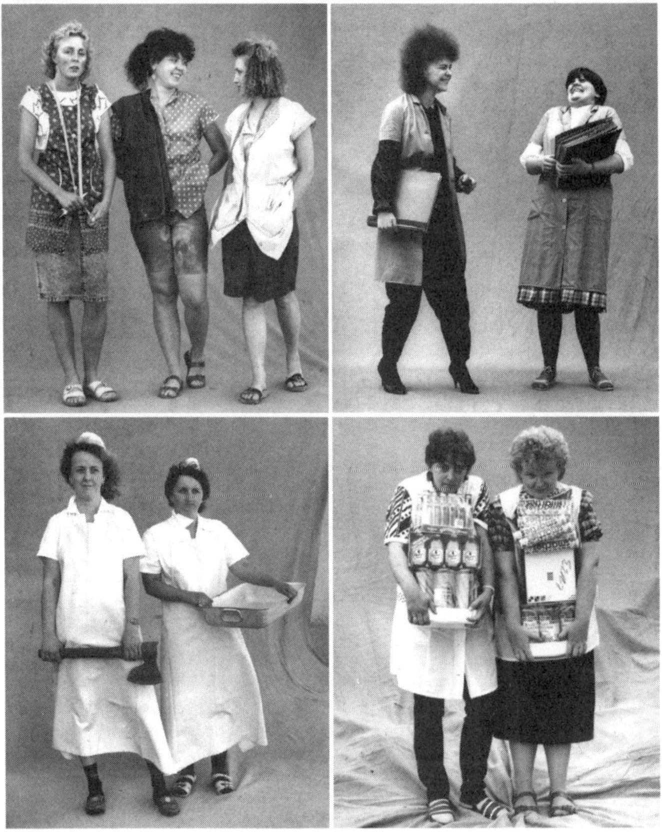

Abb. 73: Arbeiterinnen in der DDR. Aufgenommen 1989/1990 von Stefan Moses. Meisterinnen für Bekleidungstechnik und Einrichterin, Facharbeiterinnen für Postverkehr, Fleischerin und Köchin, Lebensmittelverkäuferinnen

Zusammenstellung mehr aus als ein einzelnes Foto einer einzelnen Person. So kann man Kollektive, Kulturen und Gesellschaftsschichten darstellen. Die Individualität der einzelnenPersonen wird gerade durch die Zusammenstellung betont. Die Zusammenstellung verlangt eine Abstraktionsleistung. Hier kann nicht von einem Einzelbild gesagt werden, so sehen die Nez Percés aus, sondern man muss sich aus den Einzelbildern eine Vorstellung von dem Stamm bilden. Curtis besuchte beispielsweise zwischen 1889 und 1930 die verschiedenen Stämme der nordamerikanischen Indianer und produzierte in dieser Zeit 40.000 Fotografien.

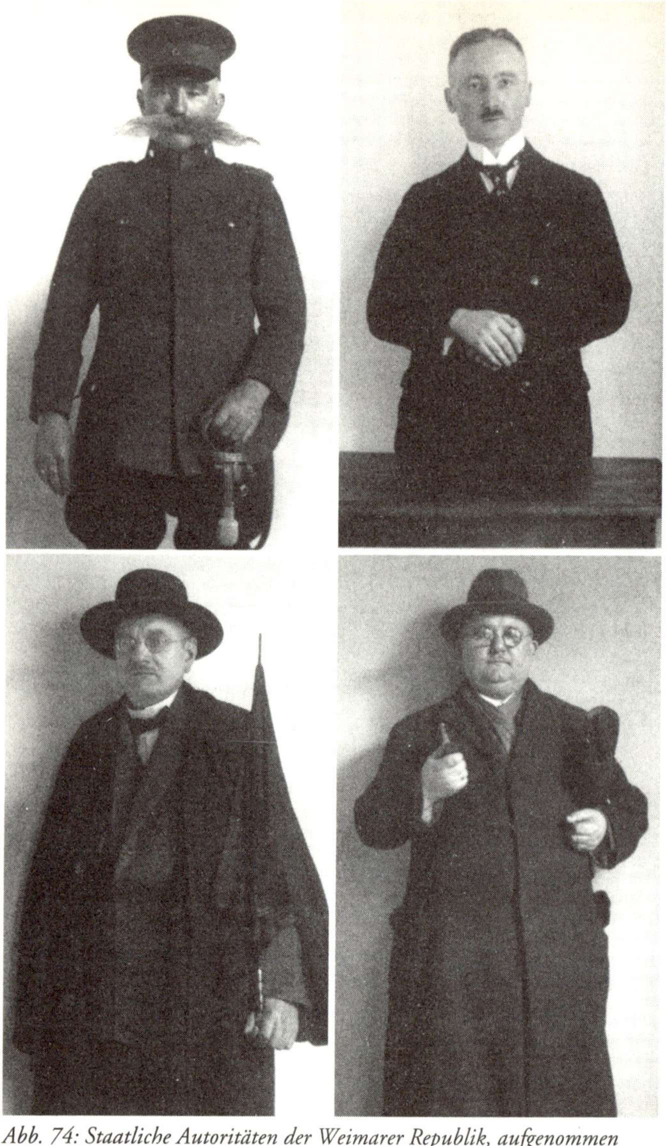

Abb. 74: Staatliche Autoritäten der Weimarer Republik, aufgenommen 1925 bis 1932 von August Sander (1876–1964): von links oben nach rechts unten: Polizist, Studienrat, Abgeordneter, Gerichtsvollzieher

7.4.3 Visuelles Erzählen

Lässt sich nun das Postulat eines Erzählens mit und durch Bilder trotz der aufgezeigten Schwierigkeiten einlösen? Wenn jemand in die Situation kommt, anhand eines Fotoalbums die Geschichte einer konkreten Familie zu erzählen, scheint das trotz der aufgezeigten Schwierigkeiten noch recht einfach. Er hat es mit klar abgegrenztem Material zu tun, das zudem in einer bestimmten chronologischen Folge geordnet ist. Und, was das Wichtigste ist, der Erzähler kennt die Familiengeschichte.

In den seltensten Fällen steht uns ein bildliches Erzählkontinuum zur Verfügung, das in visuellen Phasenbewegungen einen narrativen Zusammenhang bildet. Auch einer Zusammenstellung von Einzelfotografien fehlen die Phasen als Zeiteinheiten von Handlungen. Dass Einzelbilder nicht erzählen können, ist historisch früh bemerkt worden. Zu den herausragenden Beispielen, die dem Einzelbild dennoch eine erzählerische Qualität abgewinnen konnten, gehört die Säule des Kaisers Trajan und der im Jahre 1066 n.Chr. im südenglischen Canterbury entstandene Teppich von Bayeux.[219] Auch aus Mittelalter und früher Neuzeit gibt es viele Beispiele, die durch Zusammenstellung von Einzelbildern Geschichten erzählen wollten.[220] Eine besondere Form der Bildgeschichte entstand mit der fotografischen Technik. Die Reportagefotografie hat große Ähnlichkeit mit der Arbeit des Historikers. Mathew Brady,[221] einer der großen amerikanischen Pioniere der Fotografie, dem wir eine der ersten Reportagen verdanken (er berichtete mit der Kamera aus dem amerikanischen Bürgerkrieg), bezeichnete sich selbst als Historiker. Indem er Bild für Bild aus einem Handlungszusammenhang herausbrach, wollte er diesen Zusammenhang auf der bildlichen Ebene durch Zusammenstellung von Einzelbildern wieder herstellen. Mit der Verbesserung der fotografischen Techniken in den 1920er Jahren wurde eine neue Verwendungsweise möglich: die Verwendung von Fotos in einer Reportage. Die großen Fotoreportagen der 20er Jahre entstanden: Felix H. Mann, Wolfgang Weber, Alfred Eisenstaedt und die Fotografen um den „Arbeiter-Fotograf" und die „Arbeiter-Illustrierte Zeitung" sind hier zu nennen. Auch die Reportage dokumentiert, sie sichert Spuren und bezeugt Existenz. Auch sie kann visuelle Soziologien erstellen. Das hat sie mit den anderen Verwendungsweisen der Fotografie gemeinsam. Ihr spezieller Wert beruht aber darauf, dass der Sinn, den sie vermitteln will, in einer Folge von Bildern entsteht. Die Reportagefotografie, die Diachronie für narrative Strukturen präsentieren kann, ist damit die einzige fotografische Verwendungsweise, die erzählenden Charakter trägt. Durch die Bilder, die die einzelnen Phasen einer Handlung bilden, zieht sich ein Thema, ein roter Faden, ein Sinn. Der Wert liegt nicht auf dem einzelnen Bild, sondern auf der Zusammenstellung aller. Nicht der Sinn eines einzelnen Bildes ist gemeint, auch nicht die Summe aller einzelnen Beschreibungen, sondern der Sinn konstituiert sich durch die Gesamtheit aller Bilder in ihrer zeitlichen Abfolge (vgl. das Beispiel auf S. 214).

7.4.4 Visuelle Zitate

Abb. 75: Originalabzug im Lili-Jacob-Album

Abb.76: Aus „Menschen in ihrer Zeit" (1972)

Abb. 77: Aus „Entdecken und verstehen" (1996)

Abb. 78: Aus „Geschichte heute" (1988): „… da waren es nur noch zwei"

Häufig wird an den Bildpräsentationen im Schulbuch kritisiert, dass die Bilder „beschnitten" sind. Diese Praxis mag bei Kunstwerken wohl zu kritisieren sein, im Geschichtsunterricht handelt es sich aber meist um Dokumente, d.h. um Quellen. Wie niemand ernsthaft die Kürzung von schriftlichen Quellen verwerfen kann, so ist auch grundsätzlich nichts gegen das Beschneiden von Bildern einzuwenden, wenn es um historische Erkenntnis geht. Es gibt pragmatische Gründe für Detailansichten. Die Höhle von Lascaux oder eine ägyptische Grabkammer lassen sich ebenso wenig vollständig abbilden wie ein mittelalterliches Triptychon.

Das Kürzen von schriftlichen Quellen (und folglich auch bei Bildern) findet allerdings dort seine Grenzen, wo sinnentstellend gekürzt wird. Es ist nun im Einzelfall – wie bei schriftlichen Quellen auch – nicht immer eindeutig bestimmbar, wann ein Bild sinnentstellend verkürzt ist. Von dem bekannten Selektionsbild aus dem „Lili-Jacob-Album“[222] (Abb. 75) findet man in unseren Schulbüchern mehrere Varianten.

Bei der letzten Variante (Abb. 78) wird der Sinn in sein Gegenteil verkehrt. Es ist eine individuelle Begegnung zwischen zwei Personen. Obwohl im Buch die Legende „Selektion“ lautet, ist der Bedeutungssinn nicht mehr zu entschlüsseln. Der SS-Mann schaut nach, ob der ältere Mann auch schön warm angezogen ist.

7.5 Weiterführende Literatur

Boesen, Victor u. Curtis Graybill, Florence: Ein Denkmal für die Indianer. Edward Sheriff Curtis und sein photographisches Werk, München 1970

Curtis, Edward S.: Die Indianer, meine Freunde. Erinnerungen an ein verlorenes Volk. Hrsg. v. Gerald Hausmann u. Bob Kapoun, München 1997

Curtis, Edward S.: The North American Indian, 20 Bde., Cambridge, Mass. und Noorwood, Conn. 1907-1930 (ND New York und London 1979)

Moses, Stefan: DDR – Ende mit Wende. 200 Photographien 1989-1990, Ostfildern-Ruit 1999

Moses, Stefan: Abschied und Anfang. Ostdeutsche Portraits 1889–1990, 3. Aufl., Ostfildern-Ruit 1993

Moses, Stefan: Deutsche, München 1980

Penn, Irving: Passage. Ein Lebenswerk, München 1991

Pohlmann, Ulrich; Harder, Matthias (Hrsg.): Stefan Moses. Die Monographie, München 2002

Sander, August: Menschen des 20. Jahrhunderts. Porträtfotografien 1892-1952. Herausgegeben von Gunther Sander, München 1980

Sander, August: Menschen des 20. Jahrhunderts, 7 Bde., München 2001

Röll, Franz Josef: Mythen und Symbole in populären Medien. Der wahrnehmungsorientierte Ansatz in der Medienpädagogik, Frankfurt/M. 1998

Weidenmann, Bernd: Lernen mit Bildmedien. Psychologische und didaktische Grundlagen, 2. Aufl., Weinheim 1994

8. Methodik

Die Normalform der Bildinterpretation ist die Arbeit an einem einzelnen Bild in der Weise, wie sie in Kapitel 5 vorgestellt wurde. Auch ein Vergleich setzt die Einzelbildinterpretation voraus. Andere Zugangsweisen ersetzen zwar die Interpretation nicht, sie können sie aber sowohl erleichtern als auch erweitern. Es handelt sich um sogenannte *methodische Arrangements*, also die Art und Weise, in denen Bilder dargeboten werden. Eine geschichtsdidaktische Methodik der Bildinterpretation ist im weiteren Sinne immer ein Vergleich. Eine historische Person beispielsweise wird auf einem Bild wiedererkannt, weil man sie bereits von anderen, früher gesehenen Bildern kennt.

Der erste Zugang ist der Vergleich von Sprache und Bild. Die mittelalterlichen Betrachter von Altar-, Kreuzwegs- und Heiligenbildern verglichen die Bilder mit den ihnen bekannten Erzählungen, entdeckten visuelle Elemente und konnten deshalb auch ihren Sinn entschlüsseln.

Der zweite Zugang ist der Vergleich von Bild zu Bild. Das ist das Metier der Kunstgeschichte. Aufgrund des Vergleichs lassen sich Bilder wechselseitig befragen. Welche Elemente nicht auf dem einen Bild vorkommen, welche auf beiden etc.

Der dritte Zugang ist die Herstellung von Diskursreihen. Die Bilder sind bereits beim Herstellen aufeinander bezogen und legen narrativen Sinn frei.

8.1 Bilder ergänzen: Der Restaurator

Wie andere Quellen sind auch Bildquellen nicht immer vollständig erhalten. Besonders aus der Antike sind uns viele Bilder nur fragmentarisch überliefert. Dieser Tatbestand ermöglicht es, in der Ergänzung bzw. Rekonstruktion eine (unterrichts-)methodische Möglichkeit zu sehen. Das ist keineswegs nur ein handlungsorientierter Zugriff, sondern er macht auf die Deutungsarbeit von Historikern und Archäologen aufmerksam. Der Prozess der Restaurierung ist immer auch ein Vorgang, der eine Interpretation beinhaltet. Hier ist der Ort für die sinnliche Faszination, die Quellen in der andersartigen Präsentationsform besitzen. Die Rekonstruktion von Geschichte ergibt nicht saubere mathematische Lösungen, bei denen alles genau ohne Rest aufgeht, sondern wir haben es bei der historischen Rekonstruktion mit Ambivalenzen, Zweifeln, hypothetischen Annahmen zu tun.

Ein solches fragmentarisch überliefertes Bild ist ein Fresko aus Pompeji (Abb. 79). Schülerinnen und Schüler sollen sich an diesem bruchstückhaften Wandgemälde versuchen. Erst nach den eigenen Versuchen erhalten sie dann die Rekonstruktion, die der russische Historiker Mischulin vorgenommen hat (Abb. 80). Dabei soll keineswegs dessen Lösung als die „richtige" angesehen werden. Die Bildinschriften in Abb. 84 enthalten in oskischer Sprache (von links gelesen) die Namen „Spartakus" und „Felix". Spartakus ist in der Antike ein seltener Name, daher liegt der Schluss nahe, dass es sich um den Führer des Sklavenaufstandes 70 n. Chr. handelt. Mit „Felix" wäre dann jener Römer gemeint, der dem Spartakus die entscheidende Wunde beigebracht hat. Aus Plutarch wissen wir, dass Spartakus am Oberschenkel verletzt wurde, vom Pferd fiel und dann getötet wurde. Insofern hat die visuell dargebotene Interpretation Mischulins vieles für sich.

Wenn wir auch viele unvollständige Bildquellen haben, so lassen sich doch auch vollständig erhaltene Bilder für den Unterricht fragmentieren.

Abb. 79: Fresko aus der „Casa di Amandus" in Pompeji, ca. 80/90 v.Chr.

Abb. 80: Rekonstruktion von Mischulin (1936)

Abb. 81: Szene mit Votivtafeln im Baum. Fragmentarisch überliefertes attisches Vasenbild um 450 v.Chr. Eine Opferszene? Eine Schulszene?

8.2 Bilder durch Bilder erklären: Spurensuche

Bilder enthalten oft Elemente, die erst durch Vergleiche zu zeitgleichen oder zeitübergreifenden Bildern geklärt werden können. So ist der Gegenstand des „Vogelmannes“ (vgl. Abb. 11) unterschiedlich gedeutet worden: Einmal als Speer, zum andern als Stab eines Schamanen. Ähnliche Gegenstände finden wir auch auf antiken und mittelalterlichen Darstellungen (Abb. 81, 82).

Abb. 82: Augustusgemme (links) und Miniatur Heinrichs IV. (rechts)

8.3 Umzeichnungen als Hilfsmittel

Das Bild Ludwigs XIV. von Rigaud (Abb. 83) ist ein stilbildendes Herrscherbild, das seine Wirkungen bis zur Darstellung Wilhelms II. zeigt. Der König inszeniert sich als Herrscher mit den Insignien der Macht: Krone, Zepter, Schwurhand, Schwert sowie den Symbolen Waage der Gerechtigkeit und Bourbonenlilie; zeitgenössische Mode, Perücke, rote hochhackige Schuhe etc. Umzeichnungen von detailreichen Bildern sind eine Hilfe bei der Aufmerksamkeitslenkung (Abb. 84). Schülerinnen und Schüler können von Bildern Umzeichnungen herstellen; mit Folien ist das eine relativ einfache Aufgabe. Sie sollen nicht jedes Detail umzeichnen, sondern

Abb. 83: Ludwig XIV. von Hyacinthe Rigaud (1659–1743), 1701

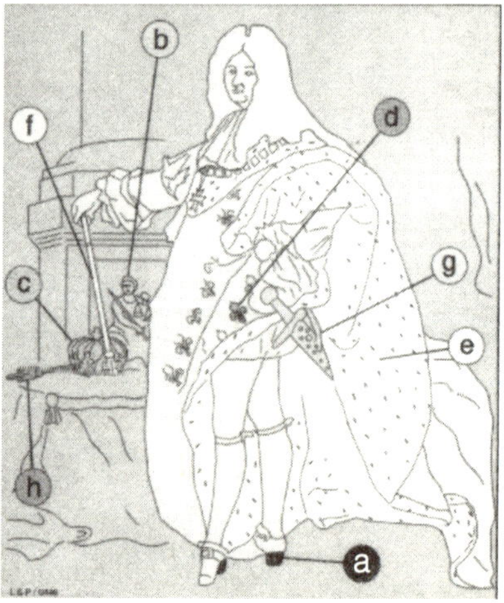

- a Rote Absätze: durfte nur der König tragen
- b Justitia: Göttin der Gerechtigkeit
- c Krone
- d Lilie: Zeichen der französischen Könige
- e Pelz aus dem Winterfell des Hermelin: teuerster Pelz, durften nur Könige tragen
- f Zepter: Stab als Zeichen der Herrschaftsgewalt
- g Schwert
- h Schwurhand: Zeichen der Rechtsprechung

Abb. 84: Umzeichnung aus dem Schulbuch „Zeitlupe" 2 (2002)

Abb. 85: Ludwig XVI. von A. F. Callet (links) und von J. S. Duplessis (1775) (rechts): Mimik, Pose, Blickrichtung, Symbole?

nur diejenigen, die sie für wichtig halten. Auf diese Weise bilden sie Relevanzstrukturen, die diskutiert werden können.

8.4 Transfer herstellen

Die einmal erlernten Bedeutungen von Symbolen, Funktionsweisen etc. lassen sich auch auf andere Bilder übertragen. Die Präsentation von Herrschaft wird im Geschichtsunterricht in der Regel an der Darstellung Ludwigs XIV. durch Rigaud vor-

Abb. 86: Napoleon im Krönungsornat 1810 von François Gérard (1770–1837): Veränderungen von den Bourbonen zu Bonaparte?

genommen. Die dabei erworbenen Kenntnisse können dann an anderen Herrscherbildern überprüft werden. Sie lassen sich auch auf das Herrscherbild Ludwigs XVI. von Duplessis oder auch Wilhelms II. anwenden. Der methodische Aspekt, gegenstandsidentische Bilder in unterschiedlicher Darstellung zu zeigen, fordert zum genauen Hinsehen und Herausarbeiten der Vergleiche auf. Warum wird Ludwig XVI. einmal auf diese, ein andermal auf jene Weise dargestellt?

Die Bilder von Duplessis und Callet lassen sich nach dem Muster „Original und Fälschung" untersuchen, nur dass es sich hier um zwei Originale handelt. Die gleichen Requisiten werden nur anders arrangiert (Abb. 85). In einem zweiten Schritt kann der Transfer von den Bourbonen Ludwig XIV. und Ludwig XVI. auf Napoleon vorgenommen werden. Der Übergang von den Bourbonen zu den Bonapartes (Biene statt Lilie) hat sich ebenfalls im Bild niedergeschlagen. Napoleon hat als Insignien den Reichsapfel neu hinzugenommen, der auf den europäischen Anspruch Karls des Großen verweist (vgl. die Statuette Karls des Großen) und den Adlerzepter des Augustus (S. 175), der den imperialen Anspruch anzeigt (Abb. 86).

8.5 Bilder verfremden

Bekannte Bilder, meist sind es Herrscherbilder, sind oft verfremdet worden, indem man sie in den Kontext einer Karikatur oder eines Comics ein-

Abb. 87: Ludwig XIV. in der Karikatur von William Makepaece Thackeray (1811–1863): Ein König wird aus einer Perücke, hochhackigen Schuhen und einem Mantel „gemacht"

Abb. 88: Ludwig XVI. als Gemälde im Comic (1993)

fügt. Der Vergleich mit dem originalen Gemälde lässt das Original genauer betrachten, um festzustellen, welche Abweichungen vorgenommen wurden. Der Comic erlaubt auch einen Blick hinter die Oberfläche.

Das bekannteste Beispiel ist Thackerays Bildsatire auf das Gemälde von Ludwig XIV. (Abb. 87). Zieht man die prächtige Kostümierung ab, bleibt ein kleines, ungestaltes, mickriges Männchen übrig. Hier dient die Karikatur der Entlarvung. In Abb. 88 wird die Inszenierung des

Herrschaftsanspruches dargestellt. „Zu den bedeutendsten unbelebten Repräsentationen des Königs zählten seine Portraits ... Diese Bildnisse wurden auch wie Stellvertreter des Königs behandelt. Das berühmte Portrait Rigauds nahm in Abwesenheit des Königs dessen Platz im Thronsaal von Versailles ein. Dem Gemälde den Rücken zuzukehren war genauso ein Delikt, als hätte man dem König selbst den Rücken zugekehrt.“[223] Der Comic zeigt die Verwendungsweise des Bildes. Es ist Stellvertreter für den abwesenden König. Durch Bildvergleich können die Schüler herausfinden, welches Gemälde die Vorlage bei diesem Comic war. War es Callet oder Duplessis ?

8.6 Bildvergleich

Historienbilder eignen sich dazu, die Rezeption historischer Ereignisse durch Menschen in späteren Zeiten darzustellen. Dabei können Bilder, die den gleichen historischen Augenblick zeigen, verglichen werden. Mit einem einzelnen Historienbild wird dessen Konstruktcharakter für Schülerinnen und Schüler nicht besonders deutlich. Das erlaubt allein der Vergleich. Man kann das an den verschiedenen Versionen von Anton von Werners Kaiserproklamation sehen. Auch das Auftreten Luthers vor dem Reichstag zu Worms eignet sich dazu. Von der Rede Luthers („Hier stehe ich, ich kann nicht anders, Gott helfe mir ...“) gibt es gleich eine ganze Reihe von bildlichen Darstellungen, die teilweise als Holzschnitte sehr früh entstanden. Aus dem 19. Jahrhundert, der Zeit der eigentlichen Historienmalerei, sind drei Gemälde zu nennen:

- Anton von Werner 1877 (66 x 125 cm). Heute Stuttgart, Staatsgalerie (vgl. S. 57),
- Hermann Freihold Plüddemann (1809–1868), 1864, heute im Lutherhaus Wittenberg (Abb. 89),
- Paul Thumann 1872 (Abb. 90).

Wie ist es eigentlich gewesen? Wer war anwesend? Wer war nicht anwesend, obwohl auf dem Bild zu sehen? Die unterschiedliche Geste und Pose Luthers in den beiden Bildern deutet darauf hin, dass die Maler unterschiedliche Passagen der Rede betonen wollten: die Berufung auf Gott und das Evangelium auf der einen und das Gewissen auf der anderen Seite.

Alle drei Bilder illustrieren die Rede Luthers. Aber alle drei Bilder (v. Werner, Thumann, Plüddemann) zeigen einen anderen Aspekt. Von Luthers Rede vor dem Reichstag am 18. April 1521 ist folgende Version überliefert:

Abb. 89: Luther auf dem Reichstag zu Worms. Gemälde von Freihold Plüddemann (1864): Luthers Geste stellt auf dem Bild einen direkten Bezug zum Gekreuzigten her.

Abb. 90: Luther auf dem Reichstag zu Worms. Gemälde von Paul Thumann (1872). Luthers Pose wendet dem Kaiser die ungeschützte Brust dar. Eine direkte Konfrontation mit den Habsburgern.

„Wenn eure Majestät und Herrschaften denn eine einfache Antwort verlangen, so werde ich sie ohne Hörner und Zähne geben. Wenn ich nicht durch Schriftzeugnisse oder einen klaren Grund widerlegt werde – denn allein dem Papst oder den Konzilien glaube ich nicht; es steht fest, dass sie häufig geirrt und sich auch selbst widersprochen haben – so bin ich durch die mir aufgeführten Schriftworte überwunden, und da mein Gewissen in den Worten Gottes gefangen ist, kann und will ich nichts widerrufen, weil es gefährlich und unmöglich ist, etwas gegen das Gewissen zu tun. Gott helfe mir. Amen."[224]

Ab 1557 wurde eine andere Version der Schlussworte verbreitet:

„Hir stehe ich/Ich kan nicht anders/Gott hilfe mir Amen."[225]

Bei Historiengemälden ist der Dokumentensinn nicht das dargestellte historische Ereignis, sondern die Zeit, in der das Gemälde hergestellt wird. Luther steht gegen die Katholische Kirche, den Papst und das Haus Habsburg. Gegen beide hat Preußen Krieg geführt: gegen Österreich 1866 und gegen die katholische Kirche ab 1871 im Kulturkampf.

Da es sich hier um die Visualisierung einer Rede handelt, lässt sich (auch wenn der Ton fehlt) durch Gestik und Mimik auf den Redetext schließen: Offene Hände, ungeschützte Brust, Hand auf Herz (wie die Redewendung „Hand aufs Herz"), rechter Arm gegen den Himmel und linke Hand auf den Schriften.

Es empfiehlt sich bei Historienbildern – aber auch bei anderen – eine Raumskizze herzustellen (Abb. 91).

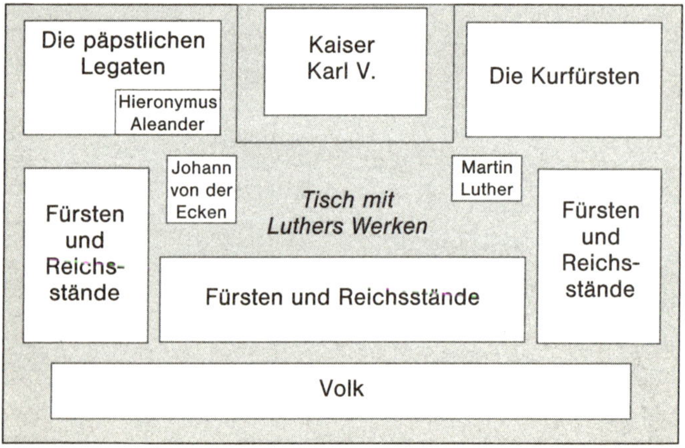

Abb. 91: Raumskizze der Sitzordnung in Worms

8.7 Strukturen sichtbar machen

Ein besonderes didaktisch-methodisches Problem ist es, Strukturen darzustellen. Obwohl Bilder nur Augenblicke, also Zeiten kurzer Dauer, repräsentieren, kann man mit ihnen die „longue durée“, die Zeiten langer Dauer zeigen. Bildzusammenstellungen lassen Strukturen erkennen, indem Bildmotive über die Zeiten hinaus verfolgt werden. Der Aufseher, der auf dem Feld die landarbeitenden Personen beaufsichtigt, ist keine einmalige Angelegenheit in der Geschichte. Die Landarbeit unter Aufsicht ist ein Motiv, das sich bis in die 30er Jahre des 20. Jahrhunderts zieht. Trotz des Zeitunterschieds von 700 Jahren, trotz der politischen, gesellschaftlichen und kulturellen Veränderungen ist die Gemeinsamkeit, die hinter allen Bildern liegt, eindrucksvoll (Abb. 92-95).

Abb. 92: Buchmalerei aus dem Psalter der Königin Maria von England, um 1300/1325

Abb. 93: Getreideernte, 14. Jahrhundert

Abb. 94: Gutsherr zu Pferd um 1910
Abb. 95: Gutsherr zu Fuß um 1931

8.8 Mittelalterliche Miniaturen: Mit den Händen reden

In einer weitgehend analphabetischen Gesellschaft wurden Rechtsakte nicht durch Schriften, sondern vorwiegend durch symbolische Gesten geschlossen. In dem als Sachsenspiegel bekannten Rechtsbuch des Mittelalters werden die Rechtsakte durch Gesten und Posen veranschaulicht. Von dieser Gestenvielfalt ist heute – abgesehen von obszönen und drohenden Gesten – nur die des Schwörens übrig geblieben (Abb. 96, 97).

Abb. 96: Sachsenspiegel, ca. 1220

Abb. 97: Übersicht über die im Sachsenspiegel verwendeten Gesten: 1 Redegestus, 2 Redegestus, 3 Segensgestus, 4 weisende Hand, 5 Fingerzeig, 6 Befehlsgestus, 7 Gelöbnisgebärde, 8 + 9 Ablehnungsgestus, 10 Aneignung, 11 Warten, 12 Verweigerung, 13 Unfähigkeitsgestus, 14 Ehrerbietung, 15 Handreichung[226]

8.9 Übungen mit Legenden

Untertitelungen können bei der Interpretation helfen, aber auch den Bildinhalt in sein Gegenteil verkehren. Übungen mit Legenden helfen Schülerinnen und Schülern, Bildlegenden sowohl wahrzunehmen als auch kritisch zu lesen.

Die Schüler sollen einem Bild unterschiedliche Untertitelungen zuordnen und herausfinden, welche dazu passen. Dabei lassen sich sicher mehrere Legenden auf den gleichen Bildgegenstand anwenden. Obwohl nur eine die richtige ist, können die anderen auch möglich sein, weil der Bildgegenstand unterschiedliche Legenden nicht ausschließt.

Die Legende der Abb. 98 ist scheinbar konkret. Mit diesem Foto lässt sich eine Legendenübung durchführen. Die Schülerinnen und Schüler können aufgefordert werden, die Legende, die nur Ort und Zeit angibt, durch die Angabe des Bildgegenstandes zu ergänzen. Durch die Ortsangabe geleitet werden Schülerinnen und Schüler vermutlich nicht auf den

Abb. 98: Konzentrationslager Buchenwald, 1945

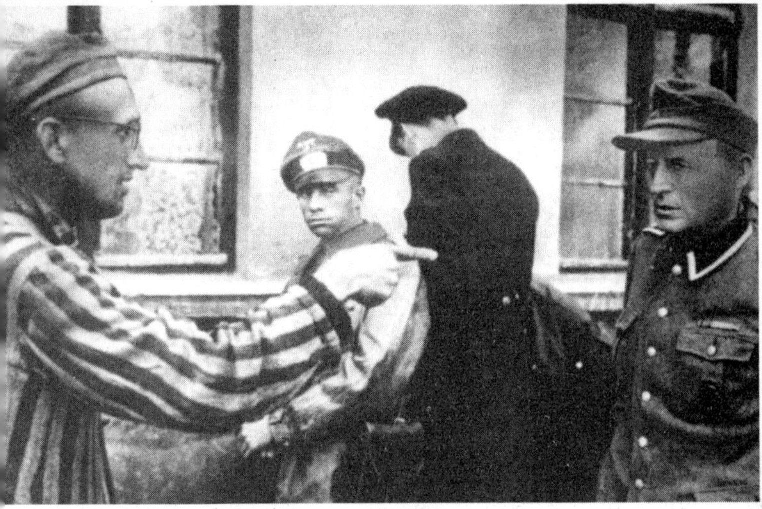

Abb. 99: Häftling und Bewacher nach der Befreiung des Konzentrationslagers Dachau durch alliierte Truppen im April 1945

konkreten Tatbestand kommen. Die amerikanische Fotografin Lee Miller hat das Foto im April 1945 nach der Befreiung des Konzentrationslagers aufgenommen. Es handelt sich um ehemalige KZ-Aufseher, die versucht hatten, in Zivil zu flüchten. Sie wurden jedoch von den befreiten Häftlingen ergriffen und misshandelt.

8.10 Bilder zum Sprechen bringen

Was sagt der Häftling zu seinem ehemaligen Bewacher (Abb. 99)? Bestimmte Bilder fordern geradezu dazu auf, sich die Rede der dargestellten Personen vorzustellen, besonders wenn das Bild sie in Rednerpose darstellt. In dieser Pose hätte vor der Befreiung des Konzentrationslagers kein Häftling seinem Bewacher gegenübertreten dürfen. Was sagt der Häftling zu seinem ehemaligen Bewacher?

8.11 Der Verwendungszweck von Bildern: Das Bild im sozialen Raum

Man sollte nicht nur Bilder, sondern auch ihre Betrachter zeigen. Bilder hingen in Kirchen, Museen, Thronsälen, Amtsstuben, Unternehmervillen etc. Durch solche Präsentationsräume bekamen sie noch zusätzliche

Abb. 100: Nationalgalerie Berlin. Fotografie 1897

Abb. 101: Ferdinand Keller (1842-1922), Öl auf Leinwand 500 x 700 cm. Kaiser Wilhelm der Siegreiche 1888

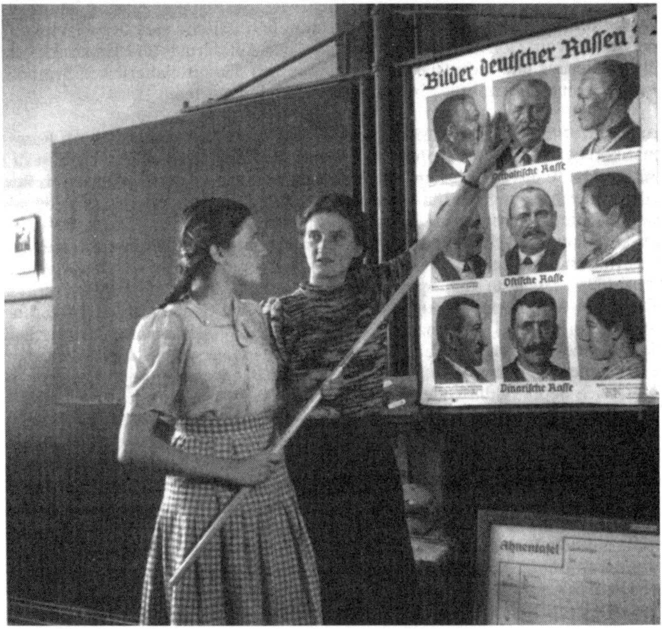

Abb. 102: Ausbildung im Schulungslager zur Schulhelferin 1943: Glaubt die angehende Schulhelferin den pseudowissenschaftlichen Unsinn? Wird sie ihn ihren Schülerinnen und Schülern mit Überzeugung vermitteln?

Dignität. Da die mittelalterliche Buchmalerei aus Unikaten bestand, bekamen die Bilder nur wenige zu sehen. Später kamen private Fotoalben und „Illustrierte“ hinzu. Sie wurden von unterschiedlichen Gruppen rezipiert. Bilder füllen und bilden das visuelle Gedächtnis sozialer Gruppen. Dazu ist es nötig, dass die Bilder auch zur Kenntnis der sozialen Gruppen gelangen. Sie waren eingebunden in einen gesellschaftlichen Diskurs und nicht für die Abbildung im Schulbuch gedacht. Im Zeitalter der technischen Reproduzierbarkeit übernehmen das die Massenmedien. Es werden „Photos des Jahres“ prämiert und durch diese Prämierung wird das Bild nochmals hervorgehoben, sodass sie sich einprägen. Der Saigoner Polizeipräsident ist ein solches Beispiel (Abb. 2, S. 14), wie Bilder und Ereignisse (Vietnamkrieg) sich verbinden. Im Zeitalter der Unikate verlief so etwas anders.

Viele Bilder zeigen Bilder in Bildern. Sie zeigen nicht nur ein Bild, sondern auch seinen Betrachter. Solche Bilder helfen, sich die zeitgenössischen Betrachter vorzustellen und die Wirkung auf sie abzuschätzen.

Abb. 103: Schulwandbild für den Unterricht in Rassekunde der Firma F.E. Wachsmuth, Leipzig o.J.

Was denken die Museumsbesucherinnen, was die Schulhelferin vor der Rassetafel und was der Junge vor dem Plakat (Abb. 100-105) ?

Den in Siegespose daherkommenden Helden auf Gemälden des wilhelminischen Zeitalters kommt ein großer Anteil an der Herausbildung des selbstgefälligen und aggressiven Nationalismus der Oberschicht zu. Die Bilder werden in sakralisierten Räumen präsentiert (Abb. 100, 101).

Abb. 104: Auf der Straße aufgestelltes Plakat der Alliierten. Was mag dieser Junge denken? Wie wird er mit seinen Freunden und Eltern darüber sprechen? Er und seine Freunde waren bei der Hitlerjugend (1945).

Abb. 105: Plakat „Eure Schuld!“

8.12 Motive im Wandel der Zeit

Bildmotive wandern durch die Zeiten und unterschiedliche Kontexte. Stellt man sie nebeneinander, so fallen leicht die Unterschiede auf, und der Blick fällt auf die Wandlungen des Motivs und seine Deutung von Zeit. So sagt das Hänsel-und-Gretel-Motiv mehr über den Kontext aus, in dem es geschaffen wurde, als über das Motiv selbst (Abb. 106).

Abb. 106: Illustration zu Grimms Hausmärchen von Richter, 1833 (links) und aus dem „Giftpilz", 1938 (Bildlegende: „Hier, Kleiner, hast du etwas ganz Süßes! Aber dafür müßt ihr beide mit mir gehen...")

Abb. 107: Prechtl, „Hitlerjunge Hänsel und Jungmädel Gretel ermorden die Zuckerbäckerin": Gelungene Verführung (1984)

8.13 Mentalitätsbilder

Viele Bilder zeigen weder bekannte Persönlichkeiten noch wichtige Ereignisse, sondern verdichten wie in einem Brennglas in Alltagsszenen die Mentalität ihrer Zeit. Der kollektive Tod des Ersten Weltkriegs und die Form des Totengedenkens schlagen sich in einem Sandkastenspiel der Kinder ebenso nieder wie die Todesschüsse an der Berliner Mauer (Abb. 108, 109). Hier stehen nicht die „großen" politischen Ereignisse im Vordergrund, sondern die Wirkung auf Kinder.

Abb. 108: Der kollektive Tod als Kinderspiel. Foto 1923

Abb. 109: Kinder spielen in der Nähe des Brandenburger Tores. Foto Februar 1962

8.14 Spurensuche: Die Arbeit an Details

Oftmals – besonders bei detailreichen Bildern – ist es sinnvoller, mit Ausschnitten zu arbeiten, anstatt das Bild gleich von Anfang an als Ganzes zu betrachten. Eine durchdachte Reihenfolge der Details stellt eine hilfreiche Aufmerksamkeitslenkung dar. Wenn man mit einzelnen Ausschnitten arbeitet, kann man die Aufmerksamkeit auf Details richten, die eine spätere Gesamtinterpretation ermöglicht. Sie lassen sich leichter interpretieren als das Gesamtbild, das sich aus diesen Elementen aufbaut. Dieses Verfahren haben Rose-Marie und Rainer Hagen[227] zu einer Kunstfertigkeit entwickelt und erfolgreich in Büchern und Filmen vorgetragen. Es werden bei diesem Verfahren nur einzelne Ausschnitte sichtbar gemacht, die gewissermaßen Einzelmotive darstellen.

Als Beispiel kann das folgende Gemälde gelten:

Abb. 110: „Das Frühstück" (1739) von François Boucher[228] (1703–1770, 81,5 x 65,5 cm)

Für den Unterricht, der mit Overhead-Folien arbeitet, lässt sich eine Motivlupe aus dünnem Karton herstellen. Das kann eine Lochlupe sein, ein Stück Karton, in das eine runde Öffnung von 5 cm geschnitten wurde. Für wechselnde Größen empfiehlt es sich, zwei Winkel herzustellen, die eine rechteckige Fläche von wechselnder Größe ermöglicht. Die Technik der Detailbetrachtung haben sich auch Schulbücher zunutze gemacht.[229]

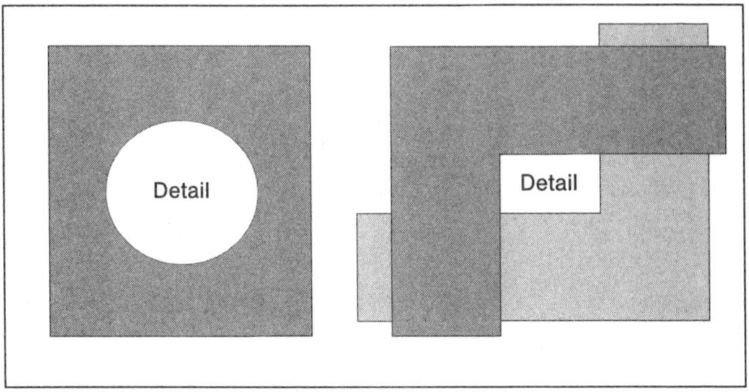

Abb. 111: Bildlupen: Einfache Lochlupe und größenvariable Quadratlupe

Auf der Abb. 110 lassen sich zuerst folgende Details (mit der Lochlupe) betrachten:

Abb. 112: Details aus dem Gemälde „Das Frühstück"

Aus heutiger Sicht ist die dargestellte Szene gar nicht aufregend. Das Bild stellt eine reiche Bürgerfamilie beim Morgenmahl dar:

- Es sind ein Mann,[230] zwei Frauen und zwei Kinder zu sehen.
- Es sind *nur zwei* Kleinkinder zu sehen, die mit ihren Eltern frühstücken.
- Sie wachsen bei den Eltern auf.
- Es ist eine Amme anwesend, die mit am Tisch sitzt.
- Nicht die Mutter füttert das Kind, sondern die Amme.
- Sind die Kinder Jungen oder Mädchen? Warum kann man das nicht an der Kleidung erkennen?
- In welchem Raum befinden sich die Personen?

Der *Dokumentensinn* dieses Bildes ist die Entstehung der Kleinfamilie[231] mit hoher Intimität und Affektivität. Es ist für diese Zeit ein ungewöhnliches Bild; es zeigt einen revolutionären Umbruch. „Eine liebevolle Hinwendung zu Kindern, wie auf diesem Bilde dargestellt wird, ist höchst unüblich zu dieser Zeit".[232]

Kinder selbst zu stillen galt im allgemeinen als unfein, ja als animalisch. Sie wurden entweder zu einer Amme auf das Land gegeben oder von eigenen Dienstboten gehütet. Sie wuchsen meist nicht im Haus ihrer Eltern auf.[233] Zwischen 1740 und 1749 betrug die Kindersterblichkeit in Frankreich 27,7 Prozent. Jede vierte Kind kam über die Stufe des ersten Lebensjahres nicht hinaus. „In der Regel ist die Sterblichkeit bei den Kindern, die von ihrer Mutter gehütet und ernährt werden, halb so hoch wie diejenigen, die sie persönlich in Pflege gibt".[234] Die französische Soziologin Elisabeth Badinter urteilte 1980 hart. „‚Objektiv' ist die Überlassung des Kindes an eine Amme daher eine verschleierte Kindestötung".[235] Deshalb ist es erstaunlich, dass sich auf diesem Gemälde die Kinder bei der Mutter im Boudoir aufhalten durften.[236]

Mitte des 18. Jahrhunderts erfolgte eine Aufwertung des Gefühls. An die Stelle der *Sachehe* tritt das Ideal der *Liebesheirat*. Die Familie wird kleiner und intimer, und es entwickelt sich ein Familiengefühl. An die Stelle der lästigen Pflicht, Kindern aufzuziehen, tritt als neues Gefühl die *Mutterliebe*. Auf dem Bild wendet sich die Mutter dem Kind zu. Es veranschaulicht einen neuen Lebensstil und ein neues Lebensgefühl.

Das Bild zeigt keineswegs eine gewöhnliche, jeden Tag wiederkehrende Szene aus dem gehobenen Bürgertum Frankreichs. Aus der Sicht des 18. Jahrhunderts ist die Szene neu und ungewohnt. Intimität und Mutterliebe sind neue Wertorientierungen. Gerade dieser Wertwandel hat den Maler bewogen, dieses Bild zu malen.

Die Intimität drückt sich auch in dem *Raum* aus, in dem das Frühstück eingenommen wird. Es ist das Boudoir, das kleine behagliche

Damenzimmer, das sich in den Wohnungen zwischen Salon und Schlafzimmer schiebt. Es ist wesentlich kleiner als der Salon und der Ort ungestörten Familienlebens. Im Spiegel auf dem Bild ist die gegenüberliegende Tür zu sehen; so wird die geringe Größe des Zimmers deutlich. Hier ist die Familie unter sich, hier können sich Familiengefühle entfalten. Im Gegensatz zum Boudoir ist der Salon Besuchern und Gästen zugänglich.

Die Geschichtsschreibung datiert die Wende ziemlich genau auf das Jahr 1762. Jean Jaques Rousseau publizierte im März seine Erziehungsutopie „Emile“. Das Buch verursachte große Aufregung. Das Pariser Gericht verbot es sogleich, und sein Verfasser sollte verhaftet werden. Rousseau entzog sich dem aber durch Flucht. Er forderte, dass die Mütter ihre Kinder selbst stillen sollten. „Ich habe manchmal beobachtet, wie sich junge Frauen vom Stillen drücken. Man lässt sich überreden, auf solche ausgefallenen Ideen zu verzichten ... Ein Mann, der von seiner Frau verlangt, sie möge ihr Kind selber stillen, wäre verloren. Man hielte ihn für einen Mörder, der sich seiner Frau entledigen wolle. ... Dennoch gibt es manchmal noch junge Frauen, die der Mode und dem Geschrei trotzen und unerschrocken ihre natürlichen Pflichten erfüllen. Möge ihre Zahl sich vermehren durch das Glück, das denen bestimmt ist, die sich diesen Pflichten unterziehen.“[237] Das Interessante an Bouchers Bild ist, dass es mehr als zwei Jahrzehnte vor dieser durch Rousseau ausgelösten Wende gemalt wurde.

Man kann bei solchen detailreichen Bildern auch die Geschichte der Dinge schreiben:

- Welches Geschirr wird benutzt?
- Was gießt der Mann aus der Kanne ein?
- Teekanne über der chinesischen Götzenfigur.
- Das Kind hat ein Gängelband am Rücken.
- Als Beleuchtung dienen Kerzen.
- Große Fenster.
- Im Spiegel ist die Tür zu sehen.
- Puppe: Es handelt sich bei der Puppe um eine Erwachsenenpuppe und nicht um eine Baby- bzw. Kinderpuppe.

Die Frage, was denn getrunken wird, lässt sich nur durch genaues Herausarbeiten des Erscheinungsinns lösen. Das richtige Sprachzeichen ist hier „*Schokoladenkanne*“. Man erkennt sie an dem geraden Griff und der kurzen breiten Schnabel, der für die dickflüssige Schokolade besser geeignet ist. Eine bauchige Teekanne ist hinten im Regal zu sehen. Eine Kaffekanne hat dagegen einen langen Bogenhenkel und eine lange,

Abb. 113: Sachkunde: Gegenstände auf dem Gemälde

unten angesetzte Tülle. Schokolade[238] besteht aus Kakao, Zucker, Zimt und Vanille, aufgelöst in heißem Wasser oder Milch. Die Tasse ist ohne Henkel (Abb. 113).

Verwendet wird *Fayence-Geschirr*. Dabei handelt es sich um dünne Tonware, die mit einer dicken weißen Zinnglasur überzogen ist. Porzellan wurde noch nicht benutzt. Das erste europäische Porzellan wurde ab 1710 in Meißen in der ersten europäischen Manufaktur hergestellt. Es war anfangs so teuer („weißes Gold"), dass es sich nur Fürstenhöfe leisten konnten.

Während die Bildgegenwart den Übergang zur Kleinfamilie und zur Kindheit als eigenständiger Lebensphase zeigt, verweist die *Puppe* noch auf die Bildvergangenheit. Es ist noch eine Erwachsenenpuppe. Erst nach der „Entdeckung der Kindheit" werden Puppen zu Baby- und Kinderpuppen.

8.15 Bilder verfilmen: Bildinterpretation durch Bildverfilmung

Eine technisch verfeinerte Methode der Aufmerksamkeitslenkung ist es, ein detailreiches Bild von den Schülerinnen und Schülern verfilmen zu lassen.[239] Ein solcher Film ist der Versuch, „eine Abfolge stehender Bilder in einen Zusammenhang (scheinbar) bewegter Bildfolgen" zu übersetzen.[240] Die üblichen Videokameras erlauben es, dass Schülerinnen und Schüler heute das ausführen können, wozu vor kurzer Zeit nur Profis in der Lage waren. Damit lassen sich kleinste Bildausschnitte vergrößern, und der Zoom erlaubt es zudem, von der Totalen auf Details (und umgekehrt) überzugehen.

Kamerafahrt auf dem Bild durchführen

Dabei wird von den Schülerinnen und Schüler eine komplexe Leistung erwartet. Zuallererst müssen sie das Bild verstehen und folglich interpretieren. Im Sinne des hermeutischen Zirkels[241] geht man von einem

Vorverständnis aus, das im ersten Interpretationsschritt gewonnen wird. Danach wird von den Schülerinnen und Schülern verlangt, die Schritte der „Kamerafahrt“ festzulegen. Sie müssen sich entscheiden, in welchen Schritten sie Details zeigen wollen.

EINZELNE BILDMOTIVE INTERPRETIEREND VERSTEHEN.
Festlegen der Reihenfolge, in der die einzelnen Bildmotive wie bei der Bildlupe gezeigt werden sollen. Diese Reihenfolge ist gleichzeitig ein interpretatorischer Zwischenschritt für das Verständnis von Dokumenten- und Zeitsinn. Die Kamerafahrt lässt sich vertonen; damit sind die Schülerinnen und Schüler aufgefordert, ihre Interpretation anderen mitzuteilen.

DREHBUCH UND VERTONUNG
Wie bei jedem Film ist auch hier ein *Drehbuch* zu verfassen. In diesem Fall wird ein „Folien-Drehbuch“ vorgeschlagen. Über das Bild wird eine transparente Folie gelegt, auf der dann ausgewählte Bildausschnitte festgelegt werden (Abb. 114). Wenn Schülerinnen und Schüler sich auf (ca.) acht *Stationen* geeinigt haben, müssen sie die Reihenfolge (den Kameraweg) bestimmen, in der diese Details gezeigt werden. Schließlich muss die Verweildauer der Kamera auf den einzelnen Stationen festgelegt werden. Sie wird bei der Uhr wohl nur sehr kurz, bei der Amme sicherlich länger sein (welches Detail wird zuerst, welches danach gezeigt?). Abschließend wird die gesamte Sequenz vertont. In der *Vertonung* kommt das Ergebnis der Interpretation dieses Bilds zum Ausdruck. Dabei sind zwei Varianten möglich. Entweder wird ein sachlicher Kommentar gewählt oder man lässt die Figuren des Bildes sprechen. Letztere Variante ermöglicht es, den Bildinhalt aus der Perspektive verschiedener Personen zu entwerfen.

SACHKOMMENTAR
Sprecher: „Es ist zehn nach acht. Frau Boucher sitzt am Frühstückstisch. Sie ist noch nicht ausgehfertig angezogen. Sie trägt ihr Negligé und ihren Hausmantel. Umgehängt hat sie einen roten Frisiermantel. Nach dem Frühstück kommt der Friseur ...“

KONVERSATIONSKOMMENTAR
Kind (am Boden): „Ich bin François. Ich bin wirklich ein Junge, obwohl es nicht so aussieht. Jungen und Mädchen tragen bei uns die gleiche Kleidung ... Meine Mutter ...“

Abb. 114: Foliendrehbuch zu „Frühstück"

oder

Mutter: „Ich bin immer noch froh, dass ich mich entschieden habe, die Kinder nicht aufs Land zu einer Amme zu geben. Meine Nachbarin hat ihre beiden Kleinen sofort nach der Geburt zu fremden Leuten weggegeben. Ihr kleiner Philipp ist schon nach einem Jahr gestorben ..."

8.16 Bilder treiben Späße

Zu ernst sollte die Bildarbeit auch nicht genommen werden; ab und an haben Schülerinnen und Schüler das Recht zu lachen. Bilder können die in unseren Schulbüchern verschwiegenen komischen Momente der Weltgeschichte zeigen. Dass solche Bilder auch „gelungene Einstiege" sein können, muss wohl nicht eigens betont werden (Abb. 115-118).

Abb. 115: Der wandernde Pharao. Eine Überraschung erlebten Archäologen in Ägypten. Als sie eine Grabkammer öffneten, kam ihnen der Pharao Tutenchamun entgegen und spazierte davon

Abb. 116: Der Papst unternimmt einen Ausritt, hat aber vergessen, sich vollständig anzukleiden. Die Diener werfen ihm seine Schuhe nach. Sächsische Weltchronik, Gothaer Handschrift

Abb. 117: Arabische Ingenieure bei den ersten Testversuchen zur Entwicklung des fliegenden Teppichs. Arabische Miniatur aus dem 11. Jh.

1. April-Nummer
Nr. 14
29. Jahrgang

Berliner
Illustrirte Zeitung

Einzelpreis des Heftes 50 Pfg.

Verlag Ullstein & Co, Berlin SW 68

Freilegung des Denkmals von Bolschew, dem Begründer des Bolschewismus, in Werchojans
Denkmal war unter der Zaren-Regierung verschüttet worden.

Abb. 118: Der ausgegrabene Bolschev. Das in der Zarenzeit zugeschüttete Denkmal von Bolschev, dem Begründer des Bolschewismus, wurde 1924 in Werchojansk wieder ausgegraben. Die Berliner Illustrierte Zeitung brachte ein erstes Bild von den Ausgrabungen. Originaltitelseite der Berliner Illustrierten Zeitung vom 1. April 1924.

8.17 Weiterführende Literatur

SPARTAKUS

Guarino, Antonio: Spartakus. Analyse eines Mythos, München 1980

Günter, Rigobert: Der Aufstand des Spartakus, Köln 1980

Jähne, Armin: Spartakus. Kampf der Sklaven, Berlin 1986

Meister, Klaus: Einführung in die Interpretation historischer Quellen. Schwerpunkt: Antike. Band 2: Rom, Paderborn 1999, S. 199-216

Raith, Werner: Spartakus. Wie die Sklaven und Landarbeiter den Römern das Fürchten beibrachten, Berlin 1981

HERRSCHERBILDER

Biehn, Heinz: Die Kronen Europas und ihre Schicksale, Wiesbaden 1957

Brunner, Herbert: Kronen und Herrschaftszeichen in der Schatzkammer der Residenz München, 1971

Hoffmann, Marhild: Visuelle Präsentation von Herrschaft, Frankfurt/M. 1982

Schoch, Rainer: Das Herrscherbild in der Malerei des 19. Jahrhunderts, München 1975

SACHSENSPIEGEL

Amira, Karl von: Die Handgesten in den Bilderhandschriften des Sachsenspiegels, München 1905.

Ignor, Alexander Maria: Über das allgemeine Rechtsdenken Eikes von Repgow, Berlin 1984

Kocher, Gernot: Zeichen und Symbole des Rechts, München 1992

Koschorreck, Walter (Hrsg.): Der Sachsenspiegel in Bildern. Aus der Heidelberger Bilderhandschrift ausgewählt und erläutert von Walter Koschorreck, 2. Aufl., Frankfurt/M. 1976

Leyser, Karl: Ritual, Zeremonie und Gestik: das ottonische Reich, in: Frühmittelalterliche Studien 27 (1993), S. 1-26

Schmidt-Wiegand, Ruth (Hrsg.): Text-Bild-Interpretation. Untersuchungen zu den Bilderhandschriften des Sachsenspiegels. I: Textbd, II: Tafelbd (= Münstersche Mittelalter-Schriften 55/1 und 2), München 1986

Schmitt, Jean-Claude: Die Logik der Gesten im europäischen Mittelalter, Stuttgart 1992

Schmidt-Wiegand, Ruth: Die Bilderhandschriften des Sachsenspiegels als Quelle der Kulturgeschichte, in: *dies. und Hüpper, Dagmar (Hrsg.)*: Der Sachsenspiegel als Buch. Vorträge und Aufsätze (= Germanistische Arbeiten zu Sprache und Kulturgeschichte Bd. 1), Frankfurt/M. 1991, S. 219-260

Unger, Helga: Text und Bild im Mittelalter. Illustrierte Handschriften auf fünf Jahrhunderten in Faksimileausgaben, Graz 1986

HÄNSEL UND GRETEL

Prechtl, Matthias, Denkmalerei, München 1985

Luther in Worms

Adelmeyer, Annette; Both, Siegfried: Luther. Ein Buch zum Stöbern und Nachschlagen, Kropstädt 2005

Bartmann, Dominik (Hrsg.): Anton von Werner. Geschichte in Bildern, München 1993

Wilhelm, Katja: „Hir stehe ich/Ich kan nicht anders/Gott hilfe mir Amen". Luthers „geflügeltes wort" von Worms – zur Verselbständigung eines Mythos, in: Geschichte lernen 15 (2002) H. 85, S. 28-31

Ikonen und Museum

Brink, Cornelia: Ikonen der Vernichtung. Öffentlicher Gebrauch von Fotografien aus Konzentrationslagern, Berlin 1998

Germer, Stefan; Zimmermann, Michael (Hrsg.): Bilder der Macht – Macht der Bilder. Zeitgeschichte in Darstellungen des 19. Jahrhunderts, München 1997

Froitzheim, Eva-Marina: Ferdinand Keller (1842-1922). Gemälde-Zeichnungen, Karlsruhe 1992

Koch, Michael: Ferdinand Keller (1842-1922). Leben und Werk, Karlsruhe 1978, S. 29 ff.

Gaertner, F.W: Ferdinand Keller, Karlsruhe 1912, S. 86 ff.

KZ

Adler, Hans G.; Langbein, Hermann; Lingens-Reiner, Ella (Hrsg.): Auschwitz: Zeugnisse und Berichte, 3. Aufl., Köln 1984

Barthel, Karl: Die Welt ohne Erbarmen. Bilder und Skizzen aus dem KZ, Rudolstadt 1946

Carlebach, Emil, u.a.: Buchenwald. Ein Konzentrationslager, Berlin 1988

Heubner, Christoph, u.a.: Gesehen in Auschwitz: Lebenszeichen, Bornheim-Merten 1979

Höß, Rudolf: Kommandant in Auschwitz. Autobiographische Aufzeichnungen von Rudolf Höss. Eingeleitet und kommentiert von Martin Broszat, Stuttgart 1958

Hrdlicka, Manuela R.: Alltag im KZ. Das Lager Sachsenhausen bei Berlin. Opladen 1992

Kielar, Wieslaw: Anus Mundi. Fünf Jahre Auschwitz, Frankfurt/M. 1979

Langbein, Hermann: Menschen in Auschwitz, Wien 1972

Langhoff, Wolfgang: Die Moorsoldaten, Zürich 1935 (ND Frankfurt/M. 1982)

Levi, Primo: Die Untergegangenen und die Geretteten. Aus dem Italienischen von Moshe Kahn, München 1990

Meyer, Alwin: Die Kinder von Auschwitz, Göttingen 1992

Neurath, Paul Martin: Die Gesellschaft des Terrors. Innenansichten der Konzentrationslager Dachau und Buchenwald. Frankfurt/M. 2004

Strnad, Walter; Strnad, Ernst: Der Befehl „Ans Tor!" Die authentische Geschichte eines Strafkommandos im KZ Buchenwald, o.O. 1994

Wiechert, Ernst: Der Totenwald. Ein Bericht, Berlin 1947

9. Visuelles Erzählen

Visuelles Erzählen ist ein methodisches Prinzip, um dem nicht-narrativen Einzelbild eine erzählerische Qualität abzugewinnen. Der narrative Charakter des historischen Denkens wird dabei ernst genommen und versucht, ihn methodisch mit dem Medium Bild umzusetzen. Das visuelle Erzählen ist eine alte Kunstform, die im Mittelalter verbreitet war und es im 18. Jahrhundert als „Bildgeschichte" zu hoher Elaboriertheit gebracht hat. Die Literatur zur Bildgeschichte ist allerdings spärlich. Nur wenige Titel thematisieren sie ausdrücklich.[242] Die Bildgeschichte hat alle Vorteile auf ihrer Seite, um zur Entwicklung des historischen Denkens beizutragen. Der didaktische Sinn der Beschäftigung mit ihr besteht vor allem darin, eine intensivere Auseinandersetzung mit Bildquellen zu erreichen. Bisher nehmen Bildinterpretation und Bildarbeit nur einen Bruchteil der Unterrichtszeit ein. Man ist ziemlich schnell mit ihnen fertig – es sei denn, man geht sachfremd mit ihnen um und lässt die Schülerinnen und Schüler beispielsweise den Bildinhalt mit ihren Körpern darstellen oder mit zerschnippelten Bildkopien spielen.

9.1 Bildgeschichten

Bildgeschichten sind narrative Bildfolgen, die aus einer Sequenz von mehreren Bildern bestehen. Die Geschichte, die man mit ihnen erzählen kann, beruht primär auf den Bildzeichen, auch wenn die Sequenz mit Texten kombiniert ist. Aus den Einzelbildern entsteht durch die Sinnbildungsfähigkeit des Betrachters eine Geschichte.

Die Didaktik der Bildgeschichte nimmt die ältere Tradition auf, die von den mittelalterlichen Bildfolgen über William Hogarth und Rudolphe Toeppfer bis zur modernen Fotoreportage reicht. „Die Bildgeschichte ... hat zu allen Zeiten einen großen Einfluss ausgeübt, ja sogar einen größeren als das geschriebene Wort. ... Mit den zwei großen Vorzügen, die sie vor der geschriebenen Geschichte voraushat, nämlich denen größerer Knappheit und entsprechend größerer Klarheit, müßte die Bildergeschichte imstande sein, unter gleichen Voraussetzungen die geschriebene Geschichte zu verdrängen, da sie sich mit größerer Lebendigkeit an eine größere Zahl von Personen wendet, und weil in einem Wettstreit immer der, der eine direkte Methode anwendet, gegenüber dem, der umständlich in Kapiteln redet, im Vorteil sein muß."[243] Diese hohen Erwartungen hat die Bildergeschichte nur in der Form des Comics erfüllt.[244] Die Tradition dieser Bildgeschichten ist im späten 20. Jahrhundert abgebrochen. Das schnelle Sensationsfoto in der Tagespresse und das Fernsehen haben den bedächtigen Erzählstil der Bildgeschichte verdrängt. Die Sachzwänge beim Schulbuchmachen lassen dann aus Platzgründen meist nur Einzelbilder zu. Um aber Prozessualität auf der Handlungs- und Narrativität auf der Darstellungsebene zu zeigen, sollte man auf die Besonderheit dieses Mediums nicht verzichten.

Bei der Beschäftigung mit Geschichte kommt es auf Entwicklungen und Veränderungsprozesse an.[245] Damit tut sich, wie bereits erwähnt, das Einzelbild schwer. Die Prinzipien des visuellen Erzählens lassen sich am besten durch Analyse von Fotoreportagen erarbeiten. Die Fotoreportage stellt Einzelbilder in Intervallen aus einem Handlungskontinuum zusammen, die in einem begrenzten Zeitraum (Stunde, Tag, Woche etc.) aufgenommen wurden. Die Reihenfolge wird durch die Chronologie festgelegt, und die Einzelbilder können nicht vertauscht werden. In der Sprache ist das durchaus möglich, weil Zeitadverbien naturale und narrative Chronologie aufeinander beziehen können. Begriffe wie „kurz zuvor" und „in seinen Jugendjahren" erlauben es, in der Zeit zurückzugehen, ohne dass der Leser bzw. Hörer einer Geschichte über den „Lauf der Ereignisse" im Unklaren gelassen wird. Alle Bildergeschichten folgen der naturalen Chronologie. Die Reihenfolge der Bilder gibt den tatsächlichen Ablauf wieder. Bei der Fotoreportage werden die Einzelbilder in der Reihenfolge wiedergegeben, in der sich der Ablauf der Handlung vollzieht. Auf dem belichteten Film erscheinen sie in der tatsächlichen Chronologie, in der sie der Fotograf aufgenommen hat.

9.2 Selbsterzählen

Die häufig gebrauchte Metapher, dass Bilder Geschichte(n) erzählen können, ist irreführend.[246] Vergegenwärtigt man sich nämlich diejenigen Lebenssituationen, in denen Bildserien scheinbar Geschichte erzählen, so wird der Irrtum deutlich. Der letzte Spross des Adelsgeschlechts, der noch nicht Bild geworden ist, kann beispielsweise vor seiner Ahnengalerie die Geschichte seiner Familie erzählen. Der Besucher dagegen sieht nur „archäologische Mannequins", die das jeweilige „Zeitkostüm"[247] tragen. Ihm fehlt der Sinn, der die Einzelbilder zu einer Einheit zusammenfügt. Ähnlich verhält es sich mit einem Familienalbum. Es vermag nur dem eine Geschichte zu erzählen, der in der mündlichen Tradition dieser Familie steht. Nur der Familienangehörige weiß, in welchem Verhältnis zwei Personen zueinander stehen. Dass zwei Bilder z.B. Mutter und Sohn darstellen, geht aus den Fotos selbst nicht hervor. Die Bilder können sogar diese Erkenntnis verhindern, wenn sie gegen das alltagsweltliche Erfahrungswissen verstoßen und die Mutter in ihren Jugendjahren und den Sohn als Greis zeigen.

Visuelles Erzählen setzt die produktive Mitarbeit des Betrachters voraus. Er muss sich die Geschichte selbst erzählen. Eine solche Präsentation einer Bildsequenz legt dem Betrachter mehr oder minder nahe, den narrativen Sinn, der die Einzelbilder verbindet, selbst zu finden. Das Einzelbild ist selbständig und gleichwohl ein Fragment. Zwischen den einzelnen Aufnahmen (Phasen) ist kein Sinnbezug gestiftet. Das selbstständige Einzelbild bedarf stets einer Kommentierung durch ein anderes Bild oder einen Text. Es ist Bruchstück, weil es den Sinn nicht enthält, auf den bezogen es aufhört, nur Fragment zu sein. Somit entsteht die Erzählung nicht im Bild, sondern im Kopf des Betrachters. Dazu benötigt er die Fähigkeit, historische Fragen zu stellen, Hypothesen zu formulieren und die in den Momentaufnahmen „eingefrorenen" Ereignisse erzählend in eine Geschichte zu integrieren. Es sind also nicht die Bilder, die die Geschichte erzählen, sondern sie sind nur deren Hilfsmittel. Sie bilden zwar die Chronologie der Ereignisse, aber noch keine Geschichte. Diese Ereignisse, als Bild präsentiert, können datiert und lokalisiert werden; um aber Geschichte zu werden, müssen sie aufeinander Bezug nehmen. Das tun sie aber nicht von sich aus, sondern es ist eine Aufgabe der Betrachter. Der Erzählende benötigt dazu Sinnbildungshilfen. Mögliche Sinnquellen sind historisches Wissen oder die Imaginationsfähigkeit des Betrachters; er kann historiographisch oder belletristisch erzählen.

9.3 Didaktik der Bildgeschichte

Als Leistung wird von den Schülerinnen und Schülern im Einzelnen verlangt:

Temporalisieren: Die Bilder müssen in eine zeitliche Reihenfolge gebracht werden. Bei überlieferten Bildquellen ist diese Arbeit dem Betrachter immer schon abgenommen. Als Arbeitsauftrag werden aber den Schülerinnen und Schülern die Bildern (ausgeschnitten) als Einzelbilder präsentiert, sodass sie selbst temporalisieren und in Vorher und Nachher einteilen müssen. Die Schüler erhalten in Gruppen jeweils einen Satz einer Bildsequenz; die Bilder sind einzeln und ungeordnet. Jede Gruppe hat die Aufgabe, sie so zu einer Folge zu ordnen, damit diese eine Geschichte illustrieren kann. Während des Ordnens wird es bereits Diskussionen über früher und später der einzelnen Bilder geben. Die jeweilige Interpretation der einzelnen Bilder bestimmt ihre Stelle in der Sequenz.

Triftigkeiten feststellen: Nicht alles, was die Bildgeschichten präsentieren, ist nach den Strukturen des modernen Geschichtsbewusstseins real. Es tauchen beispielsweise blutige Hostien und Engelsfiguren auf. Die blutenden Hostien kann ein betrügerischer Priester hergestellt haben, was tatsächlich vorgekommen ist. Das „Blut" kann aber auch bakteriologisch erklärt werden. Die rötlichen Flecken auf Hostien können auf „einen Spaltpilz, der auf teighaltigen Speisen Kolonien bildet"[248] zurückgeführt werden.

Narrative Kontexte feststellen: In welchen Kontext oder vor welche Hintergrundnarration ist das Bild zu stellen? Die Kontexte sind Sinnspender. Ob die jeweilige Bildsequenz der Antike oder dem Mittelalter, dem bäuerlichen oder dem adligen Milieu entstammt, liefert Hinweise auf die Geschichte, die diese Bilder präsentieren. Wenn der Betrachter die umgreifende Geschichte der Wirtschaft im 19. Jahrhundert, der Weimarer Republik und des Zweiten Weltkrieges kennt, kann er leichter eine Geschichte in dieser umgreifenden Geschichte erzählen. Aber auch, das ist didaktisch gesehen sehr wichtig, kann er eine Geschichte gegen die umgreifende Geschichte erzählen. Diese Hintergrundnarration gibt der in sie eingebetteten Geschichte erst einen Sinn.

Schließlich: Bildkompetenz als besondere Form von Gattungs- und Interpretationskompetenz verlangt Erzählen. Erzählen ist hier kein freies Phantasieren, sondern die Sinnbildungsprozesse haben verschiedene Voraussetzungen. Es sind einmal Alltagswissen, Gattungswissen und vorhandenes historisches Wissen. Man könnte sagen, es sind Erinnerungen und Erfahrungen, die die Quellen der narrativen Sinnbildung sind. Beide sind nicht unabhängig voneinander. Erfahrung ist ein Schlüssel für geschichtliche Erinnerung, und Erinnerung reichert Erfahrung an, um Alltagswahrnehmungen zu vertiefen. Ein historisches Erzählen, das die jeweils zeitgebundenen Denkweisen und Normen berücksichtigt, muss auf zusätzliche Quellen zurückgreifen.
Einige Ansätze, um die Betrachterleistung zu beschreiben, machen den besonderen medialen Status des methodischen Arrangements „visuelles Erzählen" deutlich. Der Begriff „Wahrnehmung" verbietet sich eigentlich, da man nicht die Dinge wahrnimmt, die auf den Bildern zu sehen sind, sondern nur Linien und Farben. Bleibt man dennoch bei dem Wahrnehmungsbegriff, dann muss man von Quasi-Wahrnehmung

sprechen. Aufgrund dieser begrifflichen Unzulänglichkeit ist der Begriff der „Imagination" zur Beschreibung der Betrachterleistung vorgeschlagen worden: Sie ist als Projektionsfähigkeit definiert, die erforderlich ist, um in Anbetracht der darstellungsmäßig bedingten Unvollständigkeit des bildlich Entworfenen[249] ein inneres Bild zu erzeugen. Schnackertz nennt das „Appellstruktur für die Einbildungskraft".[250] Im Hinblick auf Erzählfähigkeit sollte man lieber von „Appellstruktur für narratives Sinnbildungsvermögen" sprechen.

Der in zeitlicher Erstreckung verlaufende Wahrnehmungsprozess einer Bildgeschichte ist kein einfacher linearer Vorgang, der wie eine Einbahnstraße nur in eine einzige Richtung verläuft. Der Betrachter schreitet nicht einfach vom früheren zum späteren Bild fort. Das spätere Bild erzeugt vielmehr beim früheren einen Bedeutungszuwachs, denn erst von der folgenden Handlung kann einer früheren der Charakter einer Ursache zugeschrieben werden. Diese Eigenschaft erkennt man solange nicht, wie man die späteren Ereignisse noch nicht kennt. Bei Schnackertz wird die Methode des „Zwei vor-eins-zurück" als „wiedererinnerte Wahrnehmungseindrücke"[251] gefasst. Beim Betrachten des späteren Bildes muss man sich an das frühere erinnern, um Ursache-Wirkungs-Ketten zu bilden.

9.4 Methodik

Das visuelle Erzählen zeigt Lebensgeschichten, Tagesabläufe,[252] Feldzüge, Kriminalgeschichten, Reisen, Stationen eines Lebens etc. Es setzt auf der Seite des Betrachters narrative Kompetenz voraus und fördert sie zu größerer Fertigkeit. Ziel kann eine elaborierte und reflektierende Narrativitätskompetenz sein.

Nach welchen Prinzipien sollen solche Bilder angeordnet werden? Für die unterrichtspraktische Realisierung der aufgeführten Gedanken soll der Begriff der „narrativen Konstruktion" gewählt werden. Er steht für das Problem, wie Schüler und Schülerinnen mit Bildern Geschichten und Geschichte erzählen und verstehen können. Dabei sollen die Prinzipien Zeitperspektive, Sprachvermögen, Empathie und Interpretationsfähigkeit realisiert werden.

Geschichtsdidaktische Bildgeschichten lassen sich danach einteilen, ob sie bereits auf narrativ strukturierte Bildsequenzen zurückgreifen können, oder ob sie aus ursprünglich isolierten Bildern zusammengestellt werden müssen. Aber auch die narrativ vorstrukturierten Sequenzen stehen vor ähnlichen didaktischen Zusammenstellungsproblemen wie die isolierten. Die vorhandene Sequenz muss in den meisten Fällen gekürzt werden, und dennoch muss ein Sinnzusammenhang erhalten bleiben.

Als Anforderung an solche Bildsequenzen können die folgenden vier Punkte dienen:
1. Die Länge der *Erzählzeit* muss deutlich werden. Es muss für die Schülerinnen und Schüler ersichtlich sein, welchen Zeitraum die Geschichte umfasst: wenige Sekunden, einen Tag, eine Woche. Es ist aber auch ein Zeitraum möglich, der sich aus dem Ereignisablauf ergibt und nicht exakt datierbar ist, ein Kriminalfall von der Tat bis zur Strafe, ein Feldzug. In diesen Fällen ist die Erzählzeit im Text anzugeben.

Zwischen zwei Bildern liegt stets ein Zeitsprung. Er darf nicht zu groß sein. Der Zwischenraum signalisiert nicht-erzählte Zeit. Je kleiner der Zeitsprung zwischen zwei Bildereignissen ist, desto leichter wird der Sinnbildungsprozess für die Schüler und Schülerinnen.

Die Bilder sollten in gewissem Rahmen einen homogenen Charakter tragen, damit sie durch Personen, Handlungen und Ort einen Zusammenhang erkennen lassen. Das wird dann erreicht, wenn Personen-, Orts- und Handlungsidentität auf den einzelnen Bildern hergestellt werden kann. Im Idealfall (das ist bei vorgegebenen narrativen Sequenzen der Fall) sind die Personen auf allen Bildern die gleichen, bleiben am gleichen Ort und führen verschiedene Akte der gleichen Handlung aus.

2. *Text-Bild-Kombination*: Um Texte den Bildern zuzuordnen benötigen Schülerinnen und Schüler Gattungskompetenz.[253] Sie müssen mit Quellen, Darstellungen und fiktionalen Texten umgehen können und ihre jeweiligen narrativen Reichweiten und Funktionen kennen. Nachdem die Chronik der Ereignisse festgestellt worden ist, gilt es, Geschichte zu erzählen. Dabei sind mehrere Varianten möglich: mündliches Erzählen, Erzählen als zusammenhängende Geschichte, Erzählen in der Form eines Fotoromans. Die Darstellung als Fotoroman enthält sowohl Situations- und Ortsbeschreibungen wie auch die wörtliche Rede in Sprechblasen. In einem fakultativen vierten Schritt kann Schrift ins Bild integriert werden. Dabei gibt es drei Möglichkeiten: a) Jedem Bild ist ein eigener Text zugeordnet, b) der Text umgreift mehrere Bilder und thematisiert die Zeitsprünge oder c) der Text wird im Comicstil in das Bild integriert. Im Vorgang des visuellen Erzählens ist das Verhältnis von Sprache und Bild wichtig. Die Unterteilung, dass sich das Bild im Medium und die Erzählung im Kopf des Betrachters befinden, ist zwar zutreffend, aber zu grob. Visuelle Sukzessivität verzichtet nur ungern darauf, Sprache und Bild aufeinander zu beziehen. Der Teppich von

Bayeux enthält gestickte Schrift. Die Bilder im Familienalbum enthalten Unterschriften, und die Bildreportagen der Illustrierten Zeitungen sind untertitelt. Bei Comic und Film versteht sich Sprache von selbst. Diese Wort-Bild-Interferenz gilt es genauer zu bestimmen und methodisch fruchtbar zu machen. Eine einfache Parallelität von Wort und Bild ist ausgeschlossen, denn sie würde das Vorhandene nur doppeln und eine der beiden Kodierungsweisen überflüssig machen. Im erzählerischen Sinnbildungsprozess wird Kontingenz abgearbeitet und bestimmten Bildsymbolen Bedeutung verliehen und andere übergangen. Mit dieser Herausarbeitung erzählerischer Relevanzstrukturen füllt sich auch das Vorstellungsvermögen der Betrachter mit Bildern.

3. *Metanarration:* Nach Abschluss des Sinnbildungsprozesses beginnt eine metanarrative Phase, die die Kritik der vorgelegten Erzählung enthält. Wenn in arbeitsgleichen Gruppen erzählt worden ist, ergeben sich keine identischen Geschichten. Hier setzt dann die Diskussion ein: Woran liegt es, dass die einzelnen Gruppen ihre Erzählungen so und nicht anders erzählt haben? Dieser letzte Schritt führt zum wichtigsten Ziel des Geschichtsunterrichts. Die Schüler lernen, dass es „die" richtige Geschichte nicht gibt: dass Geschichte stets eine narrative Konstruktion in praktischer Absicht ist. Keine der vorgelegten Schülergeschichten ist falsch und keine ist richtig. Sie unterscheiden sich nur nach dem Grad ihrer Plausibilität.

Das Verhältnis von Wort und Bild ist für eine Methodik unterrichtlichen Handelns näher zu bestimmen. Der Zusammenhang zwischen Bild und Sprache kann in den verschiedenen Textsorten erfolgen, mit der wir es im Geschichtsunterricht zu tun haben. Es kann zu den einzelnen Bildern ein Verfassertext/Sachtext formuliert werden. Der Text wird dann von den Schülerinnen und Schülern selbst geschrieben. Die Informationen über die Details der Bilder müssen dabei aus anderen Quellen entnommen werden. Der Zusammenhang der einzelnen Bilder zu einer Geschichte entspringt aber dem narrativen Sinnbildungsvermögen der Schüler und Schülerinnen. Es lassen sich darüber hinaus Zusammenstellungen von Bildern und Quellentexten vornehmen. Der Text besteht dann aus Originalquellen. Der dem Bild zugeordnete Text kann auch aus fiktiven Briefen, Tagebüchern etc. bestehen, die von den Schülern und Schülerinnen unter Anlehnung an Originale aufgesetzt werden. Auch ein Arbeiten mit fiktionalen Texten ist möglich. Eine Bildsequenz mit Fotos aus dem Ersten Weltkrieg lässt sich mit Auszügen aus historischen Romanen, wie z.B. von Remarques „Im Westen nichts Neues", untertiteln.

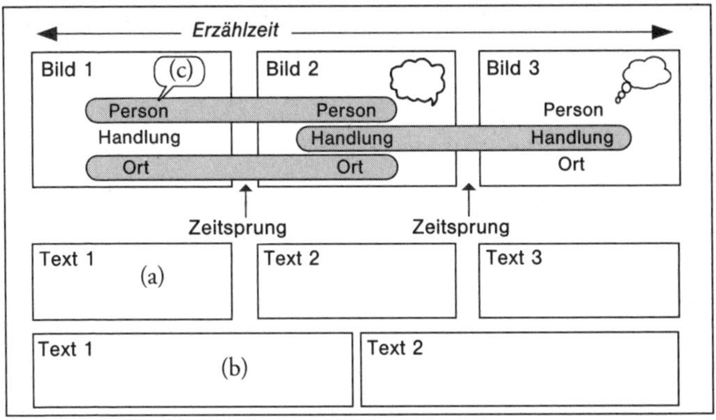

Abb. 119: Narrative Logik der Bildgeschichte. Verknüpfung der Einzelbilder durch Personenidentität (Person–Person), Ortsidentität (Ort–Ort), Handlungsidentität (Handlung–Handlung). Texte als Quellentexte, Kommentar, Romanauszüge. Text-Bild-Zuordnung (a), bildübergreifender Text (b) und bildimmanenter Text (c).

Ein alltagsweltlich bekanntes methodisches Arrangement ist mit der Bildreportage möglich. Hier gilt es, die Situation in einer Illustrierten nachzustellen, in der eine gelieferte Bildreportage untertitelt wird. Auch handlungsorientierte Möglichkeiten gibt es. Der Text schildert eine Rahmenhandlung, in die die Bilder als Demonstrationsobjekte eingebunden sind.

9.5 Weiterführende Literatur

Grünewald, Dietrich: Thema: Bildgeschichte, in: Kunst + Unterricht (1989), H. 177, S. 11-17

Jäger, Thomas: Die Bilderzählung. Narrative Strukturen in Zyklen des 18. und 19. Jahrhunderts von Tiepolo und Goya bis Rethel, Petersburg 1998

Karpf, Jutta: Strukturanalyse der mittelalterlichen Bilderzählung. Ein Beitrag zur kunsthistorischen Erzählforschung, Marburg 1994

Kluckert, Ehrenfried: Die Erzählform des spätmittelalterlichen Simultanbildes, Diss. Tübingen 1994

Schnackertz, Hermann Josef: Form und Funktion medialen Erzählens, München 1980

10. Das Buch des Alfred Kantor als Beispiel

10.1 Bildmaterial

Die auf den folgenden Seiten wiedergegebenen Bilder hat der in Prag geborene tschechische Künstlers Alfred Kantor (geb. 1923) gezeichnet.[254] Er studierte an der Prager Kunstschule für Werbegraphik. Weil er Jude war, wurde er in das Konzentrationslager Theresienstadt und danach in die Lager Auschwitz und Schwarzheide deportiert. Während seiner dreieinhalbjährigen Gefangenschaft in diesen Lagern zeichnete er seine Eindrücke auf kleine Zettelchen. Er hat in seinen Bildern die vielen Menschen festgehalten, die in Gaskammern verschwanden, arbeiteten, bis sie tot umfielen, von Aufsehern gequält und ihrer menschlichen Würde beraubt wurden oder einfach verhungerten. Kantor skizzierte, wann immer es möglich war. Wenn er die Szenen einmal zu Papier gebracht hatte, behielt er sie unauslöschlich im Gedächtnis. Um der Entdeckung zu entgehen, musste er allerdings viele Skizzen wieder vernichten. Einige wurden von Freunden aus dem KZ geschmuggelt. Nach der Befreiung aus dem Konzentrationslager lebte er zunächst in Deggendorf in einem Lager für Displaced Persons. Innerhalb von zwei Monaten entstanden 127 Aquarelle, die seine Erfahrungen in den genannten Konzentrationslagern dokumentieren. So entstand ein komplexer Bildzyklus über Auschwitz, der einzigartig ist. Auch das „Lili-Jacob-Album“ liefert keine solch narrativ strukturierte Bildfolge. Aus dem Buch des Alfred Kantor ist hier eine fünfteilige Sequenz entnommen, deren Bilder alle aus Kantors Zeit in Auschwitz von 1943 bis 1945 stammen.

10.2 Historischer Hintergrund

Im Mai 1940 wurde das Konzentrationslager Auschwitz gegründet, das zum Symbol für den Völkermord an den europäischen Juden wurde. Das Lager befand sich in einer ehemaligen polnischen Artilleriekaserne und in Gebäuden der ehemaligen polnischen Tabakmonopolgesellschaft zwischen den Städten Krakau und Kattowitz am Zusammenfluss von Weichsel und Sola. Dieser Kern des Konzentrationslagers wurde „Auschwitz I“ genannt. In diesem Lagerkomplex waren 7.000 männliche und weibliche Häftlinge untergebracht, die in benachbarten Industrieunternehmen zur Zwangsarbeit verpflichtet wurden. Ab Frühjahr 1941 wurde von der IG-Farben AG in Lagernähe ein Buna-Werk zur Herstellung von synthetischem Gummi errichtet (Buna = Butadien-Natrium). Viele andere Unternehmen folgten diesem Beispiel, da das Lager Auschwitz sie mit äußerst billigen Arbeitskräften belieferte. Ein Häftling kostete die Unternehmen lediglich 3 bis 4 Reichsmark pro Tag, die an die SS zu zahlen waren. Bei seiner Auflösung im Januar 1945 hatte das Konzentrationslager Auschwitz 39 Außenlager und erstreckte sich über eine Fläche von 40 Quadratkilometern. Das sogenannte Stammlager in Auschwitz bestand aus 28 doppelstöckigen Backsteingebäuden, einer Baracke für die Wäscherei und einem Küchenhaus. In diesem Teil des Lagers waren durchschnittlich 80.000 Häftlinge untergebracht. 1941 wurde mit dem Bau des Vernichtungslagers „Auschwitz-Birkenau“, Auschwitz II begonnen. Die Höchstbelegung dieses Lagers betrug 1943 100.000 Häftlinge. Im Juli/August 1941 wurden hier die ersten Morde an Kranken und arbeitsunfähigen Häftlingen begangen. Am 3.9.1941 wurde an sowjetischen Kriegsgefangenen zum ersten Mal das Giftgas Zyklon B erprobt. Im Januar 1942 wurde systematisch damit begonnen, Juden aus Deutschland und allen von Deutschland besetzten oder ab-hängigen Gebieten Europas nach Auschwitz zu transportieren. Gleich bei der Ankunft wurden sie „selektiert“, d.h nach arbeitsfähigen und nicht arbeitsfähigen Häftlingen unterteilt. Die vom Lagerarzt für arbeitsfähig erklären Häftlinge wurden mittels Tätowierung registriert, die anderen kamen sofort in die Gaskammern. Da die Leichen nicht alle vergraben werden konnten, wurden vier Krematorien mit Vergasungsanlagen gebaut und 1943 in Betieb genommen. In den beiden größten Gaskammern konnten täglich 2.000 bis 3.000 Menschen umgebracht und in den Öfen fast 5.000 Leichen pro Tag verbrannt werden. Nach Aussagen des Lagerkommandanten Rudolf Höß wurden insgesamt ca. 1,1 Millionen Häftlinge in Auschwitz ermordet. Die etwa 405.000 Häftlinge, die als einsatzfähig eingestuft worden waren, hatten eine Lebenswartung von drei bis vier Monaten. Im November 1944, als die sowjetischen Truppen schon im Vormarsch waren, wurden die Vergasungen auf Weisung Himmlers eingestellt und die Anlagen von der SS gesprengt. Die überlebenden Häftlinge wurden auf „Todesmärschen“ in rückwärtige Lager verlegt.

10.3 Texte

Der Bildsequenz werden Teile aus dem Bericht einer Überlebenden des KZ Auschwitz-Birkenau beigegeben. Die Autorin ist Krystina Zywulka.[255] Sie wurde 1918 in Lodz geboren und studierte bis Kriegsbeginn in Warschau Jura. Die Jahre 1939 bis1942 verbrachte sie im Wahrschauer Ghetto, aus dem sie mit falschen Papieren fliehen konnte. Sie arbeitete im Widerstand und wurde 1943 von der Gestapo verhaftet, zum Tode verurteilt und nach drei Monaten Gefängnis nach Auschwitz deportiert. Sie wurde als „politische" Gefangene angesehen, da nicht bekannt war, dass sie Jüdin war.

10.4 Bildgeschichte

Abb. 120: Ankunft

Krystina Zywulka: „Der Zug fuhr immer schneller und übertönte die Melodie und die Worte. Sein Rattern hämmerte uns diese einzige schreckliche Wahrheit ins Bewußtsein, das Endziel unserer Fahrt: „Nach Auschwitz, nach Auschwitz." Abends um zehn Uhr hielt er auf offener Strecke. „Aussteigen!" Auch unser Waggon wurde geöffnet. Schon wieder Hunde, kläffende Hunde, die uns anspringen wollten. Und wieder marschierten wir in Fünferreihen ins Unbekannte, angetrieben von den Schreien der SS-Männer."[256]

Abb. 121: Verlust der Identität

Krystina Zywulka: „Ein weiblicher Häftling von der politischen Abteilung mit einer sehr niedrigen Nummer und einem roten Winkel ohne P (Volksdeutsche) ergriff meine Hand und begann die nächste Nummer einzustechen: 55 908. Ich fühlte, daß sie mich eigentlich nicht in den Arm, sondern ins Herz stach. Von diesem Augenblick an hatte ich aufgehört, ein Mensch zu sein. Ich hörte auf zu fühlen, zu denken. Ich besaß keinen Namen, keine Adresse mehr. Ich war Häftling Nr. 55 908. Und in demselben Augenblick fiel mit jedem Einstich ein Lebensabschnitt von mir ab. Wir mußten uns ausziehen, jemand stopfte unsere Sachen in Säcke, jemand anders fragte uns nach unseren Personalien, und noch jemand schob uns nach vorne. Vor mir saß Zosia, nackt, die Hälfte ihres Kopfes war bereits kahlgeschoren, die andere Hälfte war noch mit Locken bedeckt. Und wir sahen alle so ähnlich aus. Niemals hätte ich gedacht, daß die Haare so sehr zur Individualität beitragen. Nur mit Mühe konnte ich die anderen Gesichter wiedererkennen."[257]

Krystina Zywulka: (zu Abb. 122) „Die Frau zog sich aus. Dann dirigierte er sie nach rechts. Sie war von mittlerem Körperbau und hatte einige

Abb. 122: Selektion

Furunkel. Aber nach einiger Zeit hat jede im Lager Furunkel. Niemand wußte also, ob die rechte Seite Tod oder Leben bedeuten würde. Die nächste zog sich aus – ihr ganzer Körper war mit eitrigen Furunkeln übersät – und ebenfalls zeigte er nach rechts. Er war betrunken, sein Blick war gläsern, er schwankte, aber er paßte auf, ob jede in die gewiesene Richtung ging. Nach rechts gingen etwa fünfzig, nach links nur diejenigen Häftlinge, die die wenigsten Furunkel hatten. Wir hatten verstanden: Die rechte Seite bedeutete Tod. Sie gingen nun an uns vorbei, nackt, zusammengekrümmt, mehr tier- als menschenähnlich, vorangetrieben von der Lagerkapo, einem Häftling wie sie selber. Diese abscheulichen Leiber mit hervortretenden Knochen, Hängebrüsten und Geschwüren sahen nicht mehr menschenähnlich aus.“[258]

Abb. 123: Vergasung

Krystina Zywulka: „Eine kleine Leiter war an das kleine Fenster des Krematoriums angelehnt. Auf der höchsten Sprosse stand ein SS-Mann. Im Licht der letzten Sonnenstrahlen war seine grüne Uniform deutlich zu erkennen. Mit schnellem und gekonntem Griff legte er sich eine Gasmaske über das Gesicht, zog sich Handschuhe über und öffnete das Fensterchen. Er streckte sich, um hineinzuschauen und zog blitzschnell eine Papiertüte aus seiner Tasche. Mit einer Hand hielt er sich am Fensterrahmen fest, senkte den Kopf nach vorne und mit der anderen Hand schüttete er den Inhalt der Tüte hinein – ein weißes Pulver – und schlug das Fensterchen zu. Im selben Augenblick vernahm man ein nahezu unmenschliches Stöhnen, ähnlich dem Heulen einer Sirene. Es währte vielleicht drei Minuten lang und wurde dann immer schwächer."[259]

Abb. 124: Arbeit am Krematorium

Krystina Zywulka: „Ungefähr eine Stunde später stieg aus dem Krematorium IV, das direkt hinter unserem Wohnblock lag, eine Feuersäule empor. Gleichzeitig begann es aus der daneben ausgehobenen Grube zu qualmen. Zunächst war es nur ein dünner, grauer Rauchfaden, dann wurden immer dichtere Rauchwolken sichtbar, die immer höher stiegen, anschwollen und sich ausbreiteten.

Alle SS-Männer waren sehr beschäftigt und hatten es immer eilig. Die Aufgaben wurden sorgfältig verteilt, und das Lager stellte sich völlig auf Verbrennen um. Neben den Krematorien wurden Gruben ausgehoben, denn die Öfen konnten so viele Leichen nicht fassen. Es lief das unglaubliche Gerücht, daß man die Menschen bei lebendigem Leibe verbrennen wolle. Aus Berlin war der Befehl gekommen, daß innerhalb von anderthalb Monaten achthunderttausend ungarische Juden zu verbrennen seien."[260]

10.5 Weiterführende Literatur

Adler, Hans G.; Langbein, Hermann; Lingens-Reiner, Ella (Hrsg.): Auschwitz: Zeugnisse und Berichte, 3. Aufl., Köln 1984

Baumann, Zygmunt: Dialektik der Ordnung. Die Moderne und der Holocaust, Hamburg 1992

Heubner, Christoph u.a.: Gesehen in Auschwitz: Lebenszeichen, Bornheim-Merten 1979

Hilberg, Raul: Täter, Opfer, Zuschauer. Die Vernichtung der Juden 1933-1945, Frankfurt/M. 1992

Höß, Rudolf: Kommandant in Auschwitz. Autobiographische Aufzeichnungen von Rudolf Höß. Eingeleitet und kommentiert von Martin Broszat, Stuttgart 1958

Kielar, Wieslaw: Anus Mundi. Fünf Jahre Auschwitz, Frankfurt/M. 1979

Kogon, Eugen, u.a. (Hrsg.): Nationalsozialistische Massentötungen durch Giftgas. Eine Dokumentation, Frankfurt/M. 1983

Langbein, Hermann: Menschen in Auschwitz, Wien 1972

Meyer, Alwin: Die Kinder von Auschwitz, Göttingen 1992

Pressac, Jean-Claude: Die Krematorien von Auschwitz. Die Technik des Massenmordes, München 1994

Renz, Werner: Auschwitz. Annotierte Bibliographie der deutschsprachigen Auschwitzliteratur, Frankfurt/M. 1994

Wellers, Georges: Der „Leuchter-Bericht" über die Gaskammern von Auschwitz. Revisionistische Propaganda und Leugnung der Wahrheit, in: Dachauer Hefte 7 (1991), S. 230-241

Anmerkungen

1 Thielen, Peter G.: Zur Historienmalerei der Bismarckzeit, in: Repgen, Konrad; Skalweit, Stephan (Hrsg.): Spiegel der Geschichte, Münster 1964, S. 817.

2 Berger, John u. a.: Sehen. Das Bild der Welt in der Bilderwelt, Reinbek 1974, S. 9 f.

3 Berger, Sehen, S. 10.

4 Flusser, Vilém: Für eine Philosophie der Fotografie, Göttingen 1983, S. 9.

5 Imdahl, Max: Ikonik. Bilder und ihre Anschauung, in: Boehm, Gottfried (Hrsg.): Was ist ein Bild? 2. Aufl. München 1995, S. 319.

6 Imdahl, Ikonik, S. 319.

7 Imdahl, Ikonik S. 319.

8 Boehm, Gottfried: Die Wiederkehr der Bilder, in: ders. (Hrsg.): Was ist ein Bild?, München 1994, S. 11-38, hier S. 31.

9 Rock, Irvin: Wahrnehmung. Vom visuellen Reiz zum Sehen und Erkennen, Berlin 1998, S. 78

10 Sylvester, David: Magritte, Basel 1992.

11 Gombrich, Ernst (Hrsg.): Das forschende Auge. Kunstbetrachtung und Naturwahrnehmung, Frankfurt/M. 1994, S. 12.

12 Boehm, Wiederkehr, S. 35.

13 Boehm, Wiederkehr, S. 16 f.

14 Boehm, Wiederkehr, S. 35.

15 Vergl. Barthes, Roland: Die helle Kammer. Bemerkungen zur Fotografie, Frankfurt/M. 1985

16 Vergl. Unwin, Robert: The Visual Dimension in the Study and Teaching of History, London 1981.

17 Theissing, Heinrich: Die Zeit im Bild, Darmstadt 1987.

18 Boehm, Gottfried: Zu einer Hermeneutik des Bildes, in: Gadamer, Hans-Georg und Boehm, Gottfried (Hrsg.): Seminar: Die Hermeneutik und die Wissenschaften, Frankfurt/M. 1978, S. 444-471; hier 451.

19 Salomon, Erich: Portrait einer Epoche, Berlin 1963.

20 Riis, Jacob A.: How the Other Half Lives, Dover-New York 1971.

21 Vergleiche die Beispiele bei Bergmann, Klaus und Schneider, Gerhard: Das Bild, in: Pandel, Hans-Jürgen und Schneider, Gerhard (Hrsg.): Handbuch Medien im Geschichtsunterricht, Schwalbach/Ts. 1999, S. 211-254.

22 Boehm, Hermeneutik, S. 448.

23 Hannemann, Jörg: Über das Lesen von Bildern, in: AV-Forschung 25 (1983), S. 40-60; hier S. 40.

24 Belting, Hans; Kamper, Dietmar (Hrsg.): Der zweite Blick, München 2000, S. 8.

25 Schmitt, Jean-Claude: Ghosts in the Middle Ages. The living and the dead in Medieval society, Chicago 1998; Davidson, Jane P.: Hexen in der nordeuropäischen Kunst 1470-1750, Freren 1988

26 Patlagean, Evelyne: Die Geschichte des Imaginären, in: Le Goff, Jacques u.a. (Hrsg.): Die Rückeroberung des historischen Denkens, Frankfurt/M. 1990, S. 244-276

27 Ebenda, S. 245
28 Ebenda, S. 245
29 Ebenda, S. 246
30 Ebenda, S. 154; vgl. auch Dinzelbacher, Peter: Angst im Mittelalter. Mentalitätsgeschichte und Ikonographie der Teufels-, Todes- und Gotteserfahrung, Paderborn 1996
31 Delumeau, Jean: Angst im Abendland, Reinbek 1989, S. 358
32 Burke, Peter: Augenzeugenschaft. Bilder als historische Quellen, Berlin 2003, S. 53
33 Le Goff, Jacques: Die Geburt des Fegefeuers, Stuttgart 1984
34 Lili-Jacob-Album
35 Weise, Christian: Politische Fragen, Das ist: Gründliche Nachricht Von der Politica, Dresden 1693
36 Mosheim, Johann Lorenz von: Versuch einer unparteyischen und gründlichen Ketzergeschichte, 2. Aufl., Göttingen 1748.
37 Möser, Justus: Vorrede zur Osnabrückischen Geschichte 1768, Hrsg. von Abeken, Berlin 1843, I, VII.
38 Freytag, Gustav: Bilder aus der deutschen Vergangenheit, 2 Bde., Berlin 1859-1965
39 Pandel, Hans-Jürgen: Mimesis und Apodeixis, Hagen 1990
40 Brandi, Karl: Mittlere und Neuere Geschichte, in: Aus 50 Jahren deutscher Wissenschaft, 1930, S. 178; zitiert nach Döhn, Hans: Das Bild im Geschichtsunterricht, in: Bertlein, Hermann (Hrsg.): Das Bild als Unterrichtsmittel, München 1971, S. 74-90
41 Bauer, Wilhelm: Einführung in das Studium der Geschichte, Tübingen 1921.
42 Keyser, Erich: Das Bild als Geschichtsquelle, Hamburg 1935
43 Brunner, Karl: Einführung in den Umgang mit Geschichte, 2. Aufl., Bielefeld 1991.
44 Keyser, Bild, S. 16; Hans Döhn fügt diesen Gruppen noch an: Kultur- und Kunstgeschichtliche Bilder, Bilder aus dem Leben einzelner Stände, Darstellungen von Baustilen.
45 Bauer, Einführung, S. 312
46 Keyser, Bild, S. 17
47 Keyser, Bild, S. 18 f.
48 Bauer, Einführung, S. 312
49 Keyser, Bild, S. 16 ff.
50 Rappenglück, Michael A.: Eine Himmelskarte aus der Eiszeit? Frankfurt/M. 1999, S. 25 f.
51 Nougier, Louis René: Die Welt der Höhlenmenschen, München 1984, S. 208 f.
52 Knoch, Peter (Hrsg.): Spurensuche, Bd. 1, Stuttgart 1990, S. 15.
53 Eschweiler, Peter: Das Ägyptische Totenbuch. Vom Ritual zum Bild, Frankfurt/M. 1999, S. 13 f.
54 Leblanc, Christian u. Siliotti, Alberto: Nefertari, Augsburg 1998, S. 137.
55 Breasted, J. H.: Geschichte Ägyptens, Zürich 1954, S. 79.
56 Philippot, Paul: Die Wandmalerei. Entwicklung, Technik, Eigenart, Wien 1972, S. 21.

57 Fischer, Peter: Das Mosaik. Entwicklung, Technik, Eigenart, Wien 1969, S. 6.
58 Fischer, Mosaik, S. 6.
59 Div. Iul. 46.
60 Fischer, Mosaik, S. 8.
61 Pächt, Otto: Buchmalerei des Mittelalters, 3. Aufl., München 1989.
62 Pächt, Buchmalerei, S. 77
63 Jakobi-Mirwald, Christine: Text – Buchstabe – Bild. Studien zur historisierten Initiale im 8. und 9. Jahrhundert, Berlin 1988, S. 26.
64 Arnheim, Rudolf: Kunst des Sehens. Neufassung, Berlin 1978, S. 275.
65 Arnheim, Kunst, S. 187.
66 Gombrich, Ernst, H.: Das forschende Auge, Frankfurt/M. 1994, S. 186.
67 Boehm, Gottfried: Studien zur Perspektivität, Heidelberg 1969, S. 18.
68 Boehm, Studien, S. 18.
69 Eine hier nicht näher betrachtete Sonderform des Historienbildes ist das Schlachtengemälde. Es hat keinerlei Quellenwert für das 16. Jahrhundert.
70 Burckhard, Malerei, S. 193.
71 Wilhelm, Katja: „Hir stehe ich/Ich kan nicht anders/Got hilffe mir“, in: Geschichte lernen 15 (2002), H. 85, S. 28-31.
72 Kracauer, Siegfried, Theorie des Film, Frankfurt/M. 1973, S. 27 ff.
73 Freund, Gisèle: Photografie und Gesellschaft, Reinbek 1979, S. 173
74 Sonntag, Susan: Die Leiden anderer betrachten, München 2003, S. 56.
75 Krakauer, Siegfried: Die Photografie, in: ders.: Das Ornament der Masse, Frankfurt/M. 1977, S. 28
76 Reifarth, Dieter; Schmidt-Linsenhoff, Viktoria: Die Kamera der Henker. Fotografische Selbstzeugnisse des Naziterrors in Osteuropa, in: Fotogeschichte 7 (1983) S. 57-71
77 Schütz, Sabine: Anselm Kiefer – Geschichte als Material, Köln 1999, S. 11 ff.
78 Belting, Hans: Larry Rivers und die Historie in der modernen Kunst, in: Mai, Ekkehard (Hrsg.): Historienmalerei in Europa, Mainz 1990, S. 407-422; hier S. 419
79 Schütz, Kiefer S. 11
80 Honnef, Klaus: Kunst der Gegenwart, Köln 1988, S. 66
81 Schütz, Kiefer, S. 12
82 Honnef, Kunst, S. 55.
83 Reformation – Revolution. Panoramabild Frankenhausen. Monumentalbild von Werner Tübke. Einleitung von K.M. Kober 1989; Tübke, Werner, Bauernkrieg und Weltgericht. Das Frankenhausener Monumentalbild einer Wendezeit, Leipzig 1995.
84 Württembergischer Kunstverein (Hrsg.), Anselm Kiefer: Ausstellungskatalog, Stuttgart 1980. Anselm Kiefer: Zweistromland, Köln 1989.
85 Grützke, Johannes: Grützkes Sphinx, Gifkendorf 1994.
86 Matthias Prechtl: Denkmalerei, München 1985; Artinger, Kai (Hrsg.): Prechtls Welttheater, Wiesbaden 2004.
87 Friese, Peter (Hrsg.): After Images. Kunst als soziales Gedächtnis. Katalog des neune Museums Weserburg Bremen vom 27. Juni bis 02. Oktober 2004, Bonn 2004; Young, James E.: At Memory's Edge. After-Images oft the Holocaust in Contemporary Art and Architecture, New Haven 2000

88 Young, James E.: Nach-Bilder des Holocausts in der zeitgenössischen Kunst, in: Friese, After-Images, S. 25

89 Young, Nach-Bilder, S. 28

90 Hirsch, Marianne: Family Pictures: Maus, Mourning, and Post-Memory, in: Discourse 15 (1992/93) No. 2, p. 8-9

91 Boulboullé, Guido; Stein, Detlef: Holocaust, Bildgedächtnis, Erinnerung, in: Friese, Peter (Hrsg.): After Images. Kunst als soziales Gedächtnis, Frankfurt/M. 2004, S. 33-41; hier S. 29

92 Hoffman, Donald D.: Visuelle Intelligenz, Stuttgart 2000, S. 29.

93 Vgl. Talkenberger, Heike: Historische Erkenntnis durch Bilder, in: Goertz, Hans-Jürgen (Hrsg.): Geschichte. Ein Grundkurs, Reinbek 1998, S. 83 ff.

94 Fischer, Hardi: Entwicklung der visuellen Wahrnehmung, Weinheim 1995, S. 316 ff.

95 Richter, Hans-Günther: Die Kinderzeichnung. Entwicklung, Interpretation, Ästhetik, Düsseldorf 1987; Schuster, Martin: Die Psychologie der Kinderzeichnungen, Berlin 1989.

96 Fischer, Entwicklung S. 340.

97 Schuster, Martin: Wodurch Bilder wirken. Psychologie der Kunst, Köln 1992, S. 39.

98 Schuster, Bilder, S. 40.

99 Hochberg, Julian; Brooks, Virginia.: Pictural Recognition as an unlearned Ability, in: American Journal of Psychology 75 (1962), S. 624ff; hier S. 75.

100 Tunner, Wolfgang: Psychologie und Kunst. Vom Sehen zur sinnlichen Erkenntnis, Wien 1999, S. 16.

101 Schuster, Bilder, S. 41.

102 Hochberg/Brooks, Recognition, S. 76.

103 Maurits Cornelius Escher (1898-1972), holländischer Zeichner. Ernst, Bruno: Der Zauberspiegel des M.C. Escher, Berlin 1986.

104 Danto, Arthur C.: Abbildung und Beschreibung, in: Böhm, Gottfried (Hrsg.): Was ist ein Bild? 2. Aufl., München 1995, S. 125-147, hier S. 141.

105 Hochberg/Brooks, Recognition.

106 Danto, Abbildung, S. 142.

107 Danto, Abbildung, S. 139.

108 Gibson, James J.: Die Sinne und der Prozeß der Wahrnehmung, Bern 1973, S. 279.

109 Wenn man einmal von Bildikonen absieht.

110 Instruktive Übersicht, auch wenn historische Bilder nur am Rand berücksichtigtwerden: Doderer, Klaus; Müller, Helmut (Hrsg.): Das Bilderbuch. Geschichte und Entwicklung des Bilderbuchs in Deutschland von den Anfängen bis zur Gegenwart, Weinheim 1973.

111 Comenius, Johann Amos: Orbis sensualium pictus. Herausgegeben von Johannes Kühnel, Leipzig 1910.

112 Comenius, Johann Amos: Große Didaktik [1657]. Übersetzt und herausgegeben von Andreas Flitner, 7. Aufl., Stuttgart 1992, S. 137.

113 Comenius, Didaktik, S. 13.

114 Comenius, Didaktik, S. 99.

115 Assmann, Aleida; Harth, Dietrich (Hrsg.): Mnemosyne. Formen und Funktionen der kulturellen Erinnerung, Frankfurt/M. 1991

116 Lüneburg, 1672.

117 Buno zitiert nach Schlözer 1773.

118 Vgl. Volkmann, Ludwig, Ars memorativa, in: Jahrbuch der kunsthistorischen Sammlung in Wien, Neue Folge Bd. III, Wien 1929, S. 181.

119 Trapp, Ernst Christian: Versuch einer Pädagogik, Berlin 1780 [ND Paderborn 1977].

120 Salomon, Almuth: Johann Friedrich Hähns Vorstellungen vom Geschichtsunterricht, dargestellt anhand seiner Lehrbücher und Lehrpläne, in: Schneider, Gerhard (Hrsg.): Geschichte lernen und lehren, Festschrift für Wolfgang Marienfeld zum 60. Geburtstag, Hannover 1986, S. 5-47

121 Hähn, Johann Friedrich: Erläuterung einiger in Kupfer gestochenen Vorstellung der Römischen Kayser, nebst Anzeigung wie das Nötigste von der Genealogie, Chronologie, Geographie, Heraldic, Numismatic und der eigentlichen Historie der Jugend gründlich, deutlich und vortheilhaftig beyzubringen. Zum Gebrauch der Realschule in Berlin, Berlin 1751, S. 5 f.

122 Basedow, Johann Bernhard: Das Elementarbuch für die Jugend und für ihre Lehrer und Freunde in gesitteten Ständen, 1., 2. und 3. Stück. Mit Zubehör des Methodenbuches und der Kupfersammlung, Altona und Bremen 1770.

123 Basedow 64 zitiert nach Bernhauser 17.

124 Stach, Reinhard: Wandbild in Unterricht und Forschung, in: Twellmann, Walter (Hrsg.): Handbuch Schule und Unterricht, Band 4.1., Düsseldorf 1981, S. 486-497

125 1973 erschien im Klettverlag noch eine Serie: Germanen und Römer am Limes; Kloster auf der Insel Reichenau; Hunnische Reiter überfallen ein Dorf; Germanischer Wanderzug; Erzguß in der Bronzezeit; Bonifazius vor der Donareiche bei Geismar.

126 Wigge, H.: Bilder, historische, in: Rein, Wilhelm (Hrsg.): Encyklopädisches Handbuch der Pädagogik, Bd. 1, Langensalza 1895, S. 401.

127 Müller, Walter: Schulwandbilder als Spiegel des „Zeitgeistes", in Geschichte lernen 1 (1988) H. 5, S. 18-24

128 Vgl. Pandel, Hans-Jürgen: Rezension „Wandbilder", in: Geschichte lernen, 1 (1988), H. 5, S. 4-5.

129 Vgl. das Klett-Folienbuch: Schwalm, Eberhard (Hrsg.): Bilder für den Unterricht vom 16. Bis zum 19. Jahrhundert. Folienbuch Geschichte 2, Stuttgart 1993.

130 Fina, Kurt: Das Bild im exemplarischen Geschichtsunterricht , in: GWU 16 (1965) S. 623-635; hier S. 623.

131 Fina, Bild, S. 623.

132 Ebeling, Hans: Didaktik und Methodik, 1965. Ebeling formuliert nur um Nuancen anders: „fast eine Bilderschwemme", „fast ein Verhängnis" S. 157.

133 Vgl. Pandel, Hans-Jürgen: Quelleninterpretation, 3. Aufl., Schwalbach/Ts. 2006

134 Ebeling, Hans: Methodik des Geschichtsunterrichts (1955), 5. Aufl., Hannover 1962.

135 Ebeling, Methodik, S. 58.

136 Ebeling, Methodik, S. 62.

137 Ebeling, Methodik, S. 59.

138 Mayer, Ulrich: Mit spitzer Feder statt stumpfen Klischee. Zur Verwendung

von Bildern in den Ebeling'schen Geschichtsbüchern, in: Schneider, Gerhard (Hrsg.): Die visuelle Dimension des Historischen, Schwalbach/Ts. 2002, S. 72-88

139 Bauer, Franz: Kulturgeschichte in Zeichnungen, Worms 1951; Burgstaller/Stöher: Geschichte in Zeichnungen und Übersichten, 2 Teile, Wien 1951/52; Schneid, Alois: Sachzeichnungen für den Geschichtsunterricht, Donauwörth 1952; Steidl, Heinz: Geschichte in Skizzen, 4 Bde, Koblenz 1959; Witzig, Hans: Das Zeichnen in den Geschichtsstunden, 2 Bde, Zürich 1939; Nüchter, Wilhelm u.a.: Bilder-Geschichte. Geschichte in Bildern und Situationen. Von den Römern bis zum Jahr 1945, Mühlheim/Ruhr 1995

140 Das waren Zeiten 1 (Geschichte an Gymnasien und Gesamtschulen, Sekundarstufe I), Bamberg 1997, S. 127

141 Expedition Geschichte, Band 1 (Förderstufe Sachsen-Anhalt, Klasse 5 und 6), Frankfurt/M. 1997, S, 204

142 Hier zitiert nach der Auflage: „Kürtzeste Universal-Historie nach der Geographia auf der Land-Karte zu erlernen von der studierenden Jugend des Bischöflichen Lycei zu Freysing, München 1767

143 Zu Anselm Desing: Kraus, Andreas, Die bayerische Historiographie zur Zeit der Gründung der Bayerischen Akademie der Wissenschaften (1759), in: Zeitschrift für bayerische Landesgeschichte 21 (1958) S. 69-109; Stegmann, Ildefons: Anselm Desing, Abt von Ensdorf (1699-1772), München 1929; Stegmann, Ildefons: Anselm Desing, in: NDB 3 (1957) Sp. 614-615; Schneyer, J.B.: Der Benediktinerabt Anselm Desing, ein bedeutsamer Pädagoge im 18. Jahrhundert, in: Wissenschaftliche Studien und Mitteilungen für Geschichte des Benediktinerordens, München 51 (1933) S. 56-78.

144 Desing, Universal-Historie, S. 1.

145 Ebenda, S. 6

146 Ebenda, S. 6

147 Ebenda, S. 7

148 Ebenda, S. 7

149 Grosses vollständiges Universal-Lexicon aller Wissenschaften und Künste. Sechzehnter Band, Halle und Leipzig 1737, Sp. 890.

150 Ebenda Sp. 892.

151 Ebenda

152 Ebenda

153 Campe, Joachim Heinrich: Historisches Bilderbüchlein oder allgemeine Weltgeschichte in Bildern und Versen, Bd. 1, Braunschweig 1801.

154 entfällt

155 entfällt

156 Campe, Bilderbüchlein, S. 1

157 Campe, Bilderbüchlein, Vorrede, unpaginiert

158 Campe, Bilderbüchlein, Vorrede

159 Mercator, G.: Die Diapositivverfahren, Halle 1897

160 Dilly, Heinrich: Lichtbildprojektion. Prothese der Kunstbetrachtung, in: Below, Irene (Hrsg.): Kunstwissenschaft und Kunstvermittlung, Gießen 1975, S. 153-172

161 Hahn, Georg: Die Verwendung des Bildes im Geschichtsunterricht, in: Vergangenheit und Gegenwart (1934), S. 109-120

162 Für schriftliche Quellen vergl. Pandel, Hans-Jürgen: Quelleninterpretation, Schwalbach/Ts. 2000.

163 Metzger, Stephan: Die Geschichtsstunde, Donauwörth 1970, S. 73.

164 Lampe, Klaus: Das Bild im Geschichtsunterricht, in: Süßmuth, Hans (Hrsg.), Historisch- politischer Unterricht. Medien, 4. Aufl., Stuttgart 1981, S. 185-209, hier S. 204 f.

165 Vgl. Bergmann, Klaus; Schneider, Gerhard: Das Bild, in: Pandel, Hans-Jürgen; Schneider, Gerhard (Hrsg.), Handbuch Medien im Geschichtsunterricht, Schwalbach 1999 und Sauer, Michael, Bilder im Geschichtsunterricht. Typen, Interpretationsmethoden, Unterrichtsverfahren, Seelze 2000.

166 Panofkys Schriften zur Interpretation sind abgedruckt in Kaemmerling, Ekkehard (Hrsg.): Ikonographie und Ikonologie, 6.Aufl., Köln 1994.

167 Wohlfeil, Rainer: Das Bild als Geschichtsquelle, in: HZ 243 (1986), S. 91ff.

168 Barthes, Roland: Ist die Malerei eine Sprache? in: ders.: Der entgegenkommende und der stumpfe Sinn, Frankfurt/M. 1990, S. 157-160.

169 Warburg, Aby: Dürer und die italienische Antike (1906), in: ders., Ausgewählte Schriften und Würdigungen, Baden-Baden 1992, S. 12-135; Saxl, Fritz: Die Ausdrucksgebärden der bildenden Kunst, in: Warburg, Aby: Ausgewählte Schriften und Würdigungen, Baden-Baden 1992, S. 419-431.

170 Borrmann, Norbert: Kunst und Physiognomik. Menschendeutung und Menschendarstellung im Abendland, Köln 1994

171 Klee, Paul: Das bildnerische Denken. Form- und Gestaltslehre, Bd. 1. Hrsg. und bearb. von Jürg Spiller, 5. Aufl., Basel 1990

172 Klee, Denken, S. 19

173 Gekeler, Hans: Taschenbuch der Farbe, Köln 1991, S. 50 ff.; Pawlik, Johannes: Theorie der Farbe, Köln 1969

174 Gross, Rudolf: Warum die Liebe rot ist, Düsseldorf 1981

175 Villhauer, Bernd: Aby Warburgs Theorie der Kultur, Berlin 2002, S. 61

176 Frey, Siegfried: Die Macht des Bildes, Bern 1999, S. 139.

177 Vergl. zu den Interpretationsansätzen: Aby Warburg (1866–1929), Erwin Panowsky (1892–1968), Wohlfeil u.a.

178 Dittmar, Heinrich: Symbol der Sehnsucht aller. Die Friedenstaube, Düsseldorf 1959.

179 Spitzig, Günter: Lexikon der byzantinischen und christlichen Symbole, München 1989, S. 292.

180 Becker, Udo: Lexikon der Symbole, Freiburg 1992; Heinz-Mohr, Gerd: Lexikon der Symbole, 11. Aufl., München 1992.

181 Vgl. Pandel, Hans-Jürgen: Industrialisierung im Bild, in: Geschichte lernen 7 (1994) H. 41, S. 54-78

182 Belting, Hans: Das Bild und sein Publikum im Mittelalter. Form und Funktion früher Bildtafeln der Passion, Berlin 1981

183 Gotthold Ephraim Lessing: Laokoon. Entwurf des zweiten Theils. Nebst zugehörigen Stücken, in: ders., Sämtliche Werke, Bd. 4, hrsg. von Richard Gosche, Berlin 1882, S. 287.

184 Barthes, Roland: Der entgegenkommende und der stumpfe Sinn, Frankfurt/M. 1990, S. 33.

185 entfällt

186 Avenarius, Ferdinand: Das Bild als Verleumder, München 1915 (= Flug-

schriften des Dürerbundes Nr. 151); vgl. auch Schulte Strathaus, Ludwig: Das Bild als Waffe. Die französische Bildpropaganda im Weltkrieg, Würzburg 1938.

187 Jacques Callot: Das gesamte Werk. Druckgraphik, Berlin 1972, S. 1340.

188 Koch, Hansjoachim Wilhelm: Illustrierte Geschichte der Kriegszüge im Mittelalter, Augsburg 1998, S. 97

189 Vorsteher, Dieter: in: Ranke, Winfried: Deutsche Geschichte kurz belichtet. Fotoreportagen von Gerhard Grönefeld 1937-1965, Berlin 1991 (Vorwort).

190 Ranke, Winfried: Deutsche Geschichte kurz belichtet, Berlin 1991, S. 38; vgl. dazu Hanno Loewy: „Ohne Masken". Juden im Visier der „Deutschen Fotografie" 1933-1945, in: Deutsche Fotografie, Köln 1997, S. 135-149

191 Heer, Hannes (Red.): Vernichtungskrieg. Verbrechen der Wehrmacht 1941-1944; Ausstellungskatalog, 4. überarb. Auflage, Hamburg 1999; Jureit, Ulrike (Red.): Verbrechen der Wehrmacht. Dimensionen des Vernichtungskrieges; Ausstellungskatalog, 2. durchges. u. erg. Aufl., Hamburg 2002

192 Preisendanz, Wolfgang: Verordnete Wahrnehmung. Zum Verhältnis von Foto und Begleittext, in: Sprache im technischen Zeitalter 37 (1971), S. 1-8; hier S. 3.

193 Preisendanz, Wahrnehmung, S. 3

194 Döhn, Hans: Das Bild im Geschichtsunterricht, in: Bertlein, Hermann (Hrsg.): Das Bild als Unterrichtsmittel, München 1971, S. 74-90.

195 Issing, Ludwig J.: Bilder als didaktische Medien, in: AV-Forschung, Bd. 25, 1983, S. 9-39; hier S. 14 f.

196 Jungfer, Hedda: Lernen durch Bilder, in: AV-Forschung, Doppelband 7, München 1973, S. 91-116; hier S. 91.

197 Nora, Pierre: Zwischen Geschichte und Gedächtnis, Berlin 1990.

198 Vergleiche Le Civilta e la Storia, 3. Aufl., Mailand 1991.

199 Bodo von Borries: Historisches Lernen an Bildern, in: ders.: Geschichtslernen und Geschichtsbewusstsein, Stuttgart 1988, S. 99-135.

200 Alfred Kantor: Das Buch des Alfred Kantor, Frankfurt/M. 1987.

201 Brink, Cornelia: Ikonen der Vernichtung, Berlin 1998.

201a Sontag, Leiden

202 Brink, Ikonen, S. 237.

203 White, Hayden: Die Bedeutung der Form. Erzählstrukturen in der Geschichtsschreibung, Frankfurt/M. 1990.

204 White, Hayden: Metahistory, Frankfurt/M. 1991.

205 Zur Ästhetik vgl. auch Schuster, Martin: Wodurch Bilder wirken, Köln 1992, S. 106 ff.

206 Bourdieu, Pierre: Die feinen Unterschiede, Frankfurt/M. 1982, S. 27.

207 Vgl. das Kapitel zur Geschichte der Bildverwendung.

208 Haskell, Francis: Die Geschichte und ihre Bilder, München 1995, S. 326.

209 Krasses Beispiel für diese Tendenz ist Wilhelm Nüchter u.a.: Bilder-Geschichte, Mühlheim 1995.

210 Vgl. Nüchter, Bilder-Geschichte.

211 Droysen, Johann Gustav: Historik. Historisch-kritische Ausgabe von Peter Leyh, Stuttgart 1977, S. 223.

212 Sontag, Leiden, S. 29

213 Vgl. Waller, Klaus: Fotografie und Zeitung. Die alltägliche Manipulation, Düsseldorf 1982, S. 21.

214 Curtis, Edward S.: Die Indianer, meine Freunde. Erinnerungen an ein verlorenes Volk. Herausgegeben von Gerald Hausmann und Bob Kapoun, München1997.

215 Sander, August: Menschen des 20. Jahrhunderts. Porträtfotografien 1892-1952. Herausgegeben von Gunther Sander, München 1980.

216 Penn, Irving: Passage. Ein Lebenswerk, München 1991.

217 Moses, Stefan: Abschied und Anfang, Ostdeutsche Portraits, Ostfildern 1999.

218 Günter, Fotografie

219 Kuder, Ulrich: Der Teppich von Bayeux, Frankfurt/M. 1994.

220 Goez, Werner: Ein Konstantin- und Silvesterzyklus in Rom, in: Altrichter, Helmut (Hrsg.): Bilder erzählen Geschichte, Freiburg 1995, S. 133-148.

221 Brady, Mathew: Historian with a camera, New York 1955.

222 Gutman, Israel, Guttermann, Bella (Hrsg.): Das Auschwitz-Album. Geschichte eines Transports, Göttingen 2005, S. 153

223 Burke, Peter: Ludwig XIV. Die Inszenierung des Sonnenkönigs, Berlin 1993, S. 18.

224 Karin Bornkamm; Ebeling, Gerhard (Hrsg.): Martin Luther. Ausgewählte Schriften. Bd. 1: Aufbruch zur Reformation, Frankfurt/M. 1982, S. 268 f.

225 Wilhelm, Katja: „Hir stehe ich/Ich kan nicht anders/Gott hilfe mir Amen." Luthers „geflügeltes Wort" von Worms – Zur Verselbständigung eines Mythos, in: Geschichte lernen 15 (2002), Heft 85, S. 28-31

226 Amira, Karl von: Die Handgebärden in den Bilderhandschriften des Sachsenspiegels, in: Abhandlungen der I. Klasse der Königlichen Akademie der Wissenschaften XXIII, Bd. II, Abt., München 1905.

227 Hagen, Rose-Marie; Hagen, Rainer: Meisterwerke im Detail, Band. 2, Köln 2003, S. 281 ff.

228 Ananoff, Alexandrej: F. Boucher, 2. Bde, Lausanne 1976

229 Zeitlupe, Band 3, Hannover (Schroedel-Verlag) 2003, S. 78 f.

230 Da die männliche Figur eine Schürze trägt, ist sich die Kunstkritik nicht einig, ob es sich um einen Bediensteten oder den Vater handelt. Ich gehe von der Deutung „Vater" aus.

231 Shorter, Edward: Die Geburt der modernen Familie, Hamburg 1977.

232 Hagen/Hagen, Meisterwerke, S. 285.

233 Badinter, Elisabeth: Die Mutterliebe. Die Geschichte eines Gefühls vom 17. Jahrhundert bis heute, München 1981.

234 Badinter, Mutterliebe, S. 108.

235 Badinter, Mutterliebe, S. 110.

236 Ariès, Philippe: Geschichte der Kindheit, München 1975.

237 Rousseau, Jean Jacques: Emile oder über die Erziehung, Paderborn 1971, S. 18 ff.

238 Schivelbusch, Wolfgang: Das Paradies, der Geschmack und die Vernunft, München 1980.

239 Langer, Wolfgang: Videofilm und Foliendrehbuch als Interpretationshilfe, in: Otto, Gunter (Hrsg.): Unterrichtsmedien (= Friedrich Jahresheft XI), Velber 1993, S. 66-70

240 Langer, Videofilm, S. 14

241 Habe ich in meinem Quellenbuch erläutert

242 Grünewald, Dietrich: Thema: Bildgeschichte, in: Kunst + Unterricht (1989) H. 177, S. 11-17; Schnackertz, Hermann Josef: Form und Funktion medialen Erzählens, München 1980; Burkhardt, Hermann: Bildtexte – narrative Strukturen im Kunstunterricht, Ravensburg 1977.

243 Toeppfer, Rudolph: Essay de Physiognomie, 1945, zitiert nach: Gombrich, Ernst H.: Kunst und Illusion, Köln 1967, S. 376

244 Vgl. besonders die neue Comicgeneration: Sacco, Joe: Palästina, Frankfurt/M. 2004

245 Imhof, Arthur F.: Im Bildersaal der Geschichte, München 1991, S. 16: „Wenn ein *Historiker* Bilder ansieht, dann liegt es nahe, dass es ihm auf die Entdeckung geschichtlicher *Entwicklungen* ankommt."

246 Altrichter, Helmut (Hrsg.): Bilder erzählen Geschichte, Freiburg 1995. Auch wenn der Buchtitel noch so beharrlich behauptet, dass Bilder erzählen, so zeigt der Band doch nur, wie Historiker Geschichten mit Hilfe von Bildern erzählen.

247 Kracauer, Siegfried: Die Fotografie (1927), in: ders.: Das Ornament der Masse, Frankfurt/M. 1977, S. 21-38; hier S. 22

248 Elbogen, Ismar; Sterling, Eleonore: Die Geschichte der Juden in Deutschland, Frankfurt/M. 1966, S. 53 f.

249 Schnackertz, Form, S. 26

250 Schnackertz, Form, S. 27

251 Schnackertz, Form, S. 29

252 Vgl. Pandel, Hans-Jürgen: Ein Tag im Leben des arbeitslosen Schlossers Karl Döhler. Visuelles Erzählen mit Dokumentarfotos, in: Geschichte lernen 1 (1988) H. 2, S. 53-57

253 Vgl. Pandel, Hans-Jürgen: Geschichtsunterricht nach PISA, Schwalbach/Ts. 2005

254 Kantor, Alfred, Das Buch des Alfred Kantor, Frankfurt/M. 1971

255 Zywulka, Krystina: Wo vorher Birken waren. Überlebensbericht einer jungen Frau aus Auschwitz-Birkenau, München 1979 [Originalausg. 1949]

256 Zywulka, Birken, S. 13

257 Ebenda, S. 17-20

258 Ebenda, S. 57

259 Ebenda, S. 158

260 Ebenda, S. 192-195

261 Ebenda, S. 83

Literatur

(Dieses Verzeichnis enthält Literatur allgemeineren Charakters. Spezialliteratur ist in den einzelnen Kapiteln aufgeführt)

Ackermann, Paul; Gaßmann, Reinhart: Arbeitstechniken politisches Lernen kurzgefaßt, Stuttgart 1991

Altrichter, Helmut (Hrsg.): Bilder erzählen Geschichte, Freiburg 1995

Arnheim, Rudolf: Anschauliches Denken. Zur Einheit von Bild und Begriff, Köln 1972

Arnheim, Rudolf: Kunst und Sehen. Eine Psychologie des schöpferischen Auges, Neufassung, Berlin 1978

Bätschmann, Oskar: Einführung in die kunstgeschichtliche Hermeneutik. Die Auslegung von Bildern, Darmstadt 1985

Barthes, Roland: Die helle Kammer. Bemerkungen zur Fotografie, Frankfurt/M. 1985

Bauer, Volker u.a.: Methodenarbeit im Geschichtsunterricht. Berlin 1998

Belting, Hans: Das Bild und sein Publikum im Mittelalter. Form und Funktion früher Bildtafeln der Passion, Berlin 1981

Berger, John u.a.: Sehen. Das Bild der Welt in der Bilderwelt, Reinbek 1974

Bergmann, Klaus; Schneider, Gerhard: Das Bild, in: Pandel, Hans-Jürgen und Schneider, Gerhard (Hrsg.): Handbuch Medien im Geschichtsunterricht, Düsseldorf 1985, S. 409-448

Bernhardt, Marcus u.a. (Hrsg.): Bilder - Wahrnehmungen - Konstruktionen. Reflexionen über Geschichte und historisches Lernen. Festschrift für Ulrich Mayer zum 65. Geburtstag. Schwalbach/Ts. 2006

Black, Max: Wie stellen Bilder dar?, in: Gombrich, Ernst u.a.: Kunst, Wahrnehmung, Wirklichkeit, Frankfurt/M. 1975, S. 115-144

Boehm, Gottfried (Hrsg.): Was ist ein Bild, 2. Aufl., München 1995

Bohn, Volker (Hrsg.): Bildlichkeit. Internationale Beiträge zur Poetik, Frankfurt/M. 1990

Borries, Bodo von: Historisches Lernen an Bildern. Über die Wirkung von „Dokumentarfotos" zum Nationalsozialismus, in: ders.: Geschichtslernen und Geschichtsbewußtsein. Empirische Erkundungen zu Erwerb und Gebrauch von Historie, Stuttgart. 1988, S. 99-135

Borries, Bodo von: Historisches Lernen an Bildern. Über die Wirkung von „Dokumentarfotos" zum Nationalsozialismus, in: ders.: Geschichtslernen und Geschichtsbewußtsein. Empirische Erkundungen zum Erwerb und Gebrauch von Historie. Stuttgart 1988, S. 99-135

Brandt, Reinhardt: Die Wirklichkeit des Bildes. Sehen und Erkennen – Vom Spiegel zum Kunstbild. München 1999

Büttner, Frank; Wimböck, Gabriele (Hrsg.): Das Bild als Autorität. Die normierende Kraft des Bildes. Münster 2004

Busse, Klaus-Peter: Lernbox Kunst – Das Methodenbuch. Seelze 2002

Dittmer, Lothar; Siegfried, Detlef (Hrsg.): Spurensucher. Ein Praxisbuch für historische Projektarbeit, Weinheim 1997

Dittmer, Lothar; Siegfried, Detlef (Hrsg.): Spurensucher. Ein Praxisbuch für historische Projektarbeit. Hamburg 2005

Dupeux, Cécilie u.a. (Hrsg.): Bildersturm. Wahnsinn oder Gottes Wille? München 2000 [dort weitere Bildergeschichten: Antonio schändet ein

Marienbild und wird gehängt, S. 113 (9 Bilder); Klaus Hattinger stürzt ein Wegkreuz und wird hingerichtet, S. 313 (6 Bilder); Die Verhaftung eines bilderfeindlichen Pfarrers löst eine bäuerliche Revolution aus, S. 316 (6 Bilder)]

Fabian, Rainer: Photographie als Dokument und Fälschung, München 1976

Fina, Kurt: Das Bild als Quelle im exemplarischen Geschichtsunterricht, in: GWU 16.(1965) S. 623-634

Fischer, Hardi: Entwicklung der visuellen Wahrnehmung, Weinheim 1995

Flusser, Vilhélm: Die Revolution der Bilder. Der Flusser-Reader. Zu Kommunikation, Medien, Design, Mannheim 1995

Freund, Gisèle: Photographie und Gesellschaft. Reinbek 1979

Friese, Peter (Hrsg.): After Images. Kunst als soziales Gedächtnis. Katalog Neues Museum Weserburg Bremen. Bremen 2004

Gardner, James: Dem Denken auf der Spur. Stuttgart 1989

Gibson, James J.: Die Wahrnehmung der visuellen Welt, Weinheim und Basel 1973

Gibson, James J.: Die Sinne und der Prozeß der Wahrnehmung, Bern 1973

Gombrich, Ernst H.: Meditationen über ein Steckenpferd, Frankfurt/M. 1978

Grafe, Edda; Hinrichs, Carsten: Visuelle Medien im Wissenserwerb, in: Günther-Arndt, Hilke (Hrsg.): Geschichtsdidaktik. Praxishandbuch für die Sekundarstufe I und II. Berlin 2003, S. 92-124

Gross, Rudolf: Warum die Liebe rot ist. Farbsymbolik im Wandel der Jahrtausende. Düsseldorf 1981

Günter, Roland: Fotografie als Waffe. Geschichte der sozialdokumentarischen Fotografie, Hamburg 1977

Hamann, Christoph: Bilderwelten und Weltbilder. Fotos die Geschichte(n) mach(t)en). Teetz 2001

Hannemann, Jörg: Über das Lesen von Bildern. Wahrnehmungs- und gedächtnispsychologische Aspekte der Bilderfassung, in: AV-Forschung 25 (1983) S. 40-60

Hannig, Jürgen: „Dokumentarfotos" in Geschichtslehrbüchern, in: Schneider, Gerhard (Hrsg.): Geschichtsbewußtsein und historisch-politisches Lernen, Pfaffenweiler 1988, S. 142-162

Haskell, Francis: Die Geschichte und ihre Bilder, München 1995

Haus der Geschichte der Bundesrepublik Deutschland (Hrsg.): Bilder, die lügen, 2. Aufl.. Bonn 2000

Heller, Eva: Wie Farben wirken. Frankfurt/M. 1993

Henke-Bockschatz, Gerhard u.a.: Geschichte. Das Methodenbuch. Seelze 2001

Hinkel, Hermann: Wie betrachten Kinder Bilder, Gießen 1972

Hoffman, Donald D.: Visuelle Intelligenz. Wie die Welt im Kopf entsteh. Stuttgart 2000

Hoffmann, Mathilde: Visuelle Präsentation von Herrschaft. Zur Bedeutung medialer Vermittlung in der politischen Sozialisation und Kommunikation, Frankfurt/M. 1982

Hofmann, Werner; Syamken, Georg und Warnke, Martin: Die Menschenrechte des Auges. Über Aby Warburg, Frankfurt/M. 1980

Jäger, Jens: Photographie: Bilder der Neuzeit. Einführung in die historische Bildforschung. Tübingen 2000

Jaubert, Alain: Fotos, die lügen. Politik mit gefälschten Bildern, Frankfurt/M. 1989

Kaemmerling, Ekkehart (Hrsg.): Ikonographie und Ikonologie, 3. Aufl., Köln 1984
Kaufmann, Günter: Doppelbilder – Anregungen zum Umgang mit historischen Bildquellen, in: GWU 43 (1992) S. 659-680
Kennedy, John M.: A Psychology of Picture Perception. Images and Information, San Francisco, Washington, London 1974
Kerbs, Diethard u.a. (Hrsg.): Die Gleichschaltung der Bilder. Zur Geschichte der Pressefotografie 1930-36, Berlin 1983
Knauer, Martin: „Dokumentensinn" – „historischer Dokumentensinn". Überlegungen zu einer historischen Ikonologie, in: Tolkemitt, Brigitte und Wohlfeil, Rainer (Hrsg.): Historische Bildkunde, Berlin 1991, S. 37-47
Knoch, Habbo: Die Tat als Bild. Fotografien des Holocaust in der deutschen Erinnerungskultur. Hamburg 2001
Korff, Gottfried: Bildung durch Bilder? Zu einigen neueren historischen Ausstellungen, in: Historische Zeitschrift 224 (1987) S. 93-113
Krimm, Konrad; John, Herwig (Hrsg.): Bild und Geschichte. Studien zur politischen Ikonographie, Sigmaringen 1995
Kuchenbuch, Thomas: Bild und Erzählung. Geschichten in Bildern. Vom frühen Comic Strip zum Fernsehfeature, Münster 1992
Maar, Christa; Burda, Hubert (Hrsg.): Iconic Turn. Die neue Macht der Bilder. Köln 2004
Müller-Funk, Wolfgang: Die Rückkehr der Bilder, in: Kamper, Dietmar (Hrsg.): Macht und Ohnmacht der Phantasie, Darmstadt und Neuwied, S. 38-63. 1986
Pandel, Hans-Jürgen: Visuelles Erzählen, in: ders. und Schneider, Gerhard (Hrsg.): Handbuch Medien im Geschichtsunterricht, Düsseldorf 1985, S. 389-408.
Pandel, Hans-Jürgen: Bildinterpretation, in: Mayer, Ulrich ; Pandel, Hans-Jürgen und Schneider Gerhard (Hrsg.): Handbuch Methoden im Geschichtsunterricht. Schwalbach/Ts. 2004, S. 172-187
Pandel, Hans-Jürgen: Visuelles Erzählen. Zur Didaktik von Bildgeschichten, in: ders.; Schneider, Gerhard (Hrsg.): Handbuch Medien im Geschichtsunterricht, Schwalbach/Ts., 3. Aufl. 2007, S. 387-404 [Dort die Fotoreportage „Familienzusammenführung nach dem Zweiten Weltkrieg"]
Paul, Gerhard: Aufstand der Bilder. Die NS-Propaganda vor 1933. Berlin 1988
Ranke, Winfried: Zur sozialdokumentarischen Fotografie in Deutschland, in: Beiträge zur Geschichte und Ästhetik der Fotografie, Gießen 1977, S. 5-36.
Reichardt, Rolf: Mehr geschichtliches Verstehen durch Bildillustration? Kritische Überlegungen am Beispiel der Französischen Revolution, in: Francia 13 (1985) S. 511-523
Riedel, Ingrid: Farben in Religion, Gesellschaft, Kunst und Psychotherapie. Stuttgart 1999
Roeck, Bernd: Das historische Auge. Kunstwerke als Zeugen ihrer Zeit. Göttingen 2004
Saltzman, Lisa: Anselm Kiefer and Art After Auschwitz. Cambridge 1999
Sauer, Michael: Bilder im Geschichtsunterricht. Typen, Interpretationsmethoden, Unterrichtsverfahren. Seelze 2000
Schelske, Andreas: Die kulturelle Bedeutung von Bildern. Wiesbaden 1997
Schnackertz, Hermann Josef: Form und Funktion medialen Erzählens. Narrativität in Bildsequenz und Comicstrip, München 1980

Schneider, Gerhard (Hrsg.): Die visuelle Dimension des Historischen. Schwalbach/Ts. 2002
Schönemann, Bernd; Uffelmann, Uwe; Voit, Hartmut (Hrsg.): Geschichtsbewußtsein und Methoden historischen Lernens. Weinheim 1998
Schütz, Sabine: Anselm Kiefer. Geschichte als Material. Köln 1999
Schuster, Martin; Woschek, Bernanrd P. (Hrsg.): Nonverbale Kommunikation durch Bilder, Stuttgart 1989
Schuster, Martin: Psychologie der Kinderzeichnung, 2. Aufl., Berlin 1993
Sontag, Susan: Das Leiden anderer betrachten. München 2003
Spitzing, Günter: Fotopsychologie, Weinheim 1985
Straßner, Erich: Text-Bild-Kommunikation. Bild-Text-Kommunikation. Tübingen 2002
Talkenberger, Heike: Von der Illustration zur Interpretation: Das Bild als historische Quelle. Methodische Überlegungen zur historischen Bildkunde, in: Zeitschrift für historische Forschung 21 (1994) S. 289-313
Tausk, Peter: Die Geschichte der Fotografie im 20. Jahrhundert. Von der Kunstfotografie bis zum Bildjournalismus, Köln. 1977
Tolkemitt, Brigitte; Wohlfeil, Rainer (Hrsg.): Historische Bildkunde. Probleme–Wege–Beispiele (= Zeitschrift für Historische Forschung. Beiheft 12), Berlin. 1991
Unger, Helga: Text und Bild im Mittelalter (= Katalog zur gleichnamigen Ausstellung der Universitätsbibliothek Bamberg 1986), Graz. 1986
Unwin, Robert: The Visual Dimension in the Study and Teaching of History (Teaching of History Series. The Historical Association. Number 49), London 1981
Weidemann, Bernd: Psychische Prozesse beim Verstehen von Bildern, Bern 1988
Weidemann, Bernd: Lernen mit Bildmedien. Psychologische und didaktische Grundlagen, 2. Aufl., Weinheim 1994
Weidenmann, Bernd: Lernen mit Bildmedien. Psychologische und didaktische Grundlagen, 2. Aufl., Weinheim 1994
Welzer, Harald: Das Gedächtnis der Bilder. Ästhetik und Nationalsozialismus. Tübingen 1995
Wilharm, Irmgard (Hrsg.): Geschichte in Bildern. von der Miniatur bis zum Film als historische Quelle, Pfaffenweiler 1995
Wohlfeil, Rainer: Das Bild als Geschichtsquelle, in: HZ 243 (1986) S. 91-100
Wohlfeil, Rainer: Methodische Reflexionen zur Historischen Bildkunde, in: Tolkemitt, Brigitte und Wohlfeil, Rainer (Hrsg.): Historische Bildkunde, Berlin 1991, S. 17-35
Würfel, Maria: Interpretation von Bildern als Quellen, in: Hey, Bernd u.a.: Umgang mit Geschichte. Stuttgart 1992, S. 169-202

Verzeichnis der Abbildungen

Abb. 1: Volk, Andreas (Hrsg.): Vom Bild zum Text. Die Photografiebetrachtung als Quelle sozialwissenschaftlicher Erkenntnis, Zürich 1996, S. 14
Abb. 2: Henritta, James A. u.a. (Hrsg.): America's History, New York 1993, S. 940
Abb. 3: Koch, H.W.: Illustrierte Geschichte der Kriegszüge im Mittelalter, Augsburg 1998, S. 41
Abb. 4: Schmid, Heinz Dieter (Hrsg.): Fragen an die Geschichte, Bd. 3, Frankfurt/M. 1980, S. 221
Abb. 5: Klemm, Barbara: Unsere Jahre, München 1999, S. 240
Abb. 6: Schindlbeck, Markus (Hrsg.): Die ethnografische Linse, Berlin 1989, S. 110
Abb. 7: Budensieg, Tilmann und Rogge, Henning (Hrsg.): Die nützlichen Künste, Berlin 1991, S. 86
Abb. 8: Egner, Anton u.a. (Hrsg.): Demokratie und Diktatur, Hannover 1986, S. 121
Abb. 9: Brüggemeier, Franz-Josef u.a. (Hrsg.): Mittendrin, Dessau 1998, S. 193
Abb. 10: Weise, Christian: Politische Fragen, Dresden 1693 (ND 1970)
Abb. 11: Bataille, Georges: Die vorgeschichtliche Malerei, Genf 1986, S. 111
Abb. 12: Dondelinger, Edmund: Der Jenseitsweg der Nofretari, 2. Aufl., Graz 1977, S. 91
Abb. 13: Shedid, Abdel Ghaffar; Seidel, Matthias: Das Grab der Nacht, Mainz 1991, S. 78
Abb. 14: Berart, Claude; Vernant, Jean-Pierre u.a.: Die Bilderwelt der Griechen; Mainz 1984, S. 10
Abb. 15: Gage, John: Kulturgeschichte der Farbe, Ravensburg 1994, S. 40
Abb. 16: Czech, Alfred: In mittelalterlichen Schreibwerkstätten (MPZ-Themenheft), München 1995, S. 21
Abb. 17: Gombrich, E. H.: Die Geschichte der Kunst, 16. Ausg., 1996, S. 205
Abb. 18: Gombrich, Ernst (Hrsg.): Geschichte der Kunst, 16. Aufl. London 2000, S. 369
Abb. 19: Boehm, Gottfried (Hrsg.): Was ist ein Bild?, 2. Aufl., München 1995, S. 337
Abb. 20: Mai, Ekkehard (Hrsg.): Historienmalerei in Europa, Mainz 1990, S. 221
Abb. 21: Gerst, Hans M. u.a.: Geschichte heute (Baden-Württemberg, Hauptschule Kl. 8), Hannover 1990, S. 45
Abb. 22: Loewy, Hanno; Schoenberner, Gerhard: „Unser einziger Weg ist Arbeit". Das Ghetto in Lodz 1940-1944 (Ausstellungskatalog des Jüdischen Museums Frankfurt/M.), Frankfurt/M. 1990, S. 151
Abb. 23: Prechtl, Michael M.: Prechtls Welttheater, Wiesbaden 2004, S. 106
Abb. 24: Friese, Peter (Hrsg.): After Images, Frankfurt/M. 2004, S. 206 f.
Abb. 25: Friese, Peter (Hrsg.): After Images, Frankfurt/M. 2004, S. 39
Abb. 26-27: Schuster, Martin: Wodurch Bilder wirken. Psychologie der Kunst, Köln 1992, S. 35
Abb. 28: Tunner, Wolfgang: Psychologie der Kunst. Vom Sehen zur sinnlichen Erkenntnis, Wien 1992, S. 17
Abb. 29: Hoffman, Donald D.: Visuelle Intelligenz, Stuttgart 2000, S. 152
Abb. 30: Gage, John: Kulturgeschichte der Farbe, Ravensburg 1994

Abb. 31: Comenius, Johann Amos: Orbis Sensualium Pictus, hrsg. von Johannes Kühnel, Leipzig 1910, S. 302
Abb. 32: Volkmann, Ludwig: Ars memoratina, Abb. 199, S. 181
Abb. 33: Schneider, Gerhard (Hrsg.): Geschichte lernen und lehren, Hannover 1986, S. 45
Abb. 34: Basedow, Johann Bernhard: Elementarwerk mit den Kupfertafeln von Chodowiecki u.a., hrsg. von Theodor Fritzsch, Teil III, Hildesheim 1972, Tafel 83
Abb. 35: Pandel, Hans-Jürgen; Schneider, Gerhard (Hrsg.): Wie weiter? Zur Zukunft des Geschichtsunterrichts, Schwalbach/Ts. 2001, S. 102
Abb. 36: Ebeling, Hans: Methodik des Geschichtsunterrichts, 5. Aufl., Hannover 1962, Tafel 4
Abb. 37: Ebeling, Hans: Deutsche Geschichte. Weltgeschichte der neuesten Zeit II: Das Zeitalter der Weltkriege, Braunschweig 1952, S. 21
Abb. 38: Steidl, Heinz: Geschichte in Skizzen, Teil 4, Weinheim 1950, Tafel 23
Abb. 39: „Von ... bis". Geschichtsbuch für Realschulen, 7. Schuljahr, Paderborn 1991, S. 139
Abb. 40: Expedition Geschichte Bd. 1, Frankfurt/M. 1997, S. 204
Abb. 41: Zedlers Universal-Lexikon Bd. 16, Halle 1737, Sp. 890
Abb. 42: Campe, Joachim Heinrich: Historisches Bilderbüchlein oder allgemeine Weltgeschichte in Bildern und Versen, Bd. 1, Braunschweig 1801, unpag.
Abb. 43: Hoffmann, Detlev; Junker, Almut: Laterna Magica, Berlin 1982, S. 48
Abb. 44-45: Mayer, Ulrich u.a. (Hrsg.): Handbuch Methoden im Geschichtsunterricht, 2. Aufl., Schwalbach/Ts.2007, S. 175 und 176
Abb. 46: Dolch, Josef: Lehrplan des Abendlandes, 3. Aufl., Ratingen 1971, S. 127
Abb. 47: Frey, Siegfried: Die Macht des Bildes, Bern 1999, S. 139
Abb. 48-52: Bußmann, Klaus; Schilling, Heinz (Hrsg.): 1648. Krieg und Frieden in Europa (Ausstellungskatalog), Münster/Osnabrück 1998, S. 256
Abb. 53: Skizze erstellt durch Verlag
Abb. 54: Lademacher, Horst: Die Niederlande. Politische Kultur zwischen Individualität und Anpassung, Berlin 1993, Tafel IX
Abb. 55: Bußmann, Krieg und Frieden, S. 256
Abb. 56: Andries Beeckman, Niederländische Handelsniederlassung Batavia, um 1656
Abb. 57: Skizze erstellt durch Verlag
Abb. 58: Rosenfeld, Hellmut: Bild und Schrift. Die verschiedenen Versucher zu ihrer Verschmelzung, in: Archiv für Geschichte des Buchwesens 11 (1971), S. 1660
Abb. 59: Jäger, Oskar: Geschichte des Mittelalters, 2. Aufl., Bielefeld 1894, S. 135
Abb. 60: Le Civilta e la Storia 2, Azzano S. Paolo 1991, S. 189
Abb. 61: Hug, Wolfgang (Hrsg.): Geschichtliche Weltkunde Bd. 3: Von der Zeit des Imperialismus bis zur Gegenwart, 4. Aufl., Frankfurt/M. 1990, S. 158
Abb. 62: Yapp, Nick; Hopkins, Amanda: 150 Jahre Photojournalismus, Köln 1995, S. 624
Abb. 63: Callot, Jacques: Das gesamte Werk. Druckgraphik, Berlin 1972, S. 1340
Abb. 64: Koch, H. W.: Illustrierte Geschichte der Kriegszüge im Mittelalter, Augsburg 1998, S. 97
Abb. 65: Original im Besitz des Instituts für Geschichte der Martin-Luther-Universität Halle-Wittenberg

Abb. 66: Starl, Timm: Knipser. Die Bildgeschichte der privaten Fotografie in Deutschland und Österreich von 1880 bis 1980, München 1995, S. 115
Abb. 67: Geschichte für die Hauptschule, Donauwörth 1981, S. 135
Abb. 68: Geschichte. Lehrbuch für Klasse 10, Berlin 1989, S. 154
Abb. 69: Spiegel 29 (1998), S. 149
Abb. 70: Skizze erstellt durch Verlag
Abb. 71: Zeitmagazin 10.12.1998, S. 11
Abb. 72: Curtis, Edward S.: Die Indianer, meine Freunde. Erinnerungen an ein verlorenes Volk, hrsg. von Hausman, Gerald u. Kapoun, Bob, München 1997
Abb. 73: Sander, August: Menschen des 20. Jahrhunderts, Bd. IV: Die Stände, München 2002
Abb. 74: Moses, Stefan: Abschied und Anfang, Ostfildern 1999
Abb. 75: Gutman, Israel; Gutterman, Bella (Hrsg.): Das Auschwitzalbum. Geschichte eines Transports, Göttingen 2005, S. 153
Abb 76: Menschen in ihrer Zeit. Bd. 4, 2. Aufl., Stuttgart 1978, S. 122
Abb 77: Entdecken und verstehen. Geschichtsbuch für Rheinland-Pfalz. Grundausgabe, Berlin 1997, S. 35
Abb. 78: Geschichte heute, 9./10. Schuljahr, Hannover 1988, S. 105
Abb. 79: Maiuri, A.: Le pitture delle case di „M. Fabius Amandio" del „sacerdos Amandus" e di „P. Cornelius Teges" (Ref. I., ins. 7), in: Mon. Pitt. Ant. Scoperti in Italia. Sez. III: Le pitture ellenistico-romane, Pompei II (1938), S. 3 ff., Fig. 5 b
Abb. 80: Mitschulin, A.V.: Spartacus. Abriß der Geschichte des großen Sklavenaufstandes, hrsg. u. eingel. von S. I. Uttschenko, Berlin (Ost) 1952 (Moskau 1936), S. 82
Abb. 81: Scheibler, Ingeborg: Griechische Malerei der Antike, München 1994, S. 139
Abb. 82 links: Zeiten und Menschen Bd. 1, S. 139; rechts: Beckers-Dohlen, Claudia; Baße, Simone: Markt, Turnier und Alltagsleben im Mittelalter, 1. Aufl., Greiz 2000, S. 16
Abb. 83: Zeitlupe 2, Hannover 2002, S. 8/9
Abb. 84: Zeitlupe 2, Hannover 2002, S. 9
Abb. 85: links: Der Sturm der Revolution – Spektrum der Weltgeschichte 1700-1800 n.Chr. (Time-Life-Bücher), Amsterdam 1990, S. 138; rechts: Brokemper, Peter u.a. (Hrsg.): Ansichten 2. Arbeitsbuch für Geschichte/Politik, Berlin 1998, S. 42
Abb. 86: Markov, Walter: Die Napoleon-Zeit. Geschichte und Kultur des Grand Empire, Leipzig 1985, S. 75
Abb. 87: Grolle, Joist u.a.: Menschen in ihrer Zeit. Bd. 3: In der Neuzeit, 1. Aufl., Stuttgart 1980, S. 194
Abb. 88: Charles, J. F.: Die Pioniere der neuen Welt. Teil 5: Tage des Blutes, München 1993, S. 20
Abb. 89: Martin Luther 1483–1546 (Katalog der Hauptausstellung in der Lutherhalle Wittenberg), 2. Aufl., Berlin 1993, S. 108
Abb. 90: Krauß, Jutta; Schuchardt, Günter: Aller Knecht und Christi Untertan. Der Mensch Luther und sein Umfeld (Katalog der Ausstellungen zum 450. Todesjahr 1996, Wartburg und Eisenach), Eisenach 1996, S. 211
Abb. 91: Skizze erstellt durch Verlag
Abb. 92: Geschichte lernen, H. 80/März 2001, S. 11
Abb. 93: Expedition Geschichte, Bd. 1, Förderstufe Sachsen-Anhalt, S. 146

Abb. 94-95: Büthe, Joachim u.a.: Der Arbeiter-Fotograf. Dokumente und Beiträge zur Arbeiterfotografie 1926-1932, Köln 1977, S. 151
Abb. 96: Koschorreck, Walter: Der Sachsenspiegel (in Bildern), 2. Aufl., Frankfurt/M. 1976, S. 41
Abb. 97: Amira, Karl von: Die Handgebärden in den Bilderhandschriften des Sachsenspiegels, in: Abhandlungen der I. Klasse der Königlichen Akademie der Wissenschaften XXIII, Bd. II, Abt., München 1905
Abb. 98: Mißelbeck, Reinhold (Hrsg.): Prestl-Lexikon der Fotografie, München 2002, S. 168
Abb. 99: Yapp, Nick; Hopkins, Amanda: 150 Jahre Photojournalismus, Köln 1995, S. 615
Abb. 100: Germer, Stefan; Zimmermann, Michael F. (Hrsg.): Bilder der Macht – Macht der Bilder. Zeitgeschichte in Darstellungen des 19. Jahrhunderts, München/Berlin 1997, S. 557
Abb. 101: Germer, Bilder der Macht, S. 524
Abb. 102: Benz, Wolfgang u.a. (Hrsg.): Enzyklopädie des Nationalsozialismus, Stuttgart 1997, S. 52
Abb. 103: Schulwandbild für den Rassekundeunterricht, Leipzig (F.E. Wachsmuth) Leipzig o.J. (abgedruckt in „Geschichte lernen" H. 93 (2003), S. 20
Abb. 104: Brink, Cornelia: Ikonen der Vernichtung. Öffentlicher Gebrauch von Fotografien aus nationalsozialistischen Konzentrationslagern nach 1945, Berlin 1998, S. 72
Abb. 105: Brink, Ikonen der Vernichtung, S. 73
Abb. 106 links: Kinder- und Hausmärchen der Brüder Grimm. Mit 130 Holzschnitten von Ludwig Richter, Reutlingen o.J., S. 65; rechts: Hiemer, Ernst: Der Giftpilz. En Stürmerbuch für Jung und Alt. Erzählungen von Ernst Hiemer und Bilder von Fips, Nürnberg: Verlag Der Stürmer 1938
Abb. 107: Prechtl, Michael M.: Prechtls Welttheater, Wiesbaden 2004, S. 124
Abb. 108: Büthe, Joachim u.a.: Der Arbeiter-Fotograf. Dokumente und Beiträge zur Arbeiterfotografie 1926-1932, Köln 1977, S. 206
Abb. 109: Die Zeit Nr. 33 (9.8.2001), S. 3 (Sipa Press)
Abb. 110: Ananoff, Alexandrej: F. Boucher, 2. Bde, Lausanne 1976
Abb. 111: Skizze erstellt durch Verlag
Abb. 112-114: Auszüge aus: Ananoff, Alexandrej: F. Boucher, 2. Bde, Lausanne 1976
Abb. 115: National Geographic Deutschland, 10/2000, S. 212
Abb. 116: Althoff, G.; Goetz, H.-W.; Schubert, E.: Menschen im Schatten der Kathedrale, Darmstadt 1998, S. 61
Abb. 117: Geschichte konkret, Bd. 2, Hannover 2004, S. 53
Abb. 118: Ferber, Christian (Hrsg.): Berliner Illustrierte Zeitung, Frankfurt/M. 1989, S. 207
Abb. 120-124: Kantor, Alfred: Das Buch des Alfred Kantor, Frankfurt/M. 1971, S. 29, 39, 72, 57, 63